慈孝名城与年糕乡愁

马华林

周永卫◎著

中国经济出版社
CHINA ECONOMIC PUBLISHING HOUSE
北京

图书在版编目（CIP）数据

慈孝名城与年糕乡愁 / 周永卫著. -- 北京 ：中国经济出版社，2024. 12. -- ISBN 978-7-5136-7998-5

Ⅰ. G127.553；TS971.202.553

中国国家版本馆 CIP 数据核字第 2024PR1789 号

总 顾 问 胡文斌
策划统筹 姜 静
责任编辑 姜 静 丁 楠
责任印制 李 伟
封面设计 久品轩
封面题词 马华林
摄　　影 沈国峰 周永卫

出版发行 中国经济出版社
印 刷 者 涿州市京南印刷厂
经 销 者 各地新华书店
开　　本 710mm × 1000mm 1/16
印　　张 16.25
字　　数 237 千字 **图片** 117 幅
版　　次 2024 年 12 月第 1 版
印　　次 2024 年 12 月第 1 次
定　　价 99.00 元
广告经营许可证 京西工商广字第 8179 号

中国经济出版社 **网址** http://epc.sinopec.com/epc/ **社址** 北京市东城区安定门外大街 58 号 **邮编** 100011
本版图书如存在印装质量问题，请与本社销售中心联系调换（联系电话：010-57512564）

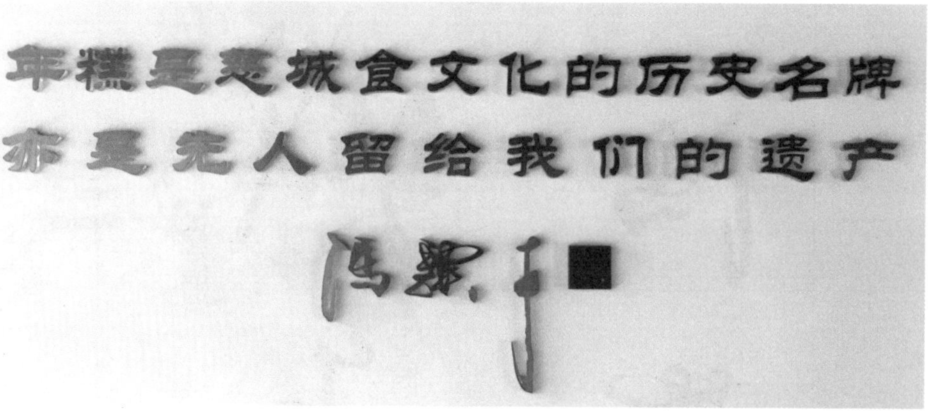
年糕是慈城食文化的历史名牌
亦是先人留给我们的遗产

慈城年糕
馮驥才

preface

序

慈孝文化是中华传统文化的瑰宝。“百善孝为先，孝为德之本。”宁波人素以崇善尚孝著称，慈孝人物历代辈出。慈城作为慈溪的古县城，是千年孝郡、慈爱之城。全国以慈孝为地名流传至今的仅有浙江的慈城、慈溪和湖北的孝感。慈城更是以董黯孝母的传说广知天下，亦由此引出了水名“慈溪”、县名“慈溪”。慈城因慈孝成名，百姓以慈孝传家。历史上孝子迭出，孝事频传。唐代张无择“引兵护母”，宋代孙之翰“割肝救母”，元明清更以“十孝子”盛名。慈城慈孝胜迹众多，慈湖、孝溪、节孝祠、孝子庙、孝子井、孝子桥等，比比皆是。慈城的慈孝故事更是传闻于市井街巷，播声于宁波城乡。

慈城的慈孝文化是宁波市具有鲜明辨识度的文化标识。慈城具有地理标志的饮食文化是慈城年糕。年糕，江南各地都有，而慈城年糕独树一帜，不仅因为其历史悠久，还在于其原料精良、技艺精湛。借助宁波俗语的号召力，“年糕年糕年年高，一年更比一年好”。慈城年糕的业态兴旺，涌现了众多的年糕名牌，如冯恒大、塔牌、义茂、如意、绿稻和庄永大等，广受大众青睐。近年来，各地还以慈城年糕为样本制定地方生产标准。慈城年糕被列为国家原产地标志保护产品，进一步与当地产业结合，与人民生活融合，焕发出新时代光彩。

慈城的慈孝文化和年糕乡愁是一份丰厚的民间文化宝藏。2009 年，我们与江北区倾力推动“中国慈孝文化之乡”的创建，并获得成功。至今，中华慈孝文化节已举办 14 届，弘扬了中华优秀传统文化，褒奖了一批批不断涌现的慈孝名人，有力地传播了社会主义文明新风尚。

慈城的慈孝文化与年糕乡愁承载着厚重的文化积淀，是慈城乃至江北文化自信的源泉。在快速发展的时代进程中，不及时抢救、保护与传承它们，将会有消失的风险。在江北和慈城党委的主导和推动下，许多有志同人，多年来殚精竭虑，倾情倾力，做出了大量有益的探索。特别是来自江苏的新宁波人——周永卫先生立身宁波 30 年，以强烈的文化自觉寄情宁波文化，更钟情于慈城的民间文化；他常年利用业余时间奔走于文化田野，广搜博寻，潜身研究；他采录并编写了《甬上风物》（江北区）、《匠心印记》（中英文版）等多部专著，在各类报刊媒体上发表了大量作品；他大力弘扬中华优秀传统文化，热情传扬慈孝文化；他虔诚守护年糕乡愁，为江北民间文化和宁波城市文化宣传推介做出了较大的贡献。

周永卫先生认真贯彻习近平文化思想，主动深入民间，用双脚丈量民间街巷，用激情采集乡土文化，并注意吸收众家成果，历时 10 余载，著成《慈孝名城与年糕乡愁》。他是当今安居立业于这个城市的新宁波人的文化使者代表，我想如今数千万新老宁波人都需要有文化自信与文化自觉，因为文化是城市的灵魂。我寄希望于本书精益求精、出彩出新，更好地助推慈孝文化的传播，留住年糕乡愁的亲和力，提振年糕非遗的生产力，提升慈城、江北和宁波城市文化的影响力，彰显中华优秀传统文化旺盛而强大的生命力、创造力、凝聚力。

缘此，以序共勉。

宁波市民协名誉主席　**周静书**

2024 年 11 月 30 日

慈城年糕：中国年糕鼻祖

▲ 大世界基尼斯纪录——最大规模年糕制作现场

年糕年糕年年高！著名民间文艺家冯骥才说："年糕是慈城食文化的历史名牌，亦是先人留给我们的遗产。"过年吃年糕是中国人的习俗之一，年糕是过年必备的节日食品，它的由来有这样一个传说：

春秋战国，吴王阖闾命伍子胥筑"阖闾大城"，以示国力强盛。待到阖闾驾崩，夫差继承王位并打败越国后，骄横轻敌。那时的伍子胥就预感到吴国迟早会被越王勾践所灭，于是就嘱咐随从，"我死后，如国家遇难，民饥无食，可往城下掘地三尺得食"。此后，伍子胥遭诬陷身亡，吴军被越军横扫，都城断粮，饿殍遍野。当时，伍子胥的随从想起了伍子胥的嘱咐，便带领百姓前往城门拆城掘地，果然发现城砖并不是用泥土夯就，而是用糯米磨粉后做成的，百姓以"城砖”为食，熬过了饥荒。从此以后，每逢过年，慈城家家户户都会在丰年腊月里，用糯米制作成糕状，以此来缅怀心系百姓的伍子胥。这样的传说，往往寄托着人们对先贤的怀念，更说明年糕确实有着悠久的历史。人们在大年初一的早晨吃年糕，便是取其“年年高”之意。

打年糕

相传，中国古时候有一种叫“年”的怪兽，头长触角，凶猛异常。“年”长年深居海底，每到除夕才爬上岸，吞食牲畜、伤害人命。因此，每到除夕这天，村寨的人们便扶老携幼逃往深山，以躲避“年”兽的伤害。这年除夕，“年”兽闯进村。它发现村里气氛与往年不同：村民们受高人指点，家家户户的门上贴了大红纸，屋内烛火通明。“年”兽浑身一抖，怪叫了一声，向一户人家扑过去。将近门口时，院内突然传来“噼噼啪啪”的炸响声，“年”兽浑身战栗，狼狈逃窜。欣喜若狂的村民们为庆贺劫后余生，纷纷换新衣戴新帽，碾磨粮食蒸制糕点到亲友家道喜问好。这种因庆祝战胜怪兽“年”而诞生的糕点后来得名为年糕。因此在慈城，做年糕还称为“打年糕”。

现在慈城仍保留着这个古老的习俗，制作年糕的工艺一直延续至今，经久不衰，慈城年糕已成为全国有名的食品。

手工制作年糕是一个烦琐的过程，也是一种费力的活儿。因此，勤劳聪明的慈城人发明了年糕制作机来替代手工制作年糕中最费力的舂年糕。尽管现在纯手工制作年糕比较少了，但是在慈城仍保留并流传着年糕手工制作技艺。

慈城水磨年糕美味可口，蜚声海内外。据传慈城人氏陈培基从事手工制作豆腐、香干多年，有一年他突发奇想，把制作豆腐、香干的工艺运用到做年糕上，大米经水浸、水磨、榨干水分后再用水蒸，而后搡揉制成的年糕晶莹剔透，润滑如肤，口感也大幅提升了，自此开创了手工水磨年糕之先河，慈城水磨年糕出了名。

年糕鼻祖

慈城水磨年糕是劳动人民勤劳和智慧的结晶，是民俗文化、农耕文化、慈孝文化和饮食文化的唯一载体，是中国年糕典范。慈城年糕的水稻种植地源于河姆渡一带，是中国乃至世界的稻作文化发祥地。慈城年糕是中国年糕鼻祖实至名归，传承至今 3000 多年来仍保持旺盛的生命力、竞争力、创造力，是真正的中华瑰宝。

河姆渡出土的稻谷距今 7000 年，被誉为“世界上最古老的稻谷”。我国是世界上人工栽培水稻最早的国家之一，长江中下游是水稻的主要栽培地区之一。河姆渡文化遗址分布在慈溪童家岙、余姚鲻山、鄞州董家跳、上虞牛头山等地，其中江北慈湖就有 18 处，这些遗址大部分聚集在河姆渡遗址周围，在它附近东西长 20 千米、南北宽 10 千米的范围内有 20 多处遗址，反映了河姆渡文化在 2000 年的历史中向外传播的轨迹。河姆渡遗址的发现改变了只有黄河流域才是中华远古文化摇篮的传统观点，证明了长江流域和黄河流域都是中华民族的发祥地，中华民族文化的起源是多元的。

（原载：2024 年 2 月 8 日，凤凰网；2023 年 1 月 20 日，人民网、《浙江工人日报》、长三角城市网、金台资讯网；2023 年 1 月 18 日，甬派新闻客户端）

4 专版

2023年1月20日 周五 浙江工人日报

慈城年糕：穿越古今的江南年味

芝麻开花节节高，做好年糕年年高。

在江南，年糕因其“年年高”的谐音而成为老百姓心中的吉祥食品。每逢新岁将至，家家户户彩灯高挂，杀鸡宰鸭，祭祖宗请灶神，舂年糕也成为江南民间辞旧迎新的重要民俗活动之一。

宁波慈城早在春秋时期就有关于年糕的传说。相传名将伍子胥曾经在慈城打过仗，修筑姑苏阖闾大城时，就采用慈城的方法，把年糕当作城砖。他死后，苏州被困，百姓按照他的遗嘱挖开城墙，以“年糕城砖”为食，救人无数。

慈城籍文化大家冯骥才说：“年糕是慈城食文化的历史名牌，是先人留给我们的遗产。”

传承稻作文化的民俗美食

慈城年糕的水稻种植地源之河姆渡一带，是中国乃至世界的稻作文化发祥地。

河姆渡出土的稻谷距今7000年，河姆渡文化遗址分布在慈溪童家岙、余姚鲻山、鄞州童家跳、上虞牛头山等地区，其中江北慈湖就有18处，遗址数量比较集中。

而早于河姆渡文化1000年左右的宁波余姚三七市镇井头山南麓井头山遗址，距慈城仅有5公里，距今为7800—8300年之间，是“河姆渡之祖”，该遗址中发现了完整的稻谷。

2020年12月12日，由浙江省文物局指导，浙江省文物考古研究所、宁波市文化遗产管理研究院、余姚市河姆渡遗址博物馆联合举办的“余姚施岙遗址古稻田考古发掘专家论证会”在余姚市召开。专家认为，施岙遗址古稻田是目前世界上发现的面积最大、年代最早、证据最充分的古稻田，是史前考古的重大发现。

为此，河姆渡遗址、井头山遗址及姚江流域，是中国乃至世界的稻作文化发祥地。而稻米，就是制作年糕的主要原料。年糕无疑是稻作文化一个传承化、精致化、共享化的民俗美食。

2021年2月初，浙江省委常委、宁波市委书记彭佳学，宁波市委常委、宣传部长李军分别对国研经济研究院东海分院执行院长陈旭钦撰写的《新时代的宁波文化地标布局在哪最佳？》报告作出批示，充分肯定了陈旭钦院长的建议。

陈旭钦建议，“十四五”期间，宁波要加紧挖掘文化瑰宝资源，整合余姚河姆渡遗址、井头山遗址、施岙遗址、田螺山遗址、鲻山遗址、鲞架山遗址、江北八字桥遗址、傅家山遗址、慈湖遗址、小东门遗址、镇海鱼山·乌龟山遗址、奉化名山后遗址、下王渡遗址、象山塔山遗址等10多处史前遗址资源，以河姆渡文化遗址群或浙东史前遗址群名义，捆绑起来预备申报世界文化遗产。同时，充分利用河姆渡文化举世闻名的知名度和施岙遗址发现目前世界上面积最大、证据最充分的水稻田契机，在姚东平原抓紧设立“世界稻作起源地·宁波”标识，并向海内外媒体发布“世界稻作起源地·宁波”形象宣传片。

2021年2月25日，宁波市委宣传部牵头开了多个部门专题研究宁波文化地标布局和河姆渡文化遗址群或浙东史前遗址群申报世界文化遗产准备工作。

传说与史料同等丰富

《浙江省民间文学集成——宁波市故事卷》中的《慈城年糕》一文，将年糕的历史定格在战国时期。当时，名将伍子胥曾经在慈城打过仗，他死之前对其部下讲：“如果国家有困难，百姓断粮，你们到城墙下掘土三尺，可得到粮食。”

伍子胥死后，越国进攻吴国，城中军民断粮，已饿死了不少人。这时候，有人想起伍子胥的话，就去挖城墙。挖了三尺多深，果然挖出许多可以充饥的“城砖”，结果打了胜仗。

原来，当年伍子胥在慈城督造城墙时已做好屯粮防饥准备。这些“城砖”全部是用糯米粉蒸熟后压成的，这种糯米砖十分坚硬，长年不变质。

从此以后，慈城镇和宁波各地家家户户都舂年糕，年夜饭就吃年糕汤，来纪念伍子胥。

据1994年版的《宁波市志》载：宁波年糕柔滑细腻，久浸不糊，昔以梁湖米年糕，今以慈城年糕较佳。

宁波市作家王静在《慈城年糕的文化记忆》中指出：从文献资料记载、年糕模板和田野调查的民间传说等一致证实，慈城年糕手工制作历史符合中国年糕的起源、兴盛之说，即始于西周，兴于明朝，盛于清朝及民国，至今已有3000多年历史。

《浙东乡情慈城的传说》第二辑——《慈城年糕进贡的民间传说》中记载：清，乾隆皇帝下江南，政务、民风无不一一关注。在杭州小住时不经意发现这页记载，被绘声绘色的描述诱发好奇和品尝欲望，遂命杭州府到慈城征召。慈溪县令受命亲自护送特制的年糕团及加盖大红御印的水磨年糕快马送到杭州。乾隆帝御用时，这年糕团还是热的，果然名不虚传，口味独特。一时兴起，吩咐笔墨伺候，龙飞凤舞写下“年糕年糕年年高！”七个大字赏慈溪县令。可惜后来真迹散落失传。

从大量民间传说和史料记载中，可以清晰地看到慈城年糕从最初的米糕，到糯米年糕，到现在用粳米制作广为流传的水磨年糕这三大阶段，而慈城的历代老艺人也始终坚持精益求精的工匠精神，在传承中创新，使慈城年糕越做越精致，技艺越来越精湛，品种越来越繁多，传承越来越广泛。

文化传承连贯完整

中国年糕之乡

2020年12月17日，浙江省宁波市文化遗产管理研究院于正式发布重大考古发掘成果。通过考古人员近半年对江北区慈城镇东门村约18000平方米遗址开展抢救性考古发掘，东门村遗址是一处年代可划分为河姆渡文化四期、良渚文化、广富林文化、马桥文化、商周、春秋战国、汉晋、唐宋和明清等9个时段，最早可追溯到5600年前，其主体遗存年代为新石器时代晚期至青铜时代，从史前一直延续到明清，6000余年的文明序列延续至近年都有村落存在，历史发展的连贯性极为珍贵，遗址出土遗存之丰富、文化序列之完整，在浙江地区尚属首次。

宁波市江北区慈城镇东门村遗址比列入世界文化遗产名录的杭州市余杭区良渚古城遗址还早600多年，作为中华五千年文明史的圣地，是现代人亲身体会和感受“中华五千年文明”深厚文化底蕴的重要场所。不仅树立慈城文化旅游新品牌，展现慈城文化魅力，更彰显了慈城深厚的历史文化底蕴。

在挖掘的遗址第4层及该层下遗迹单位一批陶器特别显眼，距今约4200至3900年。无论从器物类型、装饰手法，还是纹饰图案来上来看，都具有典型的广富林文化特征。广富林文化为新石器时代末期的一支考古学文化，以上海市松江区的广富林遗址命名，主要分布在环太湖地区。截止目前，江苏、浙江、上海已发掘的广富林文化遗址不足10处。令人意外的是慈城镇东门村遗址出土的广富林文化遗存非常丰富、非常典型，真正填补了宁绍地区文化序列的空白，使宁绍平原和环太湖区域从文化分野逐渐走向文化融合。

从2004年12月慈城北面的八字村傅家山遗址出土文物测定，距今约7000年的新石器时代慈城就有先民活动，慈湖遗址出土的5800年前的“中华木屐”标本、小焦山4500年前城基石块的出土、王家坝汉晋“句章遗址”……10多处遗址多次印证，慈城区域8000余年的文明序列延续不断，更进一步印证了慈城年糕至少有3000多年传承史的事实。

慈城年俗 打年糕

在慈城，做年糕也称“打年糕”。至今，慈城仍保留这古老的习俗，制作年糕工艺，一直延续至今，经久不衰。

蒸笼中的米粉被急火蒸熟，人们围在大灶旁，一旁的石捣臼早已等候多时。随着有经验的师傅一声大喊：“出笼啦！”年轻力壮的男人将蒸熟的米粉放入石捣臼，手持榆木杵臼一人一下有规律的捶打。“芝麻开花节节高，做好年糕年年高”的打年糕歌声盘旋在村落中，与一击一落的节奏相呼。

手工年糕的制作，是一个繁琐的过程，也是一种费力的活。因此，勤劳聪明的慈城人发明了年糕制作机器，来替代了手工制作年糕中最费力的舂年糕。尽管现在农村纯手工制作年糕比较少了，但是，在慈城仍保留并流传年糕手工制作技艺。

慈城水磨年糕美味可口，誉声海内外。传说清末同治年间，慈城人氏陈培基突发奇想，把制作豆腐、香干的工艺运用到了做年糕上，大米经水浸、水磨、榨干水分后再用水蒸。揉搓制成的年糕晶莹剔透，润滑如玉，口感也大大提高了，开创了手工水磨年糕之先河，从此，慈城水磨年糕出了名。

◆本版文字节选自周永卫专著《慈孝名城与年糕乡愁》

（原载：2023年1月20日，《浙江工人日报》）

当代作家周永卫：用心考证“年糕之源”展现文化自信

刚刚过去的“五一”，各地文旅市场火爆的同时，也彰显着各具特色的文旅定位和游玩体验。在浙江省宁波市江北区慈城镇，当地将游古城、品美食、看民俗等特色内容有机融合，营造了作为江南地区保存完整的古县城特有的文旅辨识度的文旅新体验。其中，慈城年糕成为游客的必选项目和网红产品，也是慈城的文化骄傲。

年糕又称“年年糕”，与“年年高”谐音，是我国多地特别是江南地区的家常美食。慈城素有“中国年糕之乡”的美誉，慈城年糕相传已有 3000 余年历史，在江浙地区广受欢迎，它细软白嫩、入口香糯，有煎、炒、炸、煮等多种食用方法，无论做菜、做甜点还是直接做主食都有良好的口感。它有如今的知名度和美誉度，除了源于当地特有的水土条件，更离不开一代代手艺人的薪火传承和年糕

文化研究者的悉心研究。

周永卫是江北区总工会宣教网络部负责人，是当代作家和民间文艺家，出于对中华优秀传统文化的浓厚兴趣和深厚情怀，他历时十余年，利用业余时间多次深入田野乡村，分别走访 15 家年糕生产企业、传统手工作坊、慈孝馆等进行调查研究，与手工艺人、学者、专家、农民等深入探讨，翔实记录了第一手笔记，并广泛借鉴相关权威著作进行科学论证，最终形成一本专门讲述慈孝文化、年糕起源与发展的学术专著《慈孝名城与年糕乡愁》。

《慈孝名城与年糕乡愁》一书详细阐述了慈城年糕起源于西周，从最初的米糕、糯米年糕到现在用粳米制作的水磨年糕三个阶段，历经 3000 多年的传承创新，品种越来越繁多，传承越来越广泛。书中记述，稻米是制作慈城年糕的主要原料，在目前发现的慈城年糕制作遗址中，仅江北慈湖就有 18 处，这些遗址大部分聚集在河姆渡遗址周围，从年糕制作的角度来看，赓续河姆渡地区是中国乃至世界的稻作文化发祥地，并由此论述“慈城年糕是中国年糕始祖”一说。除了起源，书中还详细论述了在大禹治水等重要历史时期慈城年糕的发展传承，以及近现代时期慈城年糕的发展创新。

“慈城年糕不仅是慈城，也可以说是江北甚至宁波的一张名片，是海内外游客来到宁波很有必要尝尝的‘宁波味道’，一直以来慈城年糕不仅牵动着我的味蕾，更牵引着我抒发情怀潜心创作，希望通过《慈孝名城与年糕乡愁》这本书，让更多人了解慈孝文化、慈城年糕，喜欢慈城年糕，喜欢慈城，喜欢江北，喜欢宁波，希望能用我手中的笔杆子为慈城年糕产业升级、为江北的文旅融合发展做一点点小事。”周永卫说道。

（原载：2024 年 5 月 8 日，新华网；2024 年 5 月 7 日，中国网；2024 年 5 月 15 日，《浙江工人日报》）

contents 目录

上篇

追寻千年慈孝文化

下篇

解码慈城年糕基因

上篇

追寻千年慈孝文化

第一章　千年古镇慈城

慈城，史称“句余”“句章”“慈溪城”，是浙东名邑慈溪的老县城，慈城镇地处浙江省东部宁绍平原，位于浙江省宁波市江北区西北部，距离宁波市中心约 15 千米。慈城东与前江街道和洪塘街道接边；东北与九龙湖镇接界；南临姚江，与海曙区高桥镇隔江相望；西、西北及西南分别与河姆渡镇、三七市镇和大隐镇接壤；北与掌起镇和龙山镇隔山为邻。

锦绣江南、东海之滨、一座小城、千古风流，这就是中国历史文化名镇、中国慈孝文化之乡——慈城。慈城迄今已有 7000 年的文明史、2500 多年的建城史、2200 年的建县史和 1200 年的县城史，是目前江南地区保存最为完

▲ 宁波市三江口江北区远景

整的千年古县城，是中国唯一入选 BBC 全球“传承的英雄”文化保护典范的古县城，先后获得联合国教科文组织亚太地区文化遗产保护荣誉奖、全国环境优美乡镇、中国慈孝文化之乡、中国年糕之乡、中国历史文化名镇、中国进士第一城、全国文明镇、全国第二批特色小镇等一大批“国”字号荣誉称号，还获得浙江省先进基层党组织、浙江省第一批美丽乡村示范乡镇等各级各类荣誉称号数十个。

2005 年 5 月 18 日，时任浙江省委书记的习近平指出：慈城名人荟萃，人才辈出，其深厚的文化底蕴的确让人大开眼界。在下一阶段古县城开发建设过程中，要充分发挥慈城独特的人文优势，挖掘内涵，注重保护，使其在当代文化教育和旅游事业，乃至文化大省建设中发挥积极作用。①

慈城位于宁波市江北区西北部，与河姆渡及井头山一江之隔，是杭州湾大桥进入宁波市区的北门户。这是一块美丽富饶、充满生机的土地。

截至 2024 年 12 月，慈城镇域面积为 102.57 平方千米，占江北区面积的

① 资料来自慈城古县城历史文化展览馆展厅入口处的展示墙。

▲ 慈城大东门

一半，下辖 35 个行政村、10 个社区及 5 个撤村建居股份经济合作社，辖区总人口约有 10.2 万人，其中本地人口约 6 万人、外地人口约 4.2 万人。

慈城是中华文明之一——河姆渡文化的中心发祥地和重要组成部分。据 2004 年 12 月慈城北面的八字村傅家山遗址出土文物测定，距今约 7000 年的新石器时代就有先民活动，慈湖遗址出土了 5800 年前的“中华木履”标本，小焦山出土了 4500 年前的城基石块，王家坝出土了汉晋“句章遗址”……慈城极为丰富的旧石器时代文化遗址彰显了其厚重的文化底蕴。

早于河姆渡文化 1000 年左右的井头山遗址，距慈城仅有 5 千米，是浙江境内迄今发现的唯一的史前贝丘遗址，也是目前发现的中国沿海最早的贝丘遗址。它将宁波地区人文起源的历史再往前推进了 1000 多年，井头山距今已有 8000 年历史，是“河姆渡之祖”。

2020 年 12 月 17 日，浙江省宁波市文化遗产管理研究院正式发布重大考古发掘成果。江北区慈城镇东门村遗址的年代可划分为河姆渡文化四期、良渚文化、广富林文化、马桥文化、商周、春秋战国、汉晋、唐宋和明清 9 个时段，可追溯到 5600 年前。

▲ 句章故城遗址

慈城最早叫句（gōu）余，因“句”是“勾”的古字，汉字用法规范后，现在基本写作“勾余”。据史料记载，夏朝夏少康封庶子无余建越国，无余以勾余山为界，东南为勾余，即今江北境内及周边一带。慈城设治始于吴越勾践，名叫句章。春秋吴越争霸，越败于吴。此后，勾践卧薪尝胆，15 年后攻克吴都。

史记载有“周元王三年（前 473 年），越王勾践城——勾余”，勾余是春秋时期越王勾践的都城，当时称为“大城”。为纪念这一胜利，勾践在宁波姚江北边的城山渡口（今距慈城西南 4 千米王家坝村南面）兴建新城，并命名为“句章”，这是宁波地区第一座城郭，也是慈城最早的雏形。慈城自此属句章地。战国时，楚灭越后句章又属楚。秦灭六国，推行郡县制，置句章县，属会稽郡，县治在城山渡，是江南最早设置的县之一。

县治在余姚江畔城山地方，作为越国的屏障。至唐开元二十六年（738 年）设慈溪县，因县城建此取名慈城。房琯为令，他才德具备，诗词与李白唱和，后为宰相，下马伊始，迁县治于浮碧山以南，浚疏阚湖以灌溉城郊；又汉名儒董仲舒六世孙董黯母患瘘疾，喜饮大隐溪水，奉母筑室以侍，担溪水供母饮，母病渐愈，以此故事名，县称为“慈溪”，属明州。

房琯治县井井有条，规划街道，但未筑城，经历五代、宋、元、明、清、民国。慈溪原属明州府，到洪武十四年（1381 年）因犯明讳，改明州府为“宁波府”，下辖鄞、慈溪、奉化、定海（镇海）、象山 5 县，后到清咸丰年间，将昌国卫（舟山群岛）改为定海，原定海改为镇海，是为宁属六县。

唐开元二十六年，浙东州县户口日繁，江南东道采访使齐浣奏，请分县为慈溪、奉化、翁山（今定海）、鄮县 4 县，并分越州另立明州以辖之，明州、越州均隶属江南东道。此为慈溪设县之始，县治设于慈城。

北宋建隆元年（960 年），改明州望海军为明州奉国军。元丰年间（1078—1085 年），慈溪县属明州，隶两浙路。南宋绍兴二年（1132 年），分两浙路为两浙东路、两浙西路，慈溪县属明州，隶两浙东路。庆元元年（1195 年），升明州为庆元府，慈溪县属之，仍隶两浙东路。

元世祖至元十三年（1276 年），于庆元府置宣慰司。慈溪县属江浙行省浙东道宣慰司。元末，庆元路为方国珍所据。元至正二十七年（1367 年）朱元璋胜方国珍，改庆元路为明州府。明洪武十四年，避“明”国号讳，改明州府为宁波府。永乐十六年（1418 年）慈溪县令失县印，请示于朝廷，诏令重铸新印，恐失所复出为奸人滋事乱政，故改溪字从谷，名为“慈谿”，仍属宁波府，隶浙江承宣布政使司。

明嘉靖年间，慈谿县境滨海遭到倭寇侵犯，焚掠殆尽，明世宗震怒，命兵部侍郎副都御史胡宗宪为总督、工部尚书赵文华为监督，始建慈谿城垣，积极防御倭奴侵犯。

清初，改浙江布政使司为浙江省，省府之间设道。慈谿县属宁波府，隶浙江省宁绍台道。清咸丰十一年（1861 年）十一月，太平军李世贤部攻占宁波，曾改宁波府为宁波署。光绪二年（1876 年）重修加高。民国元年（1912 年）废府，慈谿县直属浙江省军政府。1914 年，于清宁绍台道范围置会稽道，道尹行政公署驻鄞县，慈谿县隶属会稽道。1927 年又直属浙江省政府。1932 年，浙江省设行政督察区，此后，慈谿县历属第五、第六行政督察区（专员公署驻鄞县）。1939 年，为防日军飞机轰炸，便于疏散居民，拆除城门。1949 年后，城墙陆续拆除。

1949 年前，慈城曾设孝东、孝西两镇，后合并为孝中镇。1949 年 5 月 24 日，慈溪县治孝中镇（今慈城）解放。6 月 5 日，浙江省第二区专员公署在宁波成立；10 月改称“宁波专员公署”，慈溪县属宁波专员公署。1950 年又分置两镇，1951 年合并改称“慈城镇”。

1954 年，把慈溪、镇海、余姚 3 县之北俗称“三北”的产棉区划为慈溪县，并移县治于浒山镇；把有千年历史、唐朝建县治的慈谿县降格为慈城镇，同年 10 月划归余姚县，1960 年 10 月划归宁波市郊区，1984 年随郊区划归江北区，为市内最大的建制镇。1992 年，妙山、云湖等乡并入慈城镇。2001 年 10 月，乍浦乡划归慈城镇。

1992 年，慈城镇跻身浙江省历史文化名镇之列。2005 年，慈城镇荣获第二批国家历史文化名镇称号。2006 年，“慈城古建筑群”被列入全国重点文物保护单位。

2019 年以来，江北区调整充实慈城古县城管委会，广邀专家开展调查研究，全面启动实施古县城“年内提升、次年见效、三年变样”的“三步走”计划。慈城古县城管委会按照“观光旅游、休闲度假、文化体验”的总体功能定位，紧抓古城旅游要素保障、基础建设、文化挖掘三大重点，以“三进三出”系统工程建设为载体，快速推进慈城古县城保护开发，进一步提升了古城形象和基础功能。

2020 年，慈城镇荣获“浙江省新时代美丽乡镇”称号，成功入围全省首批“千年古城复兴”试点。同年 5 月 17 日，“古城复兴在浙出发”活动在江北区慈城镇举行，“江南第一古县城”再度亮相聚光灯下。

2024 年，慈城古县城预计全年旅游营业收入突破 1.1 亿元，接待游客突破 300 万人次，分别同比增长 10.1%、9.9%。

慈城共有四大优势。

一是人文优势明显。自唐开元建县城到 1954 年，慈城古县城一直是慈溪县治所在地，城内有传统建筑 60 万平方米（全国重点文物保护单位 1 个 6 处、省级重点文物保护单位 2 个 13 处）。慈城历史名人众多，出过状元、榜眼、探花、进士，还有周信芳、冯骥才、颜鸣皋、谈家桢、秦润卿、应昌期等近代一大批名人。慈城文化标杆众多，拥有书院遗址、道观寺庙、慈孝遗迹、慈城水磨年糕等众多省级非物质文化遗产项目，是书院文化的兴盛之地、浙东宗教文化的重镇、中国慈孝文化的标本之城以及民俗文化荟萃之地。

二是区位优势明显。慈城目前有三大高速路出入口（宁波北高速出入口、慈城高速出入口、保国寺高速出入口），是宁波中心城的西北门户、中心城区进入上海的桥头堡和连接余慈地区的重要节点，也是浙北地区与浙东地区，以及浙东南地区与上海联系的重要枢纽。随着北外环高架通车、轻轨 4 号线的建成开通，慈城与中心城区的融合进一步加快，“门户”与交通节点区位优势更加凸显。

三是生态优势明显。慈城三面环山，一面临水，山水相依，风景秀丽，现有山林面积 5.5 万亩①，占全区面积的 95%；耕地 4.5 万亩，占全区面积的 60%；水域面积 1.8 万亩，占全区面积的 64%；山地休闲旅游步道全长近 60 千米，半浦、毛岙、南联、三勤、五星等美丽乡村建设风景如画。慈城北部山川秀美绵延，美丽的慈江与“母亲河”姚江交相辉映，云湖、鄮湖、慈湖、五婆湖像四颗璀璨的明珠镶嵌在慈城广袤的大地上。近年来，慈城先后承办了全国性的山地竞速挑战赛、山地马拉松赛。自然山水资源是慈城建设美丽乡村、打造宁波中心城区宜居宜业宜游后花园的独特优势。

四是体制机制优势明显。2009 年底，慈城被列入宁波市卫星城改革首批 7 个试点镇之一。2014 年 3 月，慈城被列为浙江省第二批 16 个小城市培育试点之一。2015 年 6 月，慈城成功列入浙江省第一批省级特色小镇，大力推进“膜幻动力小镇”建设。2016 年 1 月，宁波（江北）高新技术产业园成功获批省级光电新材料高新技术产业园。卫星城试点赋予了慈城享有部分县一级的经济社会管理权限，省级小城市试点、特色小镇试点给予了慈城资金、土地、用能等政策倾斜。

当你行走在古城的大街小巷，更能感受千年古城所具有的浓厚人文情韵，延续 7000 余年的历史文脉随处可见，列入文物保护单位的古迹多达 33 处，有旧时县城特有的县衙、考棚，有浙东地区唯一保存较完整的学宫——孔庙，似乎一伸手就能触摸到古镇跳动 7000 余年的脉搏。这些历史遗存、文化古迹、民居街巷、商业街区，乃至整个城镇布局，都在诠释慈城的发展轨迹和成长历程。

文化之城——底蕴深厚　灿若云锦

慈城具有深厚的历史文化底蕴、丰富的人文资源，被称为“慈孝之乡、进士摇篮、儒学胜地”，文风鼎盛、人杰地灵。

科举文化：慈城崇师尚学，人杰地灵，是孕育浙东文化、商业巨子的重

① 编者注：1 亩≈ 666.67 平方米，后同。

要摇篮，素有“鼎甲相望、进士辈出、举人比肩、秀才盈城”之美誉。自唐宋至明清，先后出过 5 名状元（姚颖、方山京、姚涞、杨守勤、胡应时）、1 名榜眼（杨九畹）、3 名探花（袁炜、王应选、姜宸英），519 名进士、2400 多名举人，被誉为“中国进士第一城”。慈城的历代先贤名人有三国名士阚泽，南宋哲学家、心学大师杨简，京剧大师周信芳等，还有湖畔诗人应修人，“宁波帮”的开山始祖严信厚，金融家秦润卿，实业家应昌期。当代从慈城走出了 5 名中国科学院院士，两院院士谈家桢、著名作家冯骥才等都是慈城人的骄傲。

建筑文化：在慈城所保留下来的传统建筑中，不但有大量的民居建筑，还有县衙、酒税务等公共建筑，遴选出来的慈城明清古建筑群更是其中最优秀且具有代表性的建筑。其中，孔庙布局完整、规模宏大，为浙东地区现存最为完整的文庙，反映了儒学在传统生活中的重要性及其深远影响。明代的甲第世家、福字门头、符卿第、布政房和清代冯宅等名人故居，做工精致，用料考究，是当地民居的代表作，其周围仍保留了完整的传统街区，集中反

▲ 慈溪古县衙

映了慈城明清时期建筑风格和生活气息。“慈城历史文化名镇遗产建筑群”获得“2009 年度联合国亚太地区文化遗产保护荣誉奖”。这些文物遗迹不仅浓缩了中华民族数千年的历史，更凝聚了中华优秀传统文化的精华。

庙宇文化：慈城的庙宇文化颇具特色，儒释道三教并存，兼容并蓄，这在国内极为罕见。儒家文化当推孔庙，这所文庙是浙江省保存最完好的一所，堪称慈城儒学文化的标志性建筑。该庙建于北宋庆历八年（1048 年），是学宫与孔庙合一的建筑，规模宏大，壮丽辉煌。改革开放以来，文化复兴，尊师重教，在政府的关怀重视下，慈城镇投入大量资金修复孔庙，并于 2003 年 6 月竣工，向社会开放，游人络绎不绝。慈城孔庙以勃勃生机重新矗立，令这座千年古城更加透露出一种儒者风度，绽放出更加迷人的人文魅力。慈城的护龙寺、妙音精舍、娑罗庵、迎宝庵等，佛名远扬，吸引着四面八方的香客。始建于唐天宝八年（749 年）的清道观以其雄伟的建筑、幽静的环境、众多的文物和广泛的影响成为浙东著名的道观和浙江的道教中心。

▲ 慈城孔庙

中药文化：浙东商业文化中有个奇异的历史现象，就是北京同仁堂等数百年来在中国有影响的“中药堂”，几乎与慈城的药材商有关。北京同仁堂、上海冯存仁堂、天津达仁堂等百年老店都是慈城人创办和经营的。被誉为“江南药王”的杭州胡庆余堂，其首位经理和民国期间的经理以及当今的掌门人冯根生都是慈城人。这不仅展现出慈城商人高明的经商本领，更折射出慈城对于药材业得天独厚的文化优越性。首先，浓厚的儒家文化氛围使慈城人享受到稀缺的优质教育资源而提高了文化素养，为从事药材行业奠定了文化基础。其次，慈城人历来崇尚以仁爱为核心的慈孝精神，以行医“流孝子心”、以药材“为仁人号”变为人们可践行的“慈心仁术”，并成为追求人生价值的强大精神支柱。当然，历代慈城药材商勇于开拓、善于经营、讲究诚信等诸多优秀品格，也推动了他们事业的成功。总之，慈城的深厚底蕴与药材商的奋斗精神造就了慈城的中药文化，为浙东商贸文化书写了灿烂篇章。

慈孝之城——慈泽万家　孝行天下

“百善孝为先，孝为德之本。”“慈孝”是中华民族代代相传的传统美德。它不但是幸福家庭的道德基础，也是和谐文化的重要元素。江北区的慈孝文化源远流长，而作为全国历史文化名镇、江北区慈孝文化主要传承地的慈城，至今还保留着完整的慈孝文化遗址。张孝子祠、董孝子溪、节孝祠、孝子井、三忠墓、慈溪桥、慈溪巷等文化遗址，都昭示着慈城“慈孝文化”的深厚与悠远。

8000 多年的历史积淀，慈城历代出现了许多孝子（女），形成了具有明显地域特色的民间慈孝文化。早在 2000 年前的东汉，慈城的谈妙涧边就诞生了被敕封为“孝子”的董黯，素有“中华第一孝子”之称，慈孝成为慈城的一张文化名片。此后，慈孝之风代代相传，唐朝的张无择、宋朝的孙之翰等被历代皇帝表彰过的孝子（女）就有 30 多位。时至今日，慈城慈孝文化外延不断扩大，内容更加丰富，已逐渐上升为和谐相处、互敬、互爱、互助的新颖人际关系，由局限于亲情的小爱向构建和谐社会的大爱发展。

2008 年 1 月 8 日，中国民间文艺家协会正式授予江北区“中国慈孝文化之乡”荣誉称号。2009 年重阳节江北区在慈城成功举办了首届中华慈孝节，截至 2024 年 11 月，江北区先后圆满举办了 14 届中华慈孝节，评选表彰了一大批慈孝典型人物，大力弘扬慈孝文化。慈城慈孝馆、三娘教子井、董孝子井、水上坟等慈孝景点和特色慈孝线路更是迎来众多海内外宾朋，“中华慈孝之乡”可谓名副其实。中华慈孝文化园和慈城乡贤馆正在开展规划研究。

年糕之城——民俗精粹　源远流长

慈城年糕传承至今已有 3000 多年的历史，慈城的年糕文化更是源远流长，在慈城乃至整个江南，流传着许多与年糕有关的动人故事和美好寓意。宁波一带民间就有“年糕年糕年年高，今年更比去年好”的民谚，这些与慈城年糕独到的制作工艺和品质一起，使慈城年糕除了拥有“慈孝之乡”“儒学重镇”“进士摇篮”“民居经典”的美誉，还多了一张亮丽的名片。

慈城年糕洁白如玉，光滑润口，大小一致，煮而不糊，以质优而闻名。年糕的食用方法有煮、炒、炸、片炒、汤煮等，且咸甜皆宜。如今，慈城有“如意牌”“冯恒大”“义茂”“塔牌”等许多名牌年糕，产品远销美洲、欧洲等及中国港澳台地区。

2003 年至今，慈城已连续举办了 19 届年糕文化节，荣获“中国年糕之乡”称号；慈城年糕先后列入国家地理标志保护产品，获得国家“有机产品认证”，列入浙江省非物质文化遗产名录，等等。制定了国家行业标准，举办了吉尼斯最大年糕、吉尼斯规模最大年糕制作等活动，推动了慈城年糕产业的发展，使慈城年糕的产销量不断增加，真正做到了文化搭台、经济唱戏，形成了慈城独有的、丰厚的年糕文化资源和区域特色经济。

魅力之城——文化引领　旅游休闲

近年来，慈城镇紧紧围绕打造“经济强镇，人居名镇，旅游重镇”目

▲ 慈城年糕

标，以积极争创“国家 AAAA 级旅游景区”为载体，不断整合、包装“县治文化”“慈孝文化”“科举文化”“官宦文化”“廉政文化”五大特色文化，同时大力推进慈城古县城、五星绿野山庄、毛岙生态谷等景区开发建设，坚持开发与推广并举，完善旅游功能和设施建设，加大市场营销力度，积极打响“江南第一古县城”品牌，把慈城建设成为设施完善、特色鲜明的“宁波城市未来文化核心区”，成为长三角地区重要的旅游休闲目的地。

慈城按照“恢复古城、挖掘内涵、保护开发、经营城市”的总体思路，全面启动慈城古县城保护开发建设，精心做好文化古迹的修古、复古工作，力求恢复其本来面目；修缮、恢复了慈城古县城具有代表性的传统建筑孔庙、县衙、校士馆、清道观、城隍庙，并作为介绍慈城传统文化的主要景点；改造了慈湖景区；修缮了重要文保建筑彩绘台门、酒税务、甲第世家、福字门头、符卿第、布政坊、冯俞宅等；对传统宅院进行功能改造，建设旅游服务设施——走马楼饭庄、宝善堂茶酒吧；修建、修缮了慈孝馆、三娘教子井、董孝子井、水上坟等慈孝景点和特色慈孝线路。古城文化体验游渐成品牌，每年仅苏浙沪等地就有近 10 万名游客来访。

与古城交相辉映的绿色资源也是慈城旅游的一大亮点。在慈城 102.57 平方千米的区域范围中，除去古城区域的 2.17 平方千米，大部分为田野、山林所笼罩。这也为慈城旅游带来另一番生机。金沙村红色之旅、三勤村品茗之旅、半浦村历史文化游、毛岙村原生态休闲游、五星村绿色农家乐等项目相继推出，成为现代都市人休闲度假的首选，节假日期间更是游人如织。

为配合慈城古县城保护开发，满足慈城中心镇未来城市发展的需要，慈城已全面启动面积为 5.2 平方千米新城的开发建设。慈城新城与古城仅隔路相望，互为补充。新城开发传承古城的历史文脉，依托古城的历史文化旅游产业和品牌，充分利用原有山水环境，从城市肌理上继承古城格局，从城市建筑表现手法和城市使用功能上体现现代性。慈城新城将成为距离宁波市中心最近的有山有水的郊区化、大盘化、生态休闲化的新型商住型社区。

▲ 慈城英雄水库

卫星之城——依山傍水 宜居宜业

2009年11月，宁波市发展卫星城市试点领导小组第一次会议审议并通过了江北慈城镇试点方案，将慈城卫星城发展的目标定位为江南第一古县城、长三角新兴休闲旅游目的地、宁波中心城西北门户区、宁波都市区先进制造业基地。开展卫星城市试点是宁波市委、市政府以科学发展观为统领，按照建设现代化国际港口城市的目标定位，实施“六大联动、六大提升”战略，做出深入推进“拓市场、调结构、保增长、添活力、惠民生、促稳定”的重大战略决策。

根据《宁波市慈城镇总体规划》，慈城新城将利用枕山临水的地理环境，从整体上形成以北部山体为背景，以南面余姚江为依托，城镇居中而坐的“山—城—水”的景观序列构架。根据该规划，慈城将以“一廊、两轴、两湖”为主题框架，包含基础设施和完整城市功能配套。慈城新城建成后，将以高品质居住功能为主，集文化产业、商务办公、度假休闲、娱乐旅游、商业零售、行政服务和商贸园区等多种功能为一体，努力打造中国小城镇的典范。

▲ 慈城全景

近年来，以小城镇环境综合整治为契机，慈城按照“三年任务一年完成”工作要求，重拳出击，投入近20亿元资金，全面启动了江北大道两侧棚户区改造、人民路和解放路样板街整治、护城河整治、三线下地等25个项目，并成功举办了浙江省现场会，获评小城镇环境综合整治省级样板镇。同时，加快古城旅游产业导入，积极推动古城创意文化产业、精品民宿等业态发展。

古城保护开发稳步推进。近年来，宁波市江北开发投资集团有限公司在古城先后完成孔庙、县衙等7个收费景点建造，分别完成冯骥才祖居博物馆、南门游客中心、大东门、九曲弄、民权路商业街区等一批软硬件设施的建成开放，在古城累计完成投资110多亿元，古城面貌显著改善，商业氛围有效提升，旅游人气加速集聚，发展呈现新格局，使千年古城旧貌换新颜。

随着慈城全域旅游发展总体规划、古城文旅战略策划等专项规划的提出，古城民生产业发展的方向路径更加清晰。提速古城组团项目建设，建成开放慈城历史文化展览馆、药商博物馆、冯定纪念馆等公共文化场馆，古城大草坪剧场交付使用，抱珠楼完成主体施工，保黎大酒店、谈家桢纪念馆等加快

▲ 慈城新城中心湖

建设。开业运营聚宽书院、慈云酒店、囍园、甬浩轩、浮碧山房、走马楼溪上等一批民宿和餐饮项目，骢马河传统风貌街区（一期）、火车站区域整体建成并启动招商，民权路商业补缺，迎春街项目加快推进，古城旅游接待能力显著提升。

慈城积极挖掘本地民俗节庆文化资源，组织开展第十三届中华慈孝节、交响乐晚会等系列主题活动，国庆中秋“双节”累计接待游客 27 万余人次，上榜宁波游客接待人次“前十”A 级景区。高品质实施新城建设。群众最为期待的轻轨四号线开通运行，慈城正式进入轨道生活新时代。完成新城控制性详细规划调整及中横河以西区块产业研究，明确轻轨四号线官山站两侧 TOD 地块功能定位，基本规划进一步做深做细。加快重点地块出让，全年累计出让商业、住宅 7 宗 31.42 公顷①，创历史之最。东湖建成投用，官山河以东路网三期即将通车，狮子山公园新建、中心湖景观改造提升等一批补缺性功能项目顺利推进，新城城市功能和品质得到全面系统提升。

新城氛围日渐浓厚。专门抽调骨干力量成立了新城办，配强了社区队伍，加大了管理投入，对城市秩序、环境卫生、违章控制实行常态化、高压式管理。与慈城古县城开发建设有限公司一起向上争取了 1.8 亿元资金，对新城路网、管网、绿网、河道（“三网一道”）等基础设施进行海绵化改造提升，新城成功入选住房和城乡建设部海绵城市典型案例，被新闻联播、《人民日报》等央媒集中报道。宁波市委党校迁址成功和轻轨四号线的开通，加快推动了绿地商业综合体招商、新城垃圾中转站建设；成功引进上海世界外国语中学落户，进一步增强了新城的人气和活力。

廉政之城——融古鉴今　警钟长鸣

宁波慈城·清风园建成 19 年来，吸引全国各地 300 多万人次慕名参观学习，先后荣获第一批“浙江省廉政文化教育基地”、“全国廉政教育基地”等

① 编者注：1 公顷 =0.01 平方千米，后同。

称号，还赢得了各级领导的一致赞誉。它集教育性、知识性、参与性于一体，不仅在全国首创廉政教育与旅游开发有机融合的新模式，更对广大参观者起到了如沐清风的廉政教育效果。

阳春三月，和风送暖，古城如画。2010 年 3 月 27 日，时任中共中央政治局常委、中央纪委书记贺国强专程赴宁波市江北区慈城镇视察清风园，他饶有兴趣地参观了清风园各个展区，并参与了园内的廉政互动项目。贺国强说，清风园是当前反腐倡廉预防工作的创新和发展，它把廉政文化建设与旅游有机结合起来，主题设计新颖，很有特色，教育广大参观者以史为鉴知兴替，进一步牢固树立以廉为荣、以贪为耻的意识。这为各地建设廉政文化教育基地提供了丰富的实践经验，值得各地推广。他希望在清风园增加具有地方特色的当代各类先进典型，使这一廉政文化教育基地更富有现实意义。

清风园是挖掘提炼传统廉政文化资源为当今廉政文化建设服务的一个新探索。

▲ 宁波慈城 · 清风园

宁波市江北区历史文化底蕴深厚，清官文化传统源远流长，慈城古县衙内清廉文化遗存众多，如何激活这些宝贵的古代廉政文化资源为当今反腐倡廉建设所用，建立一个主题性、集中性的廉政教育基地，始终是江北区思考探索的一个重要课题。2005 年 12 月，在宁波市纪委的支持下，以慈城古县衙为依托、以“清清堂”为切入点而建的宁波慈城 · 清风园正式开园，这是当时国内第一家以反腐倡廉为主题的综合性文化园。时任浙江省委常委、宁波市委书记巴音朝鲁题写了“清风园”园名。2006 年 11 月，清风园荣获首批“浙江省廉政文化教育基地”称号。

“建园难，办园更难。”建成之初，清风园引起了新闻媒体的诸多关注，产生了比较大的轰动效应，各地干部群众纷至沓来。开办一年以后，清风园作为国内第一家清廉文化主题园的光环逐渐褪去。与此同时，许多省、市的廉政教育基地如雨后春笋般冒出，仅浙江省就先后建成 22 家廉政文化教育基地，大有后来者居上之势。面对这样的现实，清风园如何保持活力、实现可持续发展，成为新一届江北区委、纪委高度关注的重要课题。江北区政府敏锐地察觉到，建成后的清风园缺少对慈城历代清官廉吏的展示，地方特色不明显；表现手段以静态为主，互动项目欠缺，讲解词的说服力不够，教育功能没有得到充分发挥，对一般性游客特别是散客的吸引力不是很大。

值得庆幸的是，2008 年初，中央纪委决定在全国范围内评选第一批国家级廉政教育基地，这给清风园带来了提升发展的良好机遇。在省纪委、市纪委的大力支持下，江北区以此为契机，围绕处理好廉政文化与旅游开发、传承与创新的关系，全方位开展清风园深化提升工作，并连续两年将之纳入区委、区政府的重点工作。江北区纪委投入大量精力，整合各方资源，先后召开思路研讨会、方案论证会和工程协调会等各类会议 10 余次。有时为了其中一个改造项目的功能设置和展示方式问题，区纪委、慈城古县城开发建设有限公司及相关单位的领导、专家多次会商、反复斟酌，力求好中选优，确保精益求精。在各单位的共同努力和精诚协作下，清风园深化提升工作在 2009 年上半年圆满完成，同年底顺利通过中央纪委考察组评估。

清风园的深化提升主要是从扩大外延、提升内涵和增强互动性三个方面展开的。在扩大外延方面，从原来慈城古县衙内的一个庭院式展馆扩展到整个县衙，面积由 1200 平方米拓展到 28000 多平方米，为后续发展留下了足够的空间。在提升内涵方面，把慈城清官文化与“慈孝”文化紧密结合起来，深入挖掘慈城当地 100 多名清官廉吏的故事，在原来“中国清风馆”的基础上新增“慈溪清风馆”，更加突出了清风园的地方特色，彰显了廉政文化的主题。在增强互动性方面，新增“为官一天”的清官趣味游戏和打印反腐倡廉书签留念项目，使参观者由被动参观变为主动参与，达到了寓教于乐的效果。

同时，整合园内空间新增一个电化教育厅，平时播放一些警示教育电教片、廉政公益广告等，切实增强了廉政教育的效果。

改造后的清风园以“激浊扬清”为主线，主要分为“慈溪清风馆”和“中国清风馆”两个展区，每个展区各由四个单元构成。整个展示先抑后扬，警示与弘扬相结合，以鲜明对比和视觉冲击来宣扬“清廉”主题。

2018 年，江北区纪委与慈城古县城开发建设有限公司对清风园的中国清官文化展区进行了改造提升。新改造提升的中国清官文化展区由鉴壁启示（包括鉴壁、官帽长廊）、贪腐为戒、力戒“四风”（包括张居正大轿、“四风”故事）、人间正气（包括正衣冠、民心秤、清官雕塑、清官雅号）、正心修身（包括慎微、慎独、慎初三个板块和大型互动体验“圣贤之旅”）、齐家治国（包括《清官百家谱》、墨梅图和治国互动装置）和全面从严治党（包括习近平总书记关于全面从严治党经典论述、“横渠四句”、清廉书屋、党团活动室和警钟长鸣）七个单元构成。两个展区综合运用图片、壁画、雕塑、实物模型、文字资料以及多媒体、影视等展示手段和互动形式，揭露历朝贪官污吏的可耻嘴脸，集中展现清官廉吏和清廉思想，促使党员干部在当前全面从严治党的征程中，以史为鉴，警钟长鸣，加强党性教育，正心修身，逐步筑牢不想腐的堤坝。

作为宁波市唯一申报全国廉政教育基地的单位，清风园能够从全国 150 多个申报单位中脱颖而出，获得“第一批全国廉政教育基地”殊荣，其成功的秘诀不仅是为当前廉政文化建设探索出了一条新路子，更重要的是和国内其他廉政教育基地相比，具有独特优势。

坚持融古鉴今，廉政主题鲜明。清风园是国内第一家以反腐倡廉为主题的综合性文化园，既具有深厚的历史文化底蕴，又彰显了深刻的廉政教育主旨。坚持古为今用，通过深入挖掘和梳理千年古县城——慈城自唐至清的清官廉吏，集中展现和宣扬清官文化与廉政思想，达到“以史为鉴知兴替”的目的。注重传承发展，清风园借助现代高科技手段，运用丰富的表现手法，对古代清官和贪官进行正反对比，既弘扬了清风正气，又揭示了制度建设对廉政建设的重要性，使参观者有所感悟和反思。

探索双赢模式，创新工作机制。清风园在全国率先引入了市场化运作机制，建立“纪委牵头、企业落实、多方配合”的工作模式，成功探索出了一条廉政文化建设的产业化之路。慈城古县城开发建设有限公司负责具体营运管理，旅游、文化等职能部门发挥优势提供智力支持，使清风园具有较强的生命力。注重结合慈城旅游文化，把清风园融入慈城AAAA级风景区创建，积极打造“慈城廉政游”路线，走出一条廉政教育和旅游开发良性互动的新途径，使游客在旅游休闲过程中受到廉政文化的熏陶，给各地各级廉政教育基地建设提供了丰富的实践经验。

教育成效斐然，影响广泛深远。开园至今，清风园先后接待了“中国·浙江·廉政文化论坛”“全国廉政文化建设现场会”“2018宁波·清廉论坛”的与会代表，20多个省（自治区、直辖市）的400余批次的纪检系统同行前来考察学习。在宁波举办的“全国纪检监察系统第六期舆情信息员和网络评论员培训班”的学员自发组织到清风园参观学习。祖籍江北慈城的全国文联副主席冯骥才在游园后欣然题词——“激浊扬清”，茅盾文学奖获得者熊召政在参观清风园后即兴赋诗——“一点民膏千点血，自古贪廉证兴亡；几许清官撑社稷，虽死犹存翰墨香”。清风园已成为宁波市、江北区开展党日活动和反腐倡廉教育的理想场所，是浙江省对党员干部进行廉政教育的重要基地，每天都有来自不同地区、不同行业的党员干部来到这里接受清风“洗礼”。

从谋划到建园再到办园，清风园自始至终都得到了上级领导的关心和支持，党和国家领导人先后视察清风园，并给予了高度评价。清风园能够成功入选第一批全国廉政教育基地，是各级党委、纪委共同关心、共同厚爱、共同创建的结果。

近年来，江北区按照“做强品牌、凸显优势，以点带面、加强覆盖”的工作思路，发挥清风园的示范带动作用，深入实施“清风文化工程”，通过创新形式、完善机制和拓展阵地等多项举措，不断挖掘廉政文化建设的内涵，反腐倡廉宣传教育的渗透力和实效性得到进一步提高，有力地促进了党风廉政建设和反腐败工作。

创新载体，强化教育效果。清风园是江北区廉政文化建设的一张亮丽名片。以它为基础，江北区积极创新教育形式，丰富教育载体，出版了国内首套反腐败专题史话丛书——“中国反腐败史话”丛书，举办了“清风之约”首届全国廉政诗歌朗诵会，创作了《家，缺一不可》《吃货书记》等清廉短剧，并在浙江省“玉琮杯”清廉微电影大赛中获奖；快板《清风伴我行》和评弹《清风赞》等曲艺作品获得了宁波市相关奖项，建成了“清廉江北”网站、微信公众号，推出了“清风”廉政动漫短剧，创作了以清风园为背景的漫画《清风园奇妙夜》，塑造了清廉神兽形象；开发了以“清风”为主题的清风杯、清风扇、清风笔、清风书签、清风台历等廉政文化系列产品，营造了弘扬“清风”、宣扬廉政的氛围。

拓展阵地，提升教育水平。为巩固和扩大江北“清风”品牌的知名度，江北区以清风园为节点，以阵地建设为抓手，推进“慈城·廉政文化圈”建设，拓宽“廉政文化进楼宇”工作，率先开展“商圈廉政文化建设”。深化廉政文化“六进”示范点创建活动，培育了一批省、市、区级廉政文化“六进”示范点。江北区充分发挥区融媒体中心、区农村远程教育网络等宣传平台作用，强化街道（镇）党员服务中心和村级文化活动场所等的阵地功能，不仅有效加强了廉政文化的阵地建设，还提高了廉政教育的针对性和有效性。

完善机制，彰显人文关怀。江北区注重加强各职能部门之间的协作配合，将廉政教育列入全区干部教育培训总体安排，建立健全反腐倡廉宣传教育联席会议等长效工作机制，促进了反腐倡廉宣传教育的深入进行。每年开展“反腐倡廉宣传教育月”活动，以党员领导干部和关键环节干部为重点，以反面警示教育、典型示范教育和廉政风险防范教育为主要形式，加强理想信念、党风党纪、廉洁从政和优良传统教育。把廉政文化建设融入作风建设、新农村建设、学校德育工作、家庭助廉和企业诚信廉洁经营等各个领域，经常性地开展“和谐·清风”反腐倡廉小小说、诗歌、故事和书画摄影等比赛，注重把人文关怀贯彻在廉政文化建设的全过程中，提高了反腐倡廉宣传教育的效果。

“百年外滩展新颜，江南古城沐清风。”近年来，江北区深厚的历史文化底蕴、浓厚的廉政文化氛围，引起了邵燕祥、流沙河、王春瑜、方成、熊召政等国内专家、学者和文化名流的极大兴趣。他们慕名而来，以清风园为平台，通过开设廉政文化专题讲座，开展名人采风、题词作画、签名赠书、赋诗题词等“清风行”系列活动，促进了江北区廉政文化建设不断迈上新台阶，推动了清风园的影响力和知名度与日俱增，给江南古城增添了高雅的文化元素和独特的迷人魅力。

活力之城——创新驱动　转型升级

近年来，江北区委、区政府高度重视慈城的发展，对慈城的发展提出了“要有大胸怀、大气魄、大视野、大手笔、大格局”的工作要求。根据区委部署和慈城实际，慈城坚持“文化立镇、经济强镇、开放兴镇、生态美镇”“四镇”战略不动摇，加快打造产业雄厚、动力强劲的“创新活力之城”，文化彰显、开放宜居的“魅力品质之城”，环境优美、宜游宜业的“美丽休闲之城”，安居乐业、社会和谐的“幸福安居之城”。慈城连续 4 年位居宁波市卫星城第一，特别是 2019 年其各项经济指标都实现了快速增长，高于江北区，领先宁波市卫星城。

经济科学持续发展。坚持“提质扩量、转型升级”，实现由“产业大镇”向“产业强镇”的转变。主动适应和引领经济发展新常态，统筹推进扩大有效投资、招商引资等各项工作，慈城综合经济实力不断提升。两大小镇渐成规模。作为浙江省首批特色小镇，“膜幻动力小镇”成功入选“第二轮全国特色小镇典型经验”推广名单，成为全国光学膜生产基地标杆。

目前，慈城新引进产业达产后预计税收将超过 40 万 / 亩，远高于宁波工业企业平均税收水平；工业用地容积率进一步提高，促进土地集约利用。同时，加速推进工业用地“退二进三”，近 3 年累计盘活存量建筑用地 400 亩。仅 2020 年，浙商回归到位资金有 24.2 亿元，实际利用外资达 1371 万美元，同比增长 328.4%。

慈城保护开发体制进一步理顺，开发建设力度空前，文旅产业全面布局，古城复兴蓝图逐步清晰，在浙江省小城市培育试点考核中进入第一方阵，在宁波市卫星城考核中连续 6 年位居第一，荣获江北区“攻坚克难好班子”称号。

美丽之城——全域景区化　农旅融合化

坚持“生态建设、品质提升”，实现由“传统农村”向“美丽乡村”转变。以“全域景区化、农旅融合化”为方向，统筹推进城乡环境治理、美丽乡村建设，努力构建农民幸福新家园、市民休闲新乐园。城乡品质全面提升。树立“以环境论英雄”的导向，坚决打好“五水共治”“四路两侧”等城乡环境综合整治攻坚战。深入推进“五水共治”，克服资金不足、人力不足的困难，投入 5 亿元资金，共启动截污纳管、生态修复等消劣治水项目 26 个，基

▲ 三勤村

本消除镇域内劣V类水，并荣获宁波市“五水共治”立功竞赛模范集体称号，成功创建宁波市“无违建创建先进乡镇（街道）”。

乡村振兴工作纵深发展。紧盯全面建成小康社会总目标，建立健全低收入农户监测和帮扶机制，完成房屋微改造132户。农村基础设施短板扎实补齐，北部山区六村城市大管网供水工程通水运行，有力地解决了北部山区2800余名群众安全饮用水问题，在宁波市率先实现城乡一体化供水全覆盖。组织实施高标准农田建设2000亩，完成英雄水库水源地保护区分级调整工作，历时4年的姚江二通道（慈城段）完工，村级农田水利条件大为改观。突出做好农业“接二连三”，年糕主题餐厅建成并开业经营，葡萄、慈城樱桃等果蔬基地扩面提质，成立“宁波市江北微型盆景协会”，成功举办阳光玫瑰葡萄擂台赛、杨梅节等系列推广活动，新增专业合作社及家庭农场39家。实体化运营国有企业慈湖农业开发公司，累计流转洪陈、杨陈等村土地2350亩，有效盘活一批低效低廉的土地资源。

美丽乡村建设持续发力，开展西部片区郊野单元前期研究，全力加快半浦历史文化名村、三勤山水田园示范村建设，完成半浦、慈湖58户庭院改

造，南联村获评中国公共卫生典范奖，半浦村获评浙江省首批美育村试点，毛岙村成功申报全国乡村旅游重点村，创成省市级文明村 4 个、省新时代美丽乡村精品村及达标村 17 个，慈城 A 级以上景区村庄增至 14 个。集中力量加快中央生态专项环保督察问题整改，如期完成富家岭、半浦采石场生态治理工作。合理布局乡村公益性公墓地和骨灰堂，制定《慈城镇野散坟整治三年行动方案》，完成清明山公墓后续建设，乡风文明水平有力提升。仅在 2020 年“双节”期间，慈城古城接待游客达 27.86 万人次，同比增长 230%。

▲ 慈湖中学远景

民计民生建设更具实效。社会保障水平稳步提升。全面落实各项稳岗就业政策，开展企业用工和薪酬调查 171 家次，召开专场招聘会 3 次，全年达成就业意向 900 余人次，发放创业者社保补贴 55 万元。积极推进养老服务提质，建成慈城福利中心，完成基层居家养老站点改造 10 个、老年人家庭无障碍设施改造 29 户，实现社区重残助餐服务全覆盖。完成景明等 4 个老旧小区改造 2436 户，新增陈广庄安置房 360 余套，250 套公租房全部分配完毕，城市最困难群体住房基本实现“应保尽保”。一如既往做好精准帮扶，落实财政兜底医疗救助等民生底线，全年发放各类救济金惠及近 1.6 万人次。社会事业长足发展。统筹推进第七次全国人口普查，累计普查近 6.5 万户 12.4 万人。重点挖掘、推广药商文化，成功创建慈城古县城中医药特色基地，广州敬修堂、东阿阿胶等一批医药企业签约落户。围绕文体教育大发展、大繁荣，创新丰富群众文化生活，获评浙江省首批文化礼堂示范乡镇，拾村文化会演成为全市文化礼堂典型案例，3 人登上浙江好人榜、宁波好人榜，其中，徐惠明荣获“全国慈孝典范”称号。

▲ 慈城骢马河传统风貌街区夜景

政府建设持续走实走深。2020 年，慈城始终把政治建设摆在突出位置，坚持“分层级管理、按程序办事、靠制度立信”，加快开展“五型”政府建设，政府治理能力全面提升。积极推进“网上办 + 协助办 + 上门办”机制，累计办理零跑腿事项 2251 件，340 项民生服务事项基本实现“最多跑一次”。

2021 年 10 月中旬，中国中小城市发展指数研究课题组、国信中小城市指数研究院联合发布《2021 年中国中小城市高质量发展指数研究成果》，全国综合实力千强镇榜单揭晓，江北区慈城位居第三十一，在宁波市排名最高，在浙江省排名第三。

近年来，慈城紧紧围绕“创智之城，和美江北”主题，坚持稳中求进工作总基调，全面贯彻落实“147”行动计划，其经济社会发展稳中有升、势头良好。预计 2024 年，慈城镇完成规模以上工业产值 750 亿元，规模以上工业增加值 97 亿元，均同比增长 8%、居全区第一；预计全镇财政总收入将首次突破 50 亿元，达到 51.2 亿元，同比增长 16.6%，位列全区第一；预计全年实现外贸进出口总额 350 亿元，同比增长 13.5%；预计 2024 年度实现商品销售总额 1350 亿元，同比增长 28%，位列全区第一。

▲ 慈城“膜幻动力小镇

慈城高新产业迅猛发展。2023 年以来，重点招引高科技含量、高附加值、高成长性的成熟企业，持续做大做强特色产业，如激智年产 8000 万平方米高性能薄膜建设项目、向隆年产 1000 万套汽车等速驱动轴总成生产线技改项目、正力年产 2.4 亿支预灌注射器项目等重点项目落户慈城；在健康产业招商方面精准发力，先后完成了名中医工作室、医疗销售公司、药膳、医疗器械、生物基因等多类别 10 余家企业招引落地，振兴了慈城药商文化。2024

年，龙头企业金田集团持续稳步增长，产值同比增长5%。三星奥克斯产能逐渐放大，产值同比增长20%，首次突破100亿元。江北高新园区产业发展势头良好，预计全年完成规模以上工业总产值127亿元，同比增长15%。

为了彰显城市品质地标，慈城按照“一个项目、一个领导、一个职能部门、一个工作计划”总要求，大力推进古城保护开发各项工作，其中，十大民宿、十大饭店、十大停车场等系列工程建设快速推进。加快文化资源向文化生产力转换，谈家桢生命科学教育馆、骢马河传统风貌街区、火车站区域城南旧事街区、抱珠楼图书馆、冯定真理园陆续对外开放。古城吃、住、游业态逐步丰富，商业氛围加速形成，游客量显著增长。

进一步提振慈城全域旅游发展活力，以“农旅融合”为抓手，打造集文化、休闲、体验、娱乐、养生等功能于一体的康养休闲度假区，推出“古县城 + 绿野山居 + 云湖”“古县城 + 膜幻动力小镇 + 半浦”“古县城 + 毛岙”等一批新的旅游线路。截至2024年底，全镇乡村旅游接待游客近100万人次，乡村旅游收入超过6000万元。2024年，慈城镇荣获“浙江省千年古城复兴试点与省级小城市培育试点监测的双优秀”称号。

如今的慈城，从城区到农村，一副安居乐业、欣欣向荣的景象。让慈城甚至是整个宁波都津津乐道的庙会、年糕节、白茶节等节庆活动的举办，更加提升了慈城的人气。

慈城，一个历史遗存与现代文明碰撞、融合、孵化、迸发的新生命体，正不断展现出其独特的魅力。必定成为全国乃至全球关注的焦点，吸引更多的有识之士投身这片热土，在建设“千年古城、青春慈城”和打造“创智之城、和美江北”新征程上，坚定中国特色社会主义道路自信、理论自信、制度自信、文化自信，特别是充分展现文化自信，在这里孕育理想、求得机遇、迎接挑战，全面建设中国式现代化示范城区、现代化滨海大都市和美创智城区，让人民群众享受获得感、幸福感、安全感。

第二章　慈孝传说

东汉孝子董黯

早在 1700 多年前，董孝子传说就在慈孝文化发源地——江北慈城生发、衍化并广为流传，随后，又不断糅合世代江北民众的世俗生活内容及其文化价值理念。久而久之，董孝子传说已经神化成宁波市江北区乃至整个浙东地区的民俗文化。

全国现存最早的董孝子传说见于三国时期虞翻的《孝子董公赞》。晋代虞预的《会稽典录》、唐代崔殷的《后汉孝子董君（黯）碣铭》、宋代张津的《乾道四明图经》和清代董诰等纂修的《全唐文》等书籍中也分别记载了有关董孝子的传说。

2000 年前的东汉，慈城北边住有一户人家，母子相依为命。儿子姓董名黯，字叔达，名章人，是慈谿董氏的老祖宗。他是汉大儒江都相董仲舒六世孙，生于东汉建武年间，自幼丧父，家境贫寒，孤儿寡母，相依为命。母亲姓黄，世居大隐，归婚董氏后，居慈湖边浮碧山。董黯事母至孝，又勤奋好学，常读书到深夜。有人劝他努力上进，争考功名，进入仕途。他却说："我幼年丧父，全靠母亲辛勤养育、慈爱有加，才有我的今日。现在生活虽然困苦些，但母子相依，其乐融融。我岂能贪图名利，离开母亲而远离家乡呢？"所以他终生安心农耕。

慈城西南有一条溪流名为"大隐溪"，因从余姚四明山余脉——大隐山发源而得名，横贯原慈溪县，是慈溪的重要水流。

虽然家中拮据，但董黯懂事又孝敬母亲，生活过得幸福平安。不料董母生了一场大病，不吃不喝，卧床不起。董黯急得四处求医，每天陪侍在母亲床头。几天下来，董母已是连病带饿，瘦得皮包骨头十分虚弱。

一天，董黯熬了一碗黏稠的菜粥，跪在床前，流着眼泪劝说母亲喝粥，董母只好强撑起身，张口尝了一口菜粥，感觉又苦又涩，便马上吐了出来，董母说道："儿啊，为娘吃不了饭，就喝点水吧！"说罢就接过半碗水来，十分艰难地喝了下去。董黯看见母亲终于喝了几口水，灵机一动，想到传说中大隐溪水质鲜美清甜，就打定主意去远处挑水孝敬母亲。

第二天一大早，董黯安顿好母亲，挑起水桶，脚穿山袜、草鞋，就出发了。由于大隐溪离家有 30 多里山路，董黯便一边爬山越岭，一边寻道问路，翻过七七四十九座山，爬过七七四十九道岭，终于来到大隐山下。只见一道清澈见底的溪水，汩汩流出山坳，溪底有大大小小的五色鹅卵石，溪水不时溅起簇簇浪花，石缝中有一群柳叶般的小鱼追逐嬉戏。董黯不禁掬起一捧山泉，咕噜一声将其吸入口中，果然，一股清泉沁入心脾，甘冽无比，他高兴地大喊："我总算找到你了！"一时间，群谷中回音缭绕，百鸟唱和。只见四周，青山连绵，绿树葱葱，连日的忧虑和路途的劳累都烟消云散，心情豁然开朗，好像母亲的病也轻了很多。

董黯思母心切，抓紧舀满水桶，踏上回家之路。常言道"百步无轻担"，董黯肩挑一担水，翻越几十里山路，一往一回，肩上红肿，脚底起泡，腰酸背痛，历经千辛万苦。一直到天黑董黯才摇摇晃晃地回到家，此时桶中溪水仅剩下一半。他不敢怠慢，立即起火烧水。

董黯将茶水端至床头，轻声唤母亲喝茶，他母亲怔了半天，心里又是甜蜜又是辛酸。甜蜜的是虽然丈夫早亡，但儿子已长大成人，不仅能吃苦，还十分孝顺；辛酸的是自己患上这不知名的毛病，拖累了儿子，不知这病是长是短，是死是活……董母的思绪被儿子的叫声唤回，双手接过儿子端来的热茶，喝了一口，呼出一团闷气，咕嘟又喝了大半碗，顿感心底一阵暖流流入五脏六腑，感觉胸口胀闷减轻了好多。董母心情十分愉悦，马上夸赞道："你真是我的好儿子。”

从此，董黯隔三岔五到大隐溪挑水回家，董母将这溪水既当饭又当药，病情不断好转。不知过了多久，母子俩一合计，与其挑来远水解近渴，何不就近结庐为舍，就地取用？在一群亲朋好友和邻里乡亲的帮助下，董黯在大隐溪边搭起数间房舍，将母亲安顿下来。经过董黯的悉心照顾，董母的病竟奇迹般地痊愈了，人们传说，一是大隐溪的水好，二是董黯的孝心感动了神灵。

有一天，董黯在浮碧山老家屋边挖土，忽然有一股清泉涌出。泉水沿沟环绕其家，大家感到非常惊异。取水饮之，其味一如大隐水。自此母亲又从大隐溪边搬回浮碧山。天天喝到喜爱的水，董母的身体也越来越健康。乡亲们认为，是董黯的孝心感动了上苍，才会有这样的奇迹。

从此，董孝子的故事广为流传。董黯死后，人们为纪念他建造了董孝子庙，还把大隐溪改名为“慈溪”，慈溪县也因此得名。慈溪的县治就在此镇，因而名为“慈城”。

然而，董黯的慈孝竟导致了慈母丧命。

董黯家有一邻居，名王寄，丧父，家道殷实。王寄游手好闲，天天酗酒作乐。他事母不孝，常常冒犯老人家。王母与董母是邻居，一天，王母对董母说：“我家比较富裕，丰衣足食，但我身体瘦弱，你家境不如我但身体很健壮，这是什么原因呢？”董母回答：“我虽然贫寒，但儿子很孝顺，事事处处对我体贴入微，所以我觉得很幸福。心里快乐，身体也就好起来了。”王母听了这番话，回到家里就传达给儿子，希望王寄能有所悔悟。

谁知王寄听了以后，不但不知悔改，反而迁怒董母，怀恨在心。一天，王寄见董黯有事外出，竟直接闯进董家，毒打董母导致其重伤。

董黯回家，见母亲伤病在床，十分痛苦。他深感内疚，跪在母亲床前说：“儿子不孝，不该外出，导致母亲受罪。”董母说：“儿啊，这不是你的过失。是我与王母交谈，出言不慎，得罪了王寄，引来了这场祸。”从此，董黯日夜侍候，希望母亲康复。但董母终因伤势过重，不治身亡。

孝子报仇，“孝”字当先。董黯是个孝子，对伤害母亲的人，他发誓“母仇必报”。但他想到王寄的母亲也是一个寡妇，便不忍心让无辜的王母身心受到伤害，所以他强忍悲痛，强压怒火，把慈母黄氏妥善安葬于山林中，自己筑庐在墓旁守孝。他日里号哭，夜里睡觉。睡觉时，他把一把磨得锋利的尖刀放在枕头下，时刻不忘为母复仇。

就这样，董黯一直等到王母病故，再等到王母丧期满三年（我国古有父母亡，子守孝三年；做官的如遇父母亡，子要回家丁忧三年）。这一天，董黯对天长啸：“我今日可以告慰吾母于九泉矣！”于是董黯持刀，斩王寄首级，祭于慈母黄氏墓前，痛哭不绝。然后，董黯立即到官府自首。

但这宗案件难煞了官府。首先，杀人者抵命，董黯该当死罪，这是国家法律；然而，董黯是为了报杀母之仇，又顾及仇人之母，其义可嘉，其罪可赦。两种意见，不能定夺，于是官府把董黯杀人案上报朝廷。

东汉和帝觉得董黯孝行异行，派考工令邱霖释赴句章，赦免其杀人之罪，并召授董黯为谏议大夫。董黯奉诏后泣谢曰：“吾，罪人也。不能奉养母余年，岂能显贵而受爵乎！”所以竭力推辞不就职。这一天是东汉和帝永元八年（96 年）八月二十五日。

后来，东汉和帝再次召拜董黯为郎中。董黯仍坚辞不受。

董黯终身守母黄氏墓侧，寿八十而亡。董黯逝世后被诏封为孝子，人们把他的故居改为祠堂，地点在灵应庙西（今慈湖北）。

董黯与其妻育有一子，名董绪，字夫纪。绪承父训，孝养父母，终身左右膝下，没有考取功名。

董绪与妻夏氏育有七子一女，享年 80 岁。

董黯慈孝受到历代帝王的重视，成为延续千年的安国定邦、和谐社会的美德。安帝延光三年（124 年），诏封董黯为孝子，封其母黄氏为贤淑夫人，在慈湖边故居立孝子祠，以孝子诞辰六月初六为岁祭日，例以为常。

宋祥符元年（1008 年），宋真宗认为孝子“德可配天”，赐号“纯德徵君”，名其溪为“董溪”；知县盛次仲亲笔题“董溪”，并立碑以志。

宋高宗建炎三年（1129 年），知县林叔豹改建董孝子祠于溪流经过的东山之南，此后改称“慈溪”。此时有人议论，认为溪为颂扬董黯之孝，应命名为“孝溪”。主事者认为，世训“事亲不言孝，而有善必归之于父母”，所以定名为“慈溪”。这些论点在《浙江通志》《慈谿县志》及“列传”中都能找到佐证。

明太祖朱元璋登基，以“敦笃伦典为天下先”，于洪武二年（1369 年）册封董黯为“孝子之神”，诏命设孝子庙于郡治（宁波），慈溪设为支祠。令当地官府年年岁岁祭祀如前朝前代。

到了清朝、民国，对董黯的祭祀仍不绝。

如今太平盛世，祭祀董黯慈孝成了宣传慈溪古县城一张亮丽的文化名片。慈溪古城也因为有了中华第一孝子董黯而名扬天下，慈孝成为自东汉至今安国定邦、和谐社会的中华传统美德。

唐代孝子张无择

慈城的慈孝文化与名门望族紧密地结合在一起，孝子迭出，以孝传家，感动天地，唐朝张无择引兵救母的故事一直流传至今。

北宋末期，张无择出生在慈城的一个贫困家庭。张无择的父亲去世较早，母子俩相依为命，生活贫寒。张无择的母亲自失去丈夫后，因过度悲痛长期卧病在床，张无择既要服侍母亲又要下地干活。邻居都夸他是个懂事的好孩子。当时正值金兵入侵，兵荒马乱，慈城百姓生活在战乱中，时刻遭受金兵的抢杀和掠夺。张无择的母亲躺在床上却担忧着在外干活的儿子，病情愈加严重。

张无择为了救母亲，拭着眼泪去姑姑家借钱医治母亲，在回家的路上碰到许多向外逃难的慈城人，经打听，原来金兵将到慈城。张无择赶忙跑回家中，背起重病中的母亲往宁波方向逃难。那天正好下着大雪，为了不让母亲遭受风寒，张无择脱下自己的衣服披在母亲的身上，冒着鹅毛般的大雪和随时随地滑倒的危险艰难地往前逃。行至洪塘时他发现母亲已不省人事，于是摸黑找到一户好心人家要了一碗热粥，一调羹一调羹地喂给母亲。没一会儿，母亲睁开了眼睛，张无择重新背起母亲继续赶路。

到了第二天，当张无择母子快要进入鄞州境内时，后面逃难的人越来越多，而且神情惊恐，一打听，原来是金兵追上来了，被金兵追上的人必死无疑。逃难的人都拼命往前跑，张无择本来就个子矮小，又一天没吃东西，还背着母亲奔跑了这么远，实在支撑不住了。在这万分危急的时刻，他四处看了看，附近只有一个水潭，根本没有能藏人的地方，怎么办呢？他灵机一动，把母亲悬挂在溪水潭边隐蔽好，再用茅草把母亲盖起来，这样既能不被金兵发现又能保暖，他告诉母亲，等自己引开金兵后再来接她。张无择的母亲听说他要自己引开金兵，拉着他的手流着眼泪说："儿啊！你自己快走吧，不要管娘了。"张无择说："娘放心，儿子一定回来接您，您躲在这里千万别出声。"张无择告别母亲，朝着金兵跑去，大声吆喝，这一行为立即引起金兵的注意，金兵纷纷向他追来，张无择引着金兵走上了另一条路……

张无择的母亲被路人发现救了下来，逃过了一劫，但张无择杳无音信。后人为张无择的孝心所感动，为了传承和弘扬慈孝文化，在当年路人救下张无择母亲的溪水潭边建造了"悬慈桥"。

宋代孝子孙之翰

挑水救母的董黯、引兵救母的张无择和割肝救母的孙之翰被誉为"慈城三孝"。

孙之翰，字文举，出生于南宋时期慈城城中一户比较富裕的家庭，以仁义孝悌闻名遐迩。当时孙家有几亩良田、几座山，还能差使婢女，一家人生活得幸福快乐。但天有不测风云，孙之翰 16 岁那年，父亲突然患重病卧床不起，为医治父亲他卖光家中良田，孙家家境日益破落，两年多后父亲撒手人寰。为此，孙夫人整天闷闷不乐，没过半年，孙夫人也病倒了，孙之翰每天请大夫给母亲治病，可是母亲的病仍不见好转。

一天，在去药铺的路上，孙之翰偶遇一位郎中，便十分有礼貌地问郎中："先生，我母亲得了一种莫名其妙的病，不吃不喝，总说心头疼、心头难受。"郎中听后眉头一皱，捋着胡子思考了一会儿说："你母亲患的是不治之症啊！"孙之翰一听，急得额头直冒虚汗，连忙问："先生，我母亲真的无药可救吗？难道就只能看着她死去？"郎中看着孙之翰对母亲的病情感到十分焦急，无奈地说："有一种药听说可用，但从来没有人用过……"孙之翰听后连忙又问："到底是什么药？只要能办到，哪怕天上的月亮我也要去找。"最后，郎中说只有用活人的肝才能治好孙之翰母亲的病。

孙之翰立即跪倒在郎中面前，苦苦哀求，郎中看这位孝子是真心救母，就把他带到自己的家里，动手术取出孙之翰的肝，派人送到孙之翰亲戚家熬好粥给他母亲喝。孙之翰母亲吃后酣睡了一整宿，次日醒来大病痊愈，乡邻们都说孝感动天，为人间奇闻。

时任鄞州郡守赵伯圭为宋宗室嗣秀王，闻后十分震惊，太夫人更想亲眼看看这位大孝子，于是命慈溪县派员护送孙之翰到郡地。太守母子查看孙之翰剖腹痕迹，并认真询问当时的情景，赞叹不已，表示要把他的事迹上报朝廷以示褒奖。孙之翰婉言谢绝道："这是做人本分，不用表扬。"赵太守不再勉强，馈赠给孙之翰水果和礼品，用乐队送他回家。孙之翰平生友爱兄弟，深知做人的道理，亲睦宗祖，济困扶贫，见义勇为，少志于学，孝行于乡。他于宋高宗绍兴七年（1137 年）生，是惟最公第五世祖孙亮的儿子，逝世于 1203 年，享年 66 岁，安葬于现在的"五磊山狮子岩西"，至今游人如织。人们不仅歌颂慈城的繁富和谐，更赞叹慈城"孝子之乡"这张精美的文化名片。

拗孟公的故事

从前，在慈溪县（慈城镇）小关帝殿附近，住着一户姓孟的做官人家，因父子长期不和，百姓都称他为"拗孟公"。

拗孟公平时为官清正，深受百姓爱戴。妻子钱贞十分贤惠，儿子孟继庭活泼可爱，又是"三房一丁"，便爱若珍宝。到了读书年龄，拗孟公还特地为孟继庭请来一位老先生执教，期望儿子成才。可是事与愿违，孟继庭根本不爱读书，终日贪玩，气得老先生辞职返乡。临行时他对拗孟公说：“该生不可教也！”

被激怒的拗孟公第一次手持家法将儿子狠揍了一顿。然而这不仅没有达到教育目的，反而使孟继庭“破罐子破摔”。

随着时光的推移，孟继庭的个头长高了不少，但对读书仍毫无兴趣。一天，拗孟公改变了教育方法，用关心的口气启发儿子：“古人说‘书中自有黄金屋’，只要你肯读书，从今天开始，仍为时不晚。否则，我家即使有金山、银山，也要被你坐吃山空呀！”

孟继庭听到此话，非常反感，大声答：“没有这样严重吧！我不信，一个人就能花掉你的这份大家当？俗话说：‘爹做官，儿享福。’你何必如此小气，对自己儿子也要斤斤计较！”

一番话气得拗孟公唉声叹气，说家门不幸，竟会生出这个拗子。

孟继庭成年后，因不学无术，成了名副其实的花花公子，终日挥霍无度。那年，慈溪镇发生了一场大瘟疫，尸横遍野，惨不忍睹。拗孟公看在眼里，痛在心中，积极组织当地中医为百姓治疗，以控制疫情的蔓延。由于人力不够，拗孟公便想儿子正闲着，不如让他一起参加，一来能了解百姓的苦难，二来能让他学习中医，做个有用的人。

父子相遇，话不投机，孟继庭反诘拗孟公：“参加救灾的确很重要，但我一无医学知识，二无责任在肩，劝你还是另请高明吧！你做你的官，我走我的路，你我井水不犯河水！”说罢，他大踏步离去。

儿子如此绝情，拗孟公把经济权控制在自己手中便也是理所当然的事。这时，孟继庭想到自己是“三房一丁”，决定以婚事为借口，连续向两个伯父借来不少钱，足够花上好几年。此后孟继庭傲气更甚，拗劲更足，视父亲为仇人。

光阴如箭，拗孟公步入了花甲之年。一天，他自感在世时间不长了，嘱夫人唤来孟继庭，沉痛地说：“我们父子之间的拗劲在慈城已经出了名，谁错谁对也不必再提。但在我临死时，能否答应我一件事，把我的坟置于慈湖之中，了却我最后一桩心愿……”

孟继庭望着父亲苍老的脸，听着他断断续续的遗言，内心百感交集。他想，过去父子冲突错在自己，自己毕竟是父亲的亲生骨肉，于是欣然答应了。其实拗孟公就是怕孟继庭会拗着自己，把自己葬到慈湖当中，才会在临终反着说话。但拗孟公哪里知道，一直以来都拗着他的儿子，居然会第一次顺着自己的话去做。

现在慈湖西端有一座圆形大坟，四周环水，就是孟继庭为其父拗孟公建造的，一直保存到现在。

元明十大孝子

靖康年间，倭寇[①]曾两次洗劫慈溪县城，杀人无数，据《明史·孝义传》记载：“当是时，倭乱东南，孝子以卫父母见杀者甚众。”子代亲死，为保护父母、祖父母死于倭寇屠刀下的慈城地区孝子，仅见于史料记载的就有十多个。

向叙：秀才，明初殉难县令向朴的七世孙。当时倭寇突入慈城，慈城没有城墙可作防御，向叙扶着母亲出城逃命，不幸被倭寇截住，向叙跌倒在地，倭寇举刀砍向他的母亲，向叙急忙爬起抱住母亲的脖子大呼：“宁杀我，不要杀我母亲。”倭寇杀死向叙，向母保全了性命。（《明史·列传》卷第一百八十五）

王伯化：郡庠的学生。当倭寇突入慈城，血雨腥风，王伯化扶着母亲虞氏逃命，不幸被倭寇追上，王伯化用身体挡住倭寇屠刀，虞氏保全了性命，而王伯化惨死。（潘汝桢《烈孝龙川王公碑记》，光绪《慈谿县志》卷五十二）

刘逢润：倭寇截住刘逢润的父亲，举刀威胁，索要钱财。逢润父囊无分文，倭寇举刀要杀。这时刘逢润从后面赶上来，号哭道：“不要杀我父亲，宁

---

① 倭寇，是指元末到明中叶多次在朝鲜和我国沿海无恶不作的日本强盗。抗日战争期间，我国人民亦称其为日本侵略者。研究表明，历史上倭寇的组成并非仅限于日本强盗，也有一些中国海盗，他们被捉拿后因怕被株连九族，一般谎称自己是日本人。

可杀我。”他用身体护住父亲，倭寇举刀乱砍，父子一同遇害。（光绪《慈谿县志》卷二十八）

沈良十：嘉靖三十四年（1555 年）四月，倭寇突入慈城北面的鸣鹤镇，70 多岁的沈良十背着 90 多岁的老母亲逃命，逃出 5 里，实在走不动了，就在山舍里歇息。倭寇追了过来，沈良十跪地请求不要杀害其老母亲。倭寇见两人都是白发苍苍的老人，舍之而去。第二批倭寇也是如此。沈良十因母亲口渴，正要找水给她喝，第三批倭寇来了，举刀砍向沈母，沈良十用身体护住母亲，结果被杀，母亲保全了性命。（光绪《慈谿县志》卷二十八）

王应麟：慈谿人，17 岁那年，倭寇突入慈城，王应麟扶着母亲姜氏、婶婶余氏躲到邻家园圃里，倭寇发现后，拔刀追来，余氏投水自尽，王应麟为保护母亲，用身体挡住倭寇的屠刀，母子均伤重而死。（《筹海图编》卷十）

刘廷儒：字聘吾，15 岁那年，倭寇突入慈城，举起刀刺向其祖母，刘廷儒用身体挡住倭寇的屠刀，流血而晕，倭寇以为他死了，便丢下祖孙俩而去，祖母得以保全了性命。（光绪《慈谿县志》卷二十八）

冯履祥：字君德，嘉靖三十五年（1556 年）四月，倭寇来袭，冯履祥与父亲一起逃命，不幸被倭寇追上，父亲被砍成重伤，冯履祥用身体护住父亲，哀求倭寇：“别杀我父亲，宁可杀我。”冯履祥被倭寇残忍杀害。（光绪《慈谿县志》卷二十八）

冯校兄弟：冯校，字文源，号龙山。倭寇来袭时，冯校与哥哥冯荣背着母亲逃命。半路遇见倭寇，兄弟俩哀求倭寇不要伤害母亲。倭寇扔给他们一块锦帕用来给母亲覆面，又强迫冯荣给倭寇挑担。冯校乞求倭寇，让他代替哥哥。倭寇被感动了，放了他们兄弟俩。（光绪《慈谿县志》卷二十八）

冯觉晓：冯觉晓，性至孝。倭寇来袭时，因父母年迈，行动不便，冯觉晓一家人只能躲在家里。倭寇闯进家门，举刀行凶，冯觉晓伸长脖子请求代父母死。倭寇被感动了，便放过冯觉晓，抱起冯觉晓的儿子冯大章看了又看，连声说好，出门时用刀在冯家门柱上做了一个记号，示意后来的倭寇不要再进去打劫。此后乡邻都躲到冯觉晓家里，几百人得以幸免于难。（光绪《慈谿

县志》卷二十八）

冯世杰：冯世杰，字子英，为人孝友诚笃。嘉靖三十五年（1556年），倭寇来袭，冯世杰扶着母亲背着幼儿仓皇逃命，母亲掉入水中，冯世杰将其救上来，但母亲已经走不动了，于是冯世杰放下幼儿背起母亲逃命。夜里到达住所，不一会儿，冯世杰的弟弟抱着冯世杰的幼儿来了，真是喜出望外。（光绪《慈谿县志》卷二十八）

危急时刻，冯世杰宁可抛弃幼子也要背负老母亲逃命。今人的看法可能与冯世杰的选择恰好相反，会先救幼儿，老人应该也是这种心愿。但古人认为，无论老人什么意见，作为孝子，必须先救母亲，再救自己的儿女。若反过来弃母救子，就成了孟子眼中所谓“好货财，私妻子，不顾父母之养”，孝道有亏。对于古人而言，“身体发肤，受之父母”，父母的生命远比儿女的生命重要。

光绪《慈谿县志》中记载了黄宗羲所撰裘永明墓志：家中失火，裘永明背起母亲逃命，其他什么都不管。面对妻妾的抱怨，裘永明说：“当时只顾得上母亲，根本顾不上你们。”

我们现在可能认为生命平等，情急之下，无论是先救母亲还是先救妻儿，都是可以理解的。“母亲与女友同时落水，你先救谁？”——现代人可能认为这是一个难题，但在古人看来这根本不是个问题——当然先救母亲，否则就是大不孝。

第三章　当代慈孝故事

爱心少年陈吉

2018 年 4 月 19 日早上 9 点多，在宁波慈城新城随园街边，城管队员陈吉正在巡查违停车辆，意外发现路旁的花坛边上趴着一位 40 岁左右的女士，像是在抽噎……

出于关心，陈吉上前询问情况："您好，是发生什么事了吗？""您好，我可以帮您做些什么？"还没等他得到答复，这位女士突然倒地手脚抽搐、口吐白沫！

一看这种状况，陈吉立马拨打了"120"，并联系周边同事赶来帮忙。随后，陈吉着手维护周边秩序，疏导慢慢聚集的人群，让倒地的女士能够呼吸到新鲜空气。

所幸，几分钟后附近医院的救护车就赶到了现场，急救人员将这位女士抬上了救护车……得知女子没有大碍，陈吉才舒了口气！周围群众纷纷为陈吉点赞，不少人发现，这位暖心的城管队员，就是 11 年前那个因背着患病同学上学而感动全国的少年！

一时间，陈吉的故事再次被大家热传。友谊是什么？对于少年的陈吉来说，就是每天接送患有重症肌无力的好朋友谢斌上学、放学，从小学五年级一直到初三，1400 多天见证友爱承诺，谁也数不清陈吉究竟背着谢斌上学、放学走了多少路。不论春夏秋冬、风霜雨雪，也不论生病发烧，陈吉接送谢斌从未间断过。

2003 年初，江北区慈城镇三联村 10 岁的谢斌突发重症肌无力，逐渐失去行动能力。

这时，江北区慈城镇妙山中学初二学生陈吉走进了谢斌的生活。开始时，谢斌妈妈谢小利猜想陈吉是冲着谢斌新买的游戏机来的，可是两个月过去了，他们俩还“黏”在一起。放学后，陈吉会先来谢斌家，陪谢斌一起写作业、下棋、聊天，直到快吃晚饭时才骑车回家。再后来，谢小利发现陈吉用自行车载着谢斌，放学送他回家。第二天一大早，家里的大门又会被人敲响，那正是陈吉。

为接送伙伴，陈吉坚持绕路上学。每天，陈吉一大早从慈城浦丰村赶去学校，但他从来不直接进学校，而是右拐，向南，再右拐，经过一条狭窄的水泥道后，“咚咚咚”地敲三声谢斌家的门，把谢斌接出来，然后两个人一起上学，有时候背着，有时候用自行车带着，有时候搀扶着。平时，除了接送谢斌上学，陈吉还一直照顾他的课余生活，下课陪他聊天，周末一起玩耍，还带他到篮球场看自己打篮球。

不少同学说，陈吉为了照顾谢斌，付出了很多。比如，陈吉喜欢打球，但是他愿意花更多的时间陪着谢斌下棋；为了按时把谢斌送到家，他即使发烧了，也不放弃。

陈吉 4 年如一日地背着同学谢斌上学的事迹得到了中央电视台、南京电视台、《中国青年报》、《今日早报》等媒体的广泛关注，引起了强烈的社会反响。他是宁波市重大先进典型，先后荣获“甬城第二届十佳学子”、“江北区 2007 年度十大文明之星”、2007 年“浙江骄傲”的候选人、2007 年度“感动中国”候选人等多个称号。

“原本想一直背着谢斌到跟我一起上大学，可惜他初中毕业就没再上学了。不过，我们一直保持着联系，我还是他最好的朋友。”陈吉微笑着告诉记者，这些年他俩除了经常会在微信上聊聊天、拉拉家常，逢年过节只要陈吉有空，就会带上礼物去看望谢斌这位好朋友。

虽然 11 年过去了，但眼前这位高高瘦瘦、皮肤黝黑、一身城管制服的腼腆小伙，只要一露出微笑，仍然那么纯朴。

自从在慈湖中学念完高中，陈吉就考到了宁波职业技术学院机电系上大学，入学才一个多月，他就应征入伍，开始了两年的军营生活，由于表现突出，荣获“优秀士兵”称号。

毕业之后，陈吉就圆了儿时的警察梦，成为慈城派出所的一名巡特警队员，一年多时间里，他抓过小偷、捕过赌徒，还做过很多安全保障工作。

陈吉说，第一次抓到小偷，觉得自己挺有成就感的。他现在是一名暖心城管，在从事巡特警工作的一年多时间里，安全保障工作占据了他不少的时间，因为经常要与城管执法队员配合行动，他对城管执法有了更深层次的认识。

“其实城管工作很不简单，解决的都是老百姓的难题，问题就在于它既是老百姓不可或缺的，又往往是容易被误解的。”陈吉说，这是他选择城管这个职业的重要原因，他要用“暖心”管城。“我们的工作就是经常要和老百姓打交道，虽然经常被人误解，但是我想只要以诚待人、以情感人、以理服人，就一定能够得到大家的理解和尊重。”

正因为陈吉业务精湛、工作认真勤恳，成为城管队员的第一年实习期间，他就被慈城中队推荐上报为优秀队员。2018年7月，陈吉成了一名共产党员。

无论是在学习还是工作中，陈吉都以“党员先锋模范”的意识要求自己：努力学习、努力当个好兵、努力干好工作。

当年那个为了一句承诺，数年如一日地背着患病同学上学的大爱少年，现在已长大成人，依然是一位纯朴、友爱，称职、勤恳的暖心城管队员。

如今，陈吉已经有了一位相处半年的同城女友，他年少时的感人事迹女友也一清二楚，但只要她提及，陈吉都会很平淡地回避掉。

“我一直认为当初做的事情都是自己应该做的。就好比读小学那会儿，我和同学去山上摘杨梅，大家提着杨梅篓下山时，就会有开车的叔叔阿姨好心载我们回家，他们也一定觉得帮助别人是很快乐的事。”

陈吉说，曾经获得的奖状、奖杯以及媒体对他事迹报道的报纸等，他都收在柜子里，也许等他有了孩子，会给孩子讲讲自己年少时做过的这些有意义的事情，希望能让孩子有所受益。

说起慈城年糕，在慈城土生土长的陈吉说：“印象中的年糕就是小时候的年糕团，拿起一个火热的团子，快速摊平，然后添加笋丝、咸菜，两头一捏，一只鼓鼓的年糕团就出现了。年糕团的馅有甜的与咸的两种，甜的简单一点的，就是直接包上糖，现在多用黑芝麻、白糖加核桃混合磨成粉。咸的花样多，一般是咸齑、肉丝，再加上笋丝、毛豆子，或者豆腐干丝、绿豆芽等。”

陈吉说：“我个人认为‘绿慈’和‘冯恒大’两种年糕较为有名，也比较好吃，主要有三个原因：一是作为稻米之乡，慈城这边的米质还是比较优良的；二是独特的传统工艺，慈城的年糕细腻和滑，是其他地区年糕做不到的；三是慈城是中国慈孝文化之乡，连续举办了 18 届中国慈孝文化节，每年还举办中国年糕文化节，慈城旅游的不断升温给年糕这一非物质文化遗产提供了难得的发展机遇，慈城镇政府也出台了一系列加强慈城年糕非物质文化遗产保护和发展的对策，更加提升了慈城年糕的知名度。”

孝老爱亲模范毛乖婷

数十年来，江北电大校长毛乖婷始终坚持孝老爱亲、尊老爱幼、关心邻里、热心公益，并用实际行动把“百善孝为先”“孝为百行首”两句古语阐释得淋漓尽致。

在家，她十分孝敬老人。自嫁到夫家那刻起，毛老师就把婆婆当作自己的亲娘来侍奉。公公去世得早，她想尽一切办法给婆婆更多的心灵慰藉，家务活从不让婆婆沾手，一有空就陪婆婆聊天，白天，她怕老人寂寞，就买了糕点请同村的老人来家串门。婆婆在世时逢人就说：“我这个媳妇比女儿还亲。”

后来，毛老师随丈夫调到慈城工作，不久便因工作能力出众被任命为校长。婆婆心疼媳妇，怕自己拖累了她，借口回了老家。毛老师就隔三岔五地打电话询问老人身体状况，并按时寄生活费。假期里，她把老人接到自己身边尽心侍奉，早晨把泡好的参茶和可口的早点送到婆婆手中；上菜市场先买婆婆爱吃的菜，婆婆最爱吃鱼虾，她就替婆婆把鱼刺剔去，把虾壳剥掉；睡前，为婆婆倒好洗脸水、洗脚水，隔三四天替婆婆洗一次头；婆婆的指甲长了也小心为她修剪；早晨上班前给婆婆泡好参茶，睡觉时还给婆婆服“青春宝”。

一次，婆婆连日腹泻，毛老师带婆婆到医院检查，诊断是癌症晚期！她流着泪恳求医生要治婆婆，在场的医务人员无不为她的孝心所感动。在婆婆面前，她强忍着悲痛把泪水往肚里咽，细心地给婆婆喂药、喂饭，天热了，她为婆婆擦洗身子，但最终癌症还是夺去了婆婆的生命。

在外，她对社会上的孤寡老人、弱势群体也非常关心。2007 年 10 月，“罗莎”台风严重影响了居民生活，她主动把许多年老的居民接到学校，不但给他们安排住处，还叫食堂烧饭给他们吃，并且亲自给他们送茶、倒洗脚水，看着毛老师忙里忙外，老人们感激地说：“你这教师真好。”

对婆婆她是好媳妇，对退休教师她也是一名好校长。为丰富退休教师的晚年生活，学校两个月开展一次“回娘家”活动，每年重阳节，毛老师总亲自下厨为退休教师煮寿面，春节前夕，又把一份份新年祝福带给他们……2001 年，退休教师杨海云查出患有肝癌，接着其爱人又被查出患了肺癌，家里没钱治疗，毛老师得知后，及时送去校方的“关怀”，她找医院、跑医保办、求民政局，最后将医疗费落实了。

在她的熏陶下，现已成家立业的儿子儿媳同样十分孝敬父母和奶奶。每逢生日，媳妇、儿子总要送礼物给父母。有一次，儿子外出，再过一星期就要生产的媳妇挺着大肚子买了蛋糕和首饰特地到慈城婆婆的学校给她过生日。

“毛校长，您托人捎来的钱我收到了，您与我非亲非故，这些年来一直这样照顾我，让我如何担当得起……”这是山西七旬老人刘方员写给毛老师的一封信。自从 7 年前毛老师从同事口中了解这位老人的情况后，便默默地关心起这位素不相识的被子女遗弃的老人。当毛老师带着一大袋购买的生活用品第一次去老人家，看到那随时会倒塌的小屋和家徒四壁的境况时，心里阵阵发酸，临走时，毛老师把身上所带的钱塞进老人手中。回来后，她做村委会工作，给老人翻修了房屋。之后，毛老师常常送钱送物，看望老人，替老人排忧解难。榜样的力量是无穷的，学校的老师和学生也纷纷加入这一“爱心行动”的行列。

毛老师先后获得首届“宁波市道德模范”“省孝亲敬老之星”“全国道德模范”“全国孝老爱亲模范”“全国孝亲敬老之星”等荣誉称号，2010 年初，中国网、中广网、浙江文明网、宁波文明网等多家主流媒体专题报道了她的先进事迹，在社会上引起强烈反响。在她的带动下，她的家庭获得“宁波市十佳文明家庭”“江北区文明家庭”荣誉称号，其丈夫在职时也多次被评为先进工作者，其儿子也被推荐为区“十佳青年”，其儿媳被评为区级“先进教师”。

毛老师是一位慈孝楷模，尽管她做的都是烦琐小事，但正是在这点滴之间，折射出了她尊老爱老、乐善助人的高尚品德，展示了她质朴、纯洁的人格魅力，她及全家人的慈孝言行感染着周边的人，传递着慈孝之心，让社会充满爱，让社会更和谐。

一说起慈城年糕，毛老师就有说不完的话，她激动地说：“慈城是我的第二故乡，我在这里整整生活了 28 年，为古城的教育事业奉献了 28 年，而古城的美食也改变了我的生活习惯。乌馒头、蚕豆糯米饭，尤其是桂花炒年糕、大头菜烤年糕、螃蟹年糕汤，与慈城年糕搭配吃都别有风味，每天都少不了喝一碗年糕汤。”

“慈城的年糕与我家乡奉化的年糕有所不同。儿时记忆中我们做年糕是用粳米与早稻米掺起来碾成粉，蒸笼一蒸，就用石臼捣，这样的年糕粗且硬，口感不好。后来虽然是用机器做年糕，但是味道不一样。慈城的年糕真是世间美食，我参观过慈城年糕生产车间，从米到成品出来得有十几道工序，经介绍，原来关键性的是水磨而不是干磨，还有米的浸泡时间和米的质量大有区别。老字号‘冯恒大’年糕、接力棒‘塔牌’年糕、最早进入全国商超的‘义茂’、新军突起的‘绿藤’、网红产品‘绿稻’等都是慈城年糕的代表。慈城的年糕特产犹如雨后春笋般涌现，慈城年糕质量逐年提升，口感一年比一年好，滑而不黏，久烧不烂。”毛老师高兴地说。

毛老师还说：“年糕不仅好吃，而且蕴意吉祥。年糕年糕，年年高！年年好！它是企业、单位、亲朋好友逢年过节的馈赠佳品。从慈城年糕兴起至今，每逢过年，我走亲访友都要带上吉祥礼品——慈城年糕，更为庆幸的是我们家在杭州、上海乃至北京的亲戚每年都能尝到慈城年糕。慈城是中国年糕最好吃的地方。”

全国慈孝典范徐惠明

出生于 1950 年的徐惠明，是宁波市江北区慈城镇山东村的一位普通村民，与同村的苏美云老太是几十年的邻居。

苏老太早年丧夫，无儿无女，一个人生活。家境并不富裕的徐惠明，从 1986 年开始照顾邻居孤寡老人苏美云，常常帮住在隔壁的老人做些力所能及的事，家中做好吃的，总会盛上一碗给老人送去。

1994 年，徐惠明家修房子，见老人家的房子年久失修，已出现部分坍塌，就干脆将苏老太接到自己家一起居住。就这样，苏老太跟老徐一家相处得就像一家人一样，30 年如一日。

这期间，政府组织了一次土地登记，因苏老太的房子早已坍塌，且村里又经过了拆迁重整等种种原因，苏老太变成了无房户。

2008 年，徐惠明家的房子被拆迁后，他又出钱给苏老太在村里租了房子并经常来看望老人，每逢佳节，更是细心周到，抽出时间陪老人唠家常。

自从 2012 年开始，苏老太逐渐体弱多病，行动也越发不方便，需要专人照顾护理。于是，徐惠明就将苏老太送到敬老院安度晚年。敬老院的费用是每月 2000 元左右，但苏老太的养老保险不足以支付，徐惠明便自掏腰包主动补齐了养老费。

“按照规定，老人应由直系亲属送养，但（苏老太）由于其没有亲属，是由老徐（徐惠明）送养的。苏老太对老徐也很信任，事情都是交给他做，敬老院如果需要他来，老徐也很配合，对老人的态度始终如一。”山东村经济股份合作社党支部书记洪秋国说：“苏老太去了敬老院后，老徐还经常去看望苏老太，陪老人家说说话，把老人家的生活所需全部安排妥当。”

就这样，老徐持续照顾苏老太30年。直到2016年，92岁的苏老太去世，老徐又按照当地风俗，为老人操办了后事，还购置了墓地，安葬好老人。

作为村里无房的孤寡老人，苏老太生前曾申请过80平方米的宅基地用于建房。让人意外的是，随着征地拆迁政策的不断调整和优化，苏老太过世一年后的2017年，她的宅基地被上级批了下来。因苏老太生前一直是老徐照顾和孝敬的，村里当时也不知道如何处理这个宅基地，就拖了下来。

2019年，苏老太申请批下的宅基地拆迁，拆迁款有100多万元。“我们都觉得这笔钱应该给老徐，毕竟是他照顾老人30年。但因为老徐不是法定继承人，又没有法律文书，无法直接继承。”在洪秋国的建议下，老徐在向有关部门咨询后，决定向江北区人民法院提起继承诉讼，由法院依法处理。

“老人家在世期间与老徐签过协议，约定她的生前赡养及后事处理全部由老徐负责，所有费用也由老徐承担，老人家名下所有财产在其过世后全部由老徐继承。”洪秋国说，当时老人名下只有失地农民养老保险，再加上双方法律意识淡薄，老徐也没当回事，这张协议上只交代了相关事宜，并没有签字。

考虑到苏老太长期居住在村里，村民对其情况比较了解，直到2020年10月16日上午，江北区人民法院将巡回审判车开进了慈城山东村，对案件进行现场调解。

“苏老太是单身老人，老徐照顾她几十年了，老人对老徐很是信任，什么事都找他办，把老徐当作自己的儿子来看待。”“老徐为苏老太所做的一切，我们也都看在眼里……”现场，山东村的村民们纷纷对老徐的慈孝行为给予充分肯定。

经过现场询问调查，最终该案件法官张海娟确认了当事人达成的调解协议。张海娟说：“苏老太这处宅基地，属于无人继承又无人受遗赠的遗产，按照规定，应规集体所有。但同时法律也有规定，继承人以外的对被继承人扶养较多的人，可分得适当的遗产。”

孝心善行获得褒扬，法院确认老徐获得“回报”。经过法院调解确认，老徐获得苏老太 50% 的遗产。

张海娟说：“老徐照顾苏老太 30 多年，时间跨度较长，不离不弃，实属不易，应予褒扬，符合法律规定的扶养较多情节，老徐分得一半的遗产。对长者敬爱、对弱者关怀，是中华民族的传统美德，更是对江北慈城‘慈孝文化’传承的重要体现。”

考虑到村里的老人较多，为大力倡导老徐这种慈孝行为，进一步弘扬慈城当地的“慈孝文化”，苏老太遗产的一部分由村里保留，逢年过节时作为福利分发给村里老人。

目前，居住在慈城镇慈湖人家社区的徐惠明，在一家企业当门卫，谈到照顾邻居老人的事，他淡淡地说：“老太太当年什么都没有，作为邻居不照顾她谁来照顾她？至于老人后来意外多了这笔宅基地拆迁款，他根本就没有想过。”

徐惠明三十年如一日弘扬慈孝文化的先进事迹，先后被央视新闻、人民网、浙江新闻、《钱江晚报》、《宁波日报》、《宁波晚报》等 10 多家主流新闻媒体争相报道，其中，新闻快车抖音号点赞量一次性超过 200 万个，评论近 10 万条，在社会上引起了强烈反响。2020 年 12 月，徐惠明获“2020 慈孝典范”荣誉称号。

金婚活动传承慈孝美德

2013 年初，江北区广播电视中心节目部主任、主任播音员张乐萍在农村采访时发现，大部分上了年纪的老人一生没有拍摄过几张照片，尤其是没有一张像样的结婚纪念合照，于是便有了为老人拍摄金婚纪念照的想法，这一建议得到广电中心上下的一致赞同。

金婚老人见证了时代变迁，是中华传统美德的传承者。给老人拍金婚照，不仅圆了老人的金婚合照梦想，还体现了当代年轻人传承慈孝文化，对增强家庭伦理观念、强化爱情忠诚度、提高婚姻美满度起到了积极的引导作用。

经过反复的研究和论证，2013 年 4 月中旬，江北区广播电视中心正式开展以“慈孝江北　见证金婚——我们为老人拍金婚照”为主题的大型公益活动，并确定由中心节目部负责具体实施。制定活动方案、购买服装、制作摄影背景和印刷宣传资料等各项准备工作，仅在 10 天就完成了。

公益活动刚启动，就遭遇到“瓶颈”问题，节目部仅有 6 人，每天要及时完成专题节目采制和频道大量的节目更新等工作。随着金婚公益摄影活动的开展，节目部的工作压力骤然增大；尤其是金婚照片的拍摄，急需具备较高摄影水准的专业人员完成江北区 100 多个村、社区的拍摄任务。

为此，节目部克服了人员少、工作量大、任务重等困难，创新挖潜力、聚合力、借外力“三力”工作新模式。挖潜力：科学安排工作任务，加班加点提前做好各档节目。聚合力：积极向中心领导建议，形成部门间的合力；在中心领导的大力支持下，4 个工程部利用长期下村的工作优势，主动联系各村统计金婚老人数量及时反馈给节目部。借外力：节目部通过建立金婚 QQ 志愿者活动群、发布活动微博、广泛招募志愿者等方式，扩大了金婚公益摄影活动的影响力。节目部负责人还主动联系宁波大学科学技术学院党政办及学校摄影社团的学生，经过磋商，一支由节目部工作人员、宁波大学科学技术学院学生和社会志愿者组成的金婚摄影志愿者队伍悄然组建。

2013 年 4 月 28 日，大型公益活动暨首场“金婚”拍摄活动，在江北偏远山村金沙村顺利启动，虽然中心工作人员和志愿者是第一次参与这类活动，但为金婚老人穿衣、梳头、洗脸、化妆等工作，都做得有条不紊。

启动仪式当天共为 44 对金婚老人拍摄了合照，现场敬老爱老气氛浓郁。中心驾驶员王兴忠年底就退休了，整个活动他几乎全程参与，他说：“能参加这项公益活动，对我一个即将退休的人来说，特别有纪念意义。”

为使金婚公益摄影活动有更深远的影响力，特别是宁波大学摄影社团的加入，为整个金婚公益摄影活动的开展助力。金婚公益摄影活动所到村（社区），志愿者不怕苦、不怕累，耐心、热情、周到，深受江北各地民众的欢迎。

为尽快完成金婚公益摄影活动，节目部和学生摄影社团带队老师共同商议，决定结合学生志愿者的暑假社会实践活动契机，开展为期 20 天的进村入户金婚照拍摄工作。在江北区广播电视中心 4 个工程部的大力配合和支持下，17 名志愿者不畏辛苦，牺牲了大量的休息时间，开展金婚照片的拍摄活动。

在短短 8 个月内，摄影社团学生的足迹遍及近百个村（社区），在拍摄过程中，许多金婚老人的感人事迹给志愿者们留下了深刻的印象。为了展现金婚老人相濡以沫的爱情故事，工作人员还专门拍摄制作了 10 位金婚老人感人的爱情故事，在电视节目和《新江北报》中同步展播，引起了广大群众关注。

洪塘街道荪湖村有一对恩爱夫妻，他们几十年不离不弃，给志愿者们留下了深刻的印象。丈夫王根义今年 78 岁，重度弱视，10 多年前就完全失去了视力。妻子应惠芬患有先天性智力障碍，理解能力相当于六七岁的孩子。拍照时，两名老人是相互牵引、搀扶着，亦步亦趋地来到现场的。应惠芬在前，看着路；王根义在后，拄着拐杖，一步步前行，应惠芬是王根义的眼睛，而王根义是应惠芬的依靠。虽然王根义看不到了，但与妻子一起拍照的幸福感久久地在老人脸上洋溢。

2013 年 11 月 15 日，由江北区委宣传部、区文联主办，江北区广播电视中心承办的“慈孝江北　见证金婚——我们为老人拍金婚照”大型公益活动在慈城镇勤丰村文化大礼堂举行，在所有村民的见证下，周邦红和翁翠玉恰好成为第 1000 对金婚老人。

周邦红当年 89 岁，翁翠玉当年 84 岁。结婚 50 余载的他们，脸上早已爬满了皱纹，但当他们牵手拍金婚照的那一刻，时光仿佛倒流，二老幸福地微笑着，还与大家分享了他俩的爱情故事。

新中国成立前夕，年仅 18 岁的周邦红为了照顾体弱多病的母亲，离开家乡宁波，回到了母亲的老家温州乐清。周邦红一边照看病重的母亲，一边为了生计四处给人做长工，日子过得很辛苦。

一次偶然的机遇，有位媒婆替他做媒，“人家姑娘是乐清本地人，长得很漂亮，叫翁翠玉”。周邦红当时只回了一句话：“漂亮不漂亮，让我看一眼就知道。”等见到翁翠玉时，他却紧张得什么话都说不出来，只知道冲着媒婆连连点头。不久，两人的手就紧紧牵在了一起。

现在老人早已儿孙满堂，本该享清福的他们却一刻也闲不住。每天早上，老两口会骑着三轮车去附近的地里干农活。回家后，老两口还要照料 4 只鸭子和 9 只鸡，虽然琐碎却也给他们带来不少欢乐：“有它们做伴，日子过得很充实。”

“我们从来没有吵过架，有时意见不合，老头子也会生点儿闷气，他在床上躺一会儿气就消了，从来不会对我说重话。我们约定，下辈子还要在一起！”提起他们生活中相濡以沫的点点滴滴，翁阿婆不免得意起来。

慈孝公益活动进行了 8 个多月，当我们的志愿者翻看那 1000 多张照片时，还发现了一个有趣的现象——有些老人无论是神态还是外貌都非常相像，结婚 50 年了，他们生活在同样的环境下，性情、心态、生活方式、饮食结构等都越来越接近，一起开心，一起分担，动作、面容、习惯慢慢变得相同，与其说这是夫妻相，倒不如说是金婚老人的幸福相。

2013 年 11 月底，新华网、人民网、《中国剪报》、《宁波日报》等 10 多家主流媒体从不同视角对该活动进行了专题报道，在社会上引起了强烈反响。通过举办“慈孝江北　见证金婚——我们为老人拍金婚照”大型公益活动，进一步弘扬了慈孝文化，营造了孝亲敬老、尊老助老的良好社会风气，真正打造了一个慈孝惠民品牌，提升了江北文化软实力。

慈城镇被评为“浙江孝贤”慈孝之乡

由中共浙江省委宣传部指导，浙江日报报业集团、浙江省慈善联合总会主办，浙江老年报社承办的第十届“浙江孝贤”推选活动于 2021 年 5 月 7 日启动。

2021 年 12 月 9 日，第十届“浙江孝贤”推选活动组委会发布孝贤人物、慈孝之乡、慈孝企业（浙商）榜单，30 个孝贤榜样向人们展示了新时代孝贤风采。“浙江孝贤”推选活动自 2010 年起已成功举办 10 届，先后有 130 余个人（单位）获此殊荣，“浙江孝贤”已成为浙江省践行社会主义核心价值观的闪亮“金名片”。慈城镇荣获“慈孝之乡”称号。

慈是个人立身之本，孝是乡土厚植之根，德是企业发展之基。除继续挖掘推选孝老爱亲个人典型，第十届“浙江孝贤”活动还特别推出“慈孝之乡”“慈孝企业（浙商）”两项评选，把镜头对准慈孝氛围浓厚的乡镇（街道），关注不忘回报社会的企业（浙商）。

▲ 慈城大东门夜景

慈江、慈湖、慈孝南路、孝子路、慈孝坊……慈城的每一处山水、每一条街巷，都深深烙印着慈孝的印记。为了促进慈孝文化元素“有形化”，除加强对镇域慈孝古迹的修缮和保护，慈城还新建起不少慈孝阵地。

2018 年，提升完成的慈孝馆对慈孝人物事迹、慈孝传奇典故以及慈孝遗踪进行集中展示，成为慈城人的慈孝教育基地；占地面积 1.1 万平方米的慈孝广场，以中央圆形广场为中心，以青山残墙为背景，8 幅记载慈孝传说的石刻环绕广场四周；位于孔庙广场的慈孝文化园，以园名石碑、董黯主题雕像、中华慈孝倡议纪念碑、姑嫂鸟雕塑、羊羔跪乳雕像等艺术形式，生动诠释并传递着慈孝文化……

在慈城，慈孝文化更是一种“烟火气”，存在于古城百姓生活的日常点滴里。自 2007 年起，慈城每年都会开展一次“慈孝家庭”创建活动，截至 2023 年 10 月，慈城镇已先后评选出 1000 余户“慈孝家庭”。经过 10 余年的历程，该活动逐渐将典型选树纵向扩展到每个村（社区）、横向延展到每个行业单位，从“盆景”到“风景”，再到“风尚”，慈孝之花处处绽放。

中华慈孝节是慈城镇一年中最重要的节日之一，自 2009 年开始已先后举办 14 届。依托这一载体，慈城镇的文艺爱好者将慈孝历史文化进行挖掘创作，上演一个个脍炙人口、感人肺腑的节目。慈城镇文化旅游发展中心创办了《古镇慈城》综合型文艺内刊；深挖“董黯取水”“慈城三孝”“三娘教子”等历史人文典故，编写成系列慈孝读本；持续开展“拾村文化”活动，将散遗民间、村落的慈孝文化资源重新捡拾回来，整理创作，编排了《慈爱母亲》《阿姆的年糕》等节目，在农村文化礼堂巡回展演。中城小学、慈湖中学等学校也相继开发慈孝特色教育课程，让学生和家长、教师都积极参与到慈孝文化建设中。

文化铸魂塑形赋能。如今，新时代的慈孝文化已成为慈城发展的核心竞争力，坚定文化自信，增强文化自觉，助推千年古城再复兴。

第四章　中国慈孝文化之乡

“慈”和“孝”是进入家庭生活最早的伦理道德范畴，是中华民族传统文化之一。在全国 2000 多个县级城市中，江北区是与慈、孝最有渊源的县（市）、区之一。江北区慈城镇不仅是浙江省第一批历史文化名镇，也是全国历史文化名镇。

慈孝文化之所以能在慈城发源、传播、传承，也是因为这是个充满爱的小镇，有着传承慈孝文化的文化土壤。慈城因董孝子的孝行而得名，又因张无择、孙之翰等众多孝子的慈善之举而传播，在董孝子的影响下，慈城历代出现了许许多多的孝子（女），形成了具有地方特色的慈孝文化。时至今日，慈城慈孝文化外延不断扩大，内容更加丰富，已逐渐上升为和谐相处、互敬、互爱、互助的新型人际关系，突破传统家庭的亲情小爱向构建和谐社会的人间大爱发展。2008 年 1 月 8 日，中国文联、中国民间文艺家协会正式授予江北区“中国慈孝文化之乡”荣誉称号。江北是全国首个荣获“慈孝文化之乡”的地区，是中国慈孝文化的发源之地、典范之城、标杆之镇。

慈孝之风盛行

“百善孝为先，孝为德之本。”慈城的慈孝文化源远流长，孝子贤孙代有其人，在继承和发扬中国传统慈孝文化的基础上，形成了独具特色的慈孝文化。

历经千年历史积淀，慈城历代涌现了许多孝子（女），张无择、孙之翰与董黯并称“三孝”，形成了孝养、孝敬、侍病（照顾患病的父母）、代父受难

（当亲人面临危难之时挺身而出，代替亲人受苦受难）等丰富多彩的慈孝内涵。此外，慈城的冯家、钱家等名门望族，孝行相传，表率乡里，形成子孝母慈、名门望族中孝子迭出、一门皆孝的家族文化传统，这一独特的慈孝民间文化产生了广泛的社会影响。

在慈城这座慈孝之乡更是流传着许多动人的孝子（女）故事。从汉代大儒董仲舒的六世孙董黯与其母的经典慈孝故事传说开始，慈城的山山水水就与“慈”结下了不解之缘。在慈城的历史上还出了不少孝子（女），据史料记载，慈城自设县以来，受到皇帝旌表的孝子（女）就有30多人。这些孝子（女）的孝行都以文献和民间故事的形式流传于世。其中，汉代的董黯、唐代的张无择、宋代的孙之翰最为出名。据《明史·孝义传》记载：“当是时，倭乱东南，孝子以卫父母见杀者甚众。”嘉靖年间，倭寇两次洗劫慈溪县城，先后涌现一大批为保护父母、祖父母死于倭寇屠刀下的慈城地区孝子，有史料记载的就有向叙、王伯化、刘逢润、沈良十、王应麒、刘延儒、冯履祥、冯校、冯荣、冯觉晓、冯世杰等多位孝子。他们的孝行和感天动地的故事，在民间广为流传，是历代社会伦理的标杆和模范，形成了独具特色的慈孝文化，成为安国定邦、和谐社会的美德。

受董孝子的影响，在江北（慈城）的慈孝文化形态中，孝行与善行并举是一个重要的现象。历代以来，县志及地方文献记载的孝子（女）和慈善行为难以计数，故有“三千孝子（女）”之言。孟子曰：老吾老以及人之老，幼吾幼以及人之幼。慈城的孝子（女）继承了先秦儒家的文化精神，将家族的孝行扩展到社会，多行善事，扶老携幼，造福乡里。因而，孝行和善行并举的慈孝文化促成了慈城独特的乡风民俗。

江北的慈城曾有嫁囡嫁水井的风俗。水井怎么嫁呢？原来是由女方出钱替男方家打水井，意喻我家的女儿像董孝子一样孝顺。

慈城造屋的风俗也颇能体现“慈孝文化”，慈城人造屋上梁前先在梁木上浇酒，一边浇酒，一边唱歌。唱词大致是这样的：“浇梁浇到东，姜官岭上康王洞，代代做官陪黄龙；浇梁浇到西，彭山塔顶笔笃尖，儿孙日后懂文理；

浇梁浇到南，城外三桥跨慈水，后代孝顺胜董黯；浇梁浇到北，师古凉亭翘菱角，财源滚滚永世福。”

慈城曾有这样一则顺口溜：冯家屋，俞家谷，周家重义，某家办学。这里的“某”字其实是个姓氏，可任意替代，因为慈城人乐于办学、助学，尤其是大户望族，因而谁家办学无法固定，只能用“某”替代了。

善于外出经商的慈城人十分热爱自己的家乡。无论他们走得多远，其家资多少，都不会忘记在家乡修桥、铺路、造凉亭，还有办学办医救济乡民。旧时的慈城，有钱惟善堂等 10 多所义庄。慈城人开办的云华堂、宝善堂等慈善机构，收留老人、孤儿和灾民；慈城人创办的保黎医院，引进 X 光机，开全国先河。

慈孝遗址众多

慈城的慈孝文化源远流长，孝子贤孙代有其人，在继承和发扬中华传统慈孝文化的基础上，形成了特色的慈孝文化，具有丰富的地方性内涵，这些可以从一些遗址、遗迹上得到印证。

▲ 慈城慈湖师古亭

江北区慈城保留着完整的慈孝文化遗址，如张孝子祠、慈湖董孝子溪、节孝祠、孝子井、三忠墓和慈溪桥、慈溪巷。在慈城，除慈湖、慈江、慈溪等以“慈”命名，还有一些街、巷、桥都包含慈孝文化的意蕴，如慈溪巷、董溪、孝溪、慈水、忠孝桥、礼桥、义桥、高义桥、孝子池等，昭示着江北这块土地上慈孝文化的深厚与悠远，特别是慈湖上的师古亭，其是浙东文化的发祥地。

▲ 慈城孔庙

慈城孔庙是浙江省唯一保存下来的最完整的孔庙。孔庙中有一座节孝祠，节孝祠墙壁的木刻画上分别有“虞母疏财”“姚女抚弟”“贤妻相夫”“六女抗倭”4个真实讲述当地慈孝的故事。正是这古来有之的孝行使慈孝之风长吹慈城，人们还为他们建起了三孝子祠，慈城也因此名为“三孝乡”“三孝镇”，可见其慈孝文化的深厚。

据考证，慈城保留较为完整的慈孝文化遗址有张孝子祠（三民路）等，具体如下。

张孝子祠

张孝子祠是江北区慈城镇现存的慈孝文化遗存之一，县治西南徐家巷慈孝坊内，现在慈城三民路 26 号，内有孝子池东西两口，只是门庭已换，旧迹依稀了。但从他们的事迹中，我们仍能感受到孝的艰难和美丽，感受其惊天地、泣鬼神的真情魅力。张孝子庙建于唐，后毁。

节孝祠

节孝祠初建于 1726 年，清道光元年（1821 年），乡贤冯汝霖（冯骥才主席的五世高祖）奉母亲杨氏之命出银 3000 两重修名宦乡贤祠，并改建忠义祠于乡贤祠左，以其故址拓建节孝祠。后来，邑人董葆恩遵照其母亲赵氏的叮嘱，重修节孝祠。光绪元年（1875 年），御书“斯文在兹”额悬于庙。21 世纪初，修葺时内壁绘制“董孝子孝行”系列画。

忠义孝悌祠

忠义孝悌祠位于慈城孔庙内，为纪念慈城历史上的忠义孝悌人物而建。三孝子为汉代董黯、唐代张无择、宋代孙之翰。

孝子井

孝子井在慈城的慈溪巷（今太阳殿路 40 号）林家桥西，相传孝子井井壁尚存有汉篆“孝子董黯之井”六字。岁月悠悠，井的周边盖起了新楼，居民也换了一茬又一茬，但谁也不想填埋了这口孝子井。宋代方山京写了《慈井》一诗：“古井千年尚著名，只缘慈孝不胜情。”

▲ 孝子井

方志记载，慈溪巷“在县东南一里，以董孝子黯得名”；孝子井“在慈溪巷内，林家桥西”，井甃上面有汉篆“孝子董黯之井”六个字，相传是董孝子亲手开凿的。

三娘井

据传，现在慈城冯岳彩绘台门旁的三娘井诉说的就是三娘教子的故事。旧时的家庭中三世同堂较为普遍，四世甚至五世同堂也不稀罕。慈城人强调父（母）慈子（女）孝的同时，时刻提防因过度宠爱养出逆子，《拗孟公的传说》是具有警示教育意义的一个教本，也是家喻户晓的民间故事，说的是一对夫妇中年得子、溺爱儿子的故事。故事通俗易懂，告诉人们“养不教，父之过”的道理。后来三娘教子的故事被搬上了舞台，成为一个传统戏剧。

▲ 三娘井

董孝子墓

董孝子墓在今慈溪市范市镇黄杨岙村，与慈城仅一山之隔，其墓遗址至今尚存，为慈溪市重点文物保护单位。雍正《慈溪县志·孝友传》有关董黯的传记中明确表明“墓在镇海县灵绪四都黄杨岙”。

第五章　中华慈孝节

江北区慈孝文化源远流长，慈城、慈江、慈湖因著名的董孝子故事而得名。作为全国历史文化名镇，慈城仍保留着张孝子祠、董孝子溪、节孝祠、孝子井、三忠墓、慈溪桥、慈溪巷等完整的慈孝文化遗址。在历史上，慈城以孝传家，形成名门望族；或望族之中，孝子迭出，形成一门皆孝的家族文化传统，产生了广泛而深远的社会影响。

江北慈孝之风、慈善之风代代相传。至明清时期，江北商贾贤士众多，北京同仁堂、上海冯存仁堂、天津达仁堂皆为江北人创办或经营，杭州胡庆余堂的首位经理亦是江北人，上海金融巨子、银行业的领袖秦润卿，“宁波帮”的中坚人物周仰山，台湾知名实业家应昌期皆出自江北。背井离乡的经商者也会捐钱为家乡修桥、铺路、造凉亭，兴办收留老人、孤儿、灾民的善堂以及赡济族人的义庄等。当你漫步在古县城内的青石板路上，三忠墓、节孝祠等留存至今的一大批慈孝遗址，无不见证着感人至深的慈孝历史，特别是在街头巷尾相传的慈孝故事，影响着一代又一代江北人。

为了进一步传承中华优秀慈孝文化，近年来，江北区还以活动为载体，在全区宣扬崇孝尚德的风气。中马街道的知心家庭学校通过报告会、座谈会等形式，为父母与孩子更好地沟通创造条件；白沙街道“邻居节”为邻里之间熟悉、了解提供平台；慈城中心小学开展“道德绿卡”活动，引导学生形成孝敬父母、关心他人的良好道德品质……

在中小学开展“道德绿卡”活动，让每个学生做好道德记录，引导他们形成勤俭节约、孝敬父母、关心他人、礼貌待人、自尊自爱、富有责任感的良好道德品质。同时，部分学校还编写校本课程教材《美德与情操》《孝道》，充分挖掘家乡丰富的孝文化资源。此外，该区还邀请专家，就如何保护传统文化、促进和谐社会建设展开研讨。

一方水土养育一方人，江北区慈孝文化代代有传人。2003 年初，江北区慈城镇妙山中学初二学生陈吉因 4 年如一日义务背残疾同学谢斌上学，荣获“浙江骄傲”和“感动中国”候选人等称号；江北电大校长毛乖婷坚持数十年孝老爱亲，先后荣获“全国道德模范”“全国孝老爱亲模范”“全国孝亲敬老之星”等称号；慈城镇龚冯村 86 岁的冯老先后向汶川地震、玉树地震等地 10 年捐款 2 万余元，不留名向社会奉献爱心。

随着对传统节日的重视，也给慈孝文化的传承保护和利用带来新的机遇，中秋、重阳敬老，除夕回家与父母团聚一直是慈城人恪守的传统。作为儒学重镇的慈城，还十分重视慈孝文化的教育，每年学生在开学、成人前在孔庙举办开笔礼、冠礼等仪式，对学生进行尊师敬长教育，大力倡导新时代的慈爱新风。

2009 年重阳节，慈城成功举办了首届中华慈孝节，在开幕式上对评选出的“当代中华最感人的十大慈孝故事”及《2009 胡润慈善榜》部分上榜企业进行了现场颁奖。随后，慈孝馆、三娘井、孝子井、水上坟等慈孝景点和特色慈孝线路更是迎来了众多海内外宾朋参观。至此，江北区已连续举办了 13 届中华慈孝节，进一步弘扬了中华慈孝文化。“中华慈孝之乡”可谓实至名归。

从历史中走来的慈孝江北，一直传承发扬着慈孝文化。“当代愚公”袁松才感动中国、古稀党员徐金良勇救落水儿童、摆渡人庄建民 23 年坚守岗位、孝子俞联华坚守慈善公益、吴氏姊妹花拾金不昧……一个个现代慈孝典范成为人人秉持、追崇与学习的新风尚。

慈孝文化作为中华美德的重要组成部分，对新时期弘扬社会主义核心价值观，推动社会向上向善具有重要意义。从历史中走来的慈孝江北，始终传承发扬着悠久的慈孝文化，并带着千年的文脉走向宽广的世界。江北区于

2008 年荣获全国首个“中国慈孝文化之乡”称号，成为现代慈孝文化的原创地和始发港。

深厚的历史文化底蕴使得慈孝理念在江北大地上薪火相传。2008 年 1 月，江北区被中国文联、中国民间文艺家协会授予“中国慈孝文化之乡”称号，成为全国首个获此称号的区（县、市）。

近年来，江北区委、区政府高度重视慈孝文化建设，注重在传承中探索，在弘扬中创新，在引领中突破，着力打响“中国慈孝文化之乡”品牌，首届中华慈孝节活动组委会决定开展慈孝知识有奖竞赛活动，诚挚邀请社会各界对慈孝文化有兴趣、有研究的人员参与，在全国率先举办首届中华慈孝节。

▲ 首届中华慈孝节开幕式暨“慈城之夜”颁奖文艺晚会现场

2009 年 5 月 27 日，江北区在北京人民大会堂举行新闻发布会，向海内外发布首届中华慈孝节重大新闻，全面启动寻找中华最感人的十大慈孝故事（人物）、“中华慈孝节”logo、慈孝新语征集等相关活动，广泛弘扬慈孝文化，极大提升江北区在海内外的知名度和影响力，全力助推全区经济社会快速协调发展。

2009 年 10 月 25—30 日，由中国文联、中国民间文艺家协会、中国社会科学院伦理学会、江北区和市城投公司主办的首届中华慈孝节在江北区举办，当天，中华慈孝节组委会向全球华人发出倡议，希望能把每年的重阳节定为“中华慈孝日”。

在首届中华慈孝节期间，举办开幕式暨“慈城之夜”颁奖文艺晚会、中华慈孝论坛等活动。在由 CCTV3 承办的开幕式晚会上，全国观众能一睹当红明星和著名主持人的风采，在慈孝论坛上能领略著名专家学者的睿智。首届中华慈孝节的成功举办，大力传承了慈孝文化，充分展现了江北魅力，在全球树立了中华慈孝节重要文化品牌。

2010 年 10 月 16 日（农历九月初九重阳节），由中央文明办志愿服务工作组、民政部基层政权建设和社区治理司、全国总工会宣教部、共青团中央青年志愿者工作部、全国妇联宣传部、全国老龄办宣传部等共同主办的第二届中华慈孝节在江北区开幕，全区 10 多个部门全方位启动全国敬老爱老志愿服务活动，志愿者将从老年人的实际需求出发，为老年人开展一次家政服务、一次节日慰问、一次医疗义诊、一次心理辅导、一次户外健身、一次文娱活动“六个一”志愿服务活动。

当日上午，《东南商报》与江北区联合组织的“百户家庭乐重阳”登山活动在江北区保国寺举行，在保国寺广场举办别具特色的登山仪式，吟诗诵赋共庆重阳。举办登山仪式之后，百户家庭将分老年组和中青年组竞登灵山。

为了办好此次登山活动，《东南商报》自 2010 年 9 月 24 日起向全社会征集重阳登山赋。这些稿件中除诗赋之外，还有散文、随笔等，充分展现了广大市民极大的参与热情和家国情怀。

“当里个当，当里个当，请大家听俺言；山东快书来一段，说商报组办慈孝春风可不简单；慈孝春风刮起来，敬老爱幼笑开颜；九九重阳文化节，活动地址在保国寺……”这段山东快书用词朴实，激情跃然纸上，出自住在江东区贺丞路 75 岁的郭女士之手。郭女士来自山东潍坊，她用家乡快书这种喜闻乐见的传统艺术形式，道出了她参加重阳登山和弘扬慈孝的喜悦心情。重阳节当天，郭女士和儿子、孙子一起去保国寺登山，在欣赏美景的同时，亲身感受慈孝文化之乡的浓浓亲情。

江北区立足社区教育等多种平台，通过绘画比赛、演讲比赛、知识竞赛等各种活动形式，大力弘扬慈孝文化，喜迎第二届中华慈孝节。志愿者招募活动吸引了许多大学生踊跃报名参加，用自己的实际行动传递慈孝文化。中马街道挂出了慈孝标语。在江北区重要路段、大型项目施工工地围墙等地，慈孝宣传墙绘和横幅也成了一道亮丽的风景，慈孝文化氛围日益浓厚。

为成功举办第三届中华慈孝节，江北区 4 套班子领导多次对慈孝节有关工作专题进行研究部署，引导全区广大干部群众积极参与这项文化工程、精品工程、品牌工程，高标准做好各项工作，全力以赴把中华慈孝节办成令人难忘、成效显著、和谐有序、彰显江北区迷人魅力的文化品牌。

寻找当代中华最感人的十大慈孝故事（人物）大型公益活动是第三届中华慈孝节的亮点之一，自 2011 年 6 月 20 日正式启动以来，在社会上引起强烈反响，赢得了各界的大力支持，共征集了 4611 个华人慈孝故事。通过层层筛选，先后有 20 个慈孝故事（人物）成功入选，这些事迹在网络等媒体公示期间，广大网民踊跃投票，总投票数突破千万，最终，在美国发扬孝道的美籍华人、南卡大学孔子学院院长叶坦，在日本成立中国电视台服务华侨的日籍华人欧阳乐耕等以高票当选当代中华最感人的十大慈孝人物，充分显示出中华慈孝节在全球华人圈的凝聚力，大幅提升了中华慈孝节的影响力、知晓度、美誉度。

与此同时，寻找当代宁波最感人的十大慈孝故事（人物）活动启动以来，通过自荐、公众推荐、媒体推荐等多种形式，共征集到 255 个故事（人物），最终确定当代宁波最感人的十大慈孝故事（人物）名单。

2011 年 9 月 28 日晚，由中国文联、中国民间文艺家协会、中国伦理学会、中共宁波市江北区委、宁波市江北区人民政府和宁波城建投资控股有限公司主办，以“慈孝和爱和谐，共建三区三城”为主题的第三届中华慈孝节颁奖典礼在宁波大剧院开幕，中国伦理学会名誉会长陈瑛代表第三届中华慈孝节组委会发布当代中华最感人的十大慈孝故事（人物）评选最终结果，中国民间文艺家协会副主席，浙江省委常委、宁波市委书记等领导出席并宣布第三届中华慈孝节开幕。

时任宁波市委常委、宣传部部长宋伟在致辞中说，慈孝文化是中华传统文化的核心内容之一，也是联系海内外中华儿女的心灵纽带。近年来，江北区深入挖掘慈孝文化内涵，全力打造慈孝文化品牌，有力地提升了区域发展的对外影响力。目前，中华慈孝节已经成为传播慈孝文化、弘扬优良传统的盛会，成为加强经贸合作、推动区域经济文化发展的平台。

在颁奖现场，主持人逐一介绍带领华西村崇尚孝道的村主任吴仁宝、息影3年守候母亲最后时光的著名演员田海蓉、身在美国却心牵中国的“文化孝子”叶坦、赡养家乡流浪老人的“赡养哥”姜旭东、带着养母上大学的“最美女孩”孟佩杰、让13名新疆聋童开口说话的周喜花、带父求医成水立方捐款第一人的日本华侨欧阳乐耕、日夜守候唤醒植物人女儿的继父唐仁锋、培养出“五博一硕”的神奇老爸蔡笑晚，以及陪伴母亲闯过生命难关的翟永存10位当代中华最感人的慈孝人物，当市（区）主要领导为当代中华最感人的慈孝人物颁奖时，晚会掀起高潮，这些平凡人感人至深的慈孝故事赢得了全场观众的热烈掌声。

颁奖典礼运用多种文艺表现形式，生动形象地展示慈孝文化的内涵，让观众的心随着时代的变迁以及慈孝文化的发展和传承而感动，晚会上，众多明星先后登台共颂慈孝精神，名家学者也点评了慈孝人物，现场观众始终被浓浓的慈孝情感染着、感动着。

颁奖典礼现场，复旦大学教授钱文忠宣读了设立“中华慈孝日”倡议书。众多艺术家、明星以及“孝行天下艺术团”的演艺界孝子纷纷登台献艺，共颂慈孝。

在第三届中华慈孝节颁奖典礼上，江北区慈孝基金正式启动，共设立

“孝敬父母”“慈爱儿女”“关爱中青年”三大工程21项专项基金，总额达5000万元，重点资助江北区内的贫困病难等弱势群体，以及慈善公益项目。

以“当代素质教育与传统慈孝文化——育人模式的传承与创新”为主题的第三届中华慈孝节研讨峰会在慈城孔庙举行，邀请众多专家学者齐聚慈城畅谈育人模式。他们的教育理念和教育观点在江北区中小学教师中引起广泛关注。中城小学教师徐宏达表示，作为一名教育工作者，教书育人是本职，在传授文化知识的同时，更应该注重学生德育的培养，把慈城的慈孝文化融入学生的思想道德教育中。

第三届中华慈孝节推出的慈孝重阳游活动受到游客和市民的热烈追捧。“这次来慈城，我们不仅可以参观古建筑，感受慈孝文化，还可以观看丰富多彩的民间文艺演出。”江苏游客李先生说，慈城深厚的慈孝文化底蕴令人印象深刻，这次到江北真是不虚此行。据了解，在第三届中华慈孝节系列活动的带动下，慈城古县城景区游客大幅增加，国庆黄金周累计接待游客3.6万人次，同比增长13.92%。

第三届中华慈孝节的举行，同样得到了广大网民的积极参与和大力支持。其中，中华慈孝节微博成为宣传慈孝文化的重要平台，众多网友通过该平台参与慈孝节活动。在“中秋节·微一封家书”微博活动中，网友们纷纷通过中华慈孝节微博平台转达对亲朋好友的祝福和思念，犹如网友“月曲如眉”所写，“在外的游子，最想念的就是其乐融融吃团圆饭的日子，祝家人永远平安幸福”。截至2011年9月，中华慈孝节微博的听众近15万人。

为传播慈孝文化精髓，扩大慈孝文化影响，第三届中华慈孝节还举行了“慈孝文化万里行”——高校慈孝文化传播活动。此前，部分往届慈孝人物已走进中国人民大学、厦门大学、复旦大学、诺丁汉大学等高校，开展慈孝专题讲座，讲述自己的慈孝故事。在第三届中华慈孝节举办期间，众多高校领导、院士、著名专家学者将齐聚慈城孔庙，参加当代素质教育与传统慈孝文化研讨峰会。

依托中华慈孝节平台，该区还全面推进慈孝文化基础设施建设，不断丰富慈孝元素、慈孝景观。在节庆期间，慈城慈孝广场正式开园，慈城黄山村敬老院奠基。以“绿满母亲河　爱遍慈孝地”为主题的中华慈孝林活动在慈江西岸 15 千米遍植绿木，洒满慈孝，使慈江成为一条集慈孝文化、人文荟萃、绿色生态于一体的景观大道。

以“慈孝和爱和谐，共建三区三城”为主题的第三届中华慈孝节的成功举办，特别是“普天寻慈孝”——第三届寻找当代中华最感人的十大慈孝故事（人物）公益活动、第三届中华慈孝节开幕式暨颁奖典礼等六大主体活动及相关系列活动精彩纷呈、主题鲜明，充分展示了江北区慈孝文化的传承和发展，形成了健康高雅、文明和谐、独具特色的文化景观，在社会上引起了强烈反响。

2012 年 10 月 23 日晚，以“传承慈孝文化、彰显江北魅力”为主题的第四届中华慈孝节文艺晚会在宁波大剧院举行，来自海内外的 1000 多名嘉宾和市民参加了晚会。本届慈孝节的活动主题是“传承慈孝文化、彰显江北魅力”，目的在于继续深化拓展慈孝的精神内涵，大力弘扬慈孝的传统美德，全力打造江北慈孝文化品牌，为建设“物质富裕、精神富有”的现代化新江北提供良好的发展契机。

慈孝文化是最具特色的中华文化之一，宁波市一直以来就有慈孝之风。特别是近年来，江北区以中华慈孝节为载体，深入挖掘慈孝文化内涵，使得江北的慈孝文化成为宁波市的一个重要文化品牌，为宁波市精神文明建设做出了重要贡献，对增强海内外中华儿女的凝聚力也产生了深远的影响。

浙江省第十三次党代会提出了“建设物质富裕精神富有的现代化浙江”的发展战略。精神富有的内涵非常丰富，而慈孝是精神富有最基本、最朴素的元素。可以说，无慈孝则无道德，无道德则无文明，无文明则社会进步无从谈起。慈孝文化是精神富有的重要内容，也必将在宁波市建设“发展质量好、民生服务好、城乡环境好、社会和谐好”的中国特色社会主义示范区中发挥重要作用。

江北文化·旅游产业发展论坛暨产业招商会、星期六·相约古县城、慈孝文化企业之旅、慈孝微拍大赛等活动为本届中华慈孝节主要内容，首次亮相晚会上的微电影，以江北企业家艰辛创业历程和江北籍人士回乡投资兴业为原型，反映了当代企业家的抉择和坚守，引起了观众的共鸣。通过网络投票，晚会当场评出全国网络慈孝微拍大赛的“最美慈孝瞬间”作品。

文艺晚会在序篇《家园》的温馨场面中拉开序幕，共分为《爱·家》《爱·业》《爱·乡》3 个篇章，运用歌舞、微电影等多种形式，通过大屏幕等高科技手段，生动展示慈孝文化内涵，让观众的心随着时代的变迁、慈孝文化的发展和传承而感动、感染。晚会在着力展示地域文化和城市魅力、扩大中华慈孝节对外知名度和影响力的同时，给观众带来了一场气势恢宏、场面壮观的慈孝盛宴。

2012“欣捷杯”全国网络慈孝微拍大赛，自 2012 年 7 月启动以来，受到各方高度关注，参加人数近 1500 人，上传活动照片 1000 余张。当大屏幕上播放精彩慈孝瞬间时，一张张展现父母慈、子女孝的图片深深地感动着全场观众，一股股慈孝的暖流在每个人心中流淌。

爱家是慈孝文化的内涵，爱业、爱乡，爱企业、爱员工作为慈孝文化的外延被进一步拓展。在晚会上，江北区总工会向全国发出《关于企业推行“慈孝公休制度”的倡议书》，此举获得了中华全国总工会的支持和认同；在现场，欣捷控股、东力机械作为推行慈孝文化的企业代表接受了主持人的采访，分享了企业加强慈孝文化建设、落实“慈孝公休制度”的经验做法。

为进一步打响慈孝文化品牌，提升江北城市形象，促进文化、旅游、经济融合发展，弘扬慈孝文化，提高江北对外知名度、美誉度和影响力，2013 年 11 月 8 日，宁波（江北）慈孝旅游产品对接会邀请重点客源市场的旅行商前来江北区考察踩线和洽谈对接，达成了部分合作协议。12 日，启动“高举双养火把·照亮幸福晚年”倡议活动暨“千名慈孝志愿者进社区”活动，千名慈孝志愿者将深入社区（村），开展敲门暖心行动、健康孝心行动和助老贴心行动等志愿服务。

2013 年 11 月 18 日，由宁波市江北区委、区政府和中华慈孝节组委会联合举办的，以“慈孝·美丽·幸福·圆梦”为主题的第五届中华慈孝节开幕。慈孝浙商走进慈孝之乡活动、慈孝浙商“相约老外滩”、慈孝信用、慈孝乐园开工仪式、“星期六·相约古县城”、江北区百户“慈孝家庭”评选、江北区千名慈孝志愿者进社区（村）活动启动仪式等一系列主题活动相继展开。

由荣美国际有限公司投资，位于荪湖畔的老年公寓、托老部、爱心护理院、老年活动中心及服务中心，可向社会提供2000余张床位的慈孝乐园项目，于2013年11月18日上午开工建设。同时，虞觉慧以慈孝乐园名义，成立“百万千人夕阳助老基金”，通过慈善总会救助江北区孤困老人。

2013年11月18日下午，第五届中华慈孝文化节“慈孝浙商”授牌仪式暨招商推介会在金港大酒店举行，一批著名企业家富而思源，倾心家乡建设，齐聚宁波江北，弘扬慈孝文化，充分体现了广大浙商在做大做强事业的同时，长期为慈孝事业做出重大贡献的高尚品质。

2013年11月18日晚上，由群众演出、群众观看、群众参与的慈孝浙商“相约老外滩”活动在宁波美术馆举行，活动分为《桑梓——情深》《夕阳——关爱》《家园——幸福》3个篇章，充分展示了慈孝文化的丰富内涵；还举行了“百万千人助学行”“百万千人夕阳助老基金”捐赠仪式，表彰江北区“百户慈孝家庭”，大力传承了慈孝文化。

在第五届中华慈孝文化节“慈孝浙商”授牌仪式暨招商推介会上，江北区通过精美宣传片集中展示了江北的发展远景，令现场企业家从多方位感受江北的新变化，更深入地了解江北。江北区将“转型提升”作为工作主线，以两江北岸开发为龙头，以“10 + 2”城市产业功能区块为载体的建设发展模式也吸引了企业家的关注，他们为家乡跨越发展出谋划策，汇聚更多资源。

由江北区文联副主席、作家王静创作的《民间文化的慈风孝行》，旨在挖掘江北慈孝文化的内涵，为中华慈孝节提供理论及历史依据，为公民思想道德建设提供深厚的优秀传统文化土壤，更为建设“精神富有”的江北提供助力。

2013年12月9日下午，《民间文化的慈风孝行》研讨会暨首发仪式举行，大家围绕《民间文化的慈风孝行》的创作过程、创作意义等开展了研讨，来自浙江省民间文艺家协会、宁波市文联、宁波市民间文艺家协会等的专家学者纷纷表示，《民间文化的慈风孝行》一书将眼光聚焦在江北这块古老而具有活力的土地，挖掘区域特色慈孝文化，阐述慈孝要义，对弘扬慈孝文化、延伸慈孝文化内涵具有重要意义。在首发仪式上，还向宁波天一阁、宁波图书馆、大学园区图书馆和首批农村文化礼堂赠送了书籍。

慈孝为“媒”，江北慈善事业硕果累累。2014 年 9 月 23 日，“中华慈善总会成立二十周年纪念暨颁奖大会”在北京隆重举行，“江北慈孝基金”荣获中华慈善突出贡献奖，宁波市政协原副主席陈云金当场为江北区慈善总会颁奖。

2014 年 9 月 28 日晚上，第六届中华慈孝节主题晚会在江北举行，在晚会现场，分别给获得“江北好人”荣誉称号的市民颁奖。

晚会在序篇《爱是一道光》的温情场面中拉开序幕。《部长爸爸》《父亲》《妈妈的牵挂》等典型融入舞台，用大道之爱感化人心、激励人心、引领人心，通过歌舞、短片、小品、情景剧等多种文艺表现形式，一场感人肺腑的慈孝文化盛宴令人回味无穷。

在江北大地，慈孝文化经过数千年的传承发展，核心内涵由“爱亲人”的私德逐渐推广为“爱天下人”的公德，单纯的孝行进一步演绎成崇高的博爱。特别是在第二批党的群众路线教育实践活动中，江北区广大党员干部发扬“慈孝大爱”精神，积极践行群众路线，用自己的“辛苦指数”换来了江北的“发展指数”和百姓的“幸福指数”。在晚会上，情景剧《家和万事兴》、歌舞《最美的人》等节目充分展现了江北区党员干部为民务实清廉的良好形象。在这次教育实践活动中，江北区涌现了一大批这样的最美先进集体和最美个人，成为广大党员干部学习的榜样，晚会为 10 组“最美在身边”获得者进行了颁奖。

千百年来，慈孝家风薪火相传、遍地开花。为进一步秉承慈孝文明的传统美德，扎实推进社会主义核心价值体系建设，江北区文明办在全区组织开展了“江北好人”推荐评选活动，首批选出敬业奉献、诚实守信、孝老爱亲、助人为乐共四类16位“江北好人”，如悉心照料年迈多病的父亲，在生活点滴中传递孝道的好女儿王碧慧；在亲和中传递法律温情，在裁判中坚守法律原则的好法官周琴娜；长期照顾残疾孤寡老人，不是亲人胜似亲人的好邻居徐永福；等等。在晚会现场，“江北好人”的故事感染着在场的每一位观众。随着中华慈孝节的主题曲《慈母爱，孝子情》响起，“大爱无疆、大道无垠”第六届中华慈孝节主题晚会落下了帷幕。

近年来，江北区通过举办中华慈孝节，实施“和睦友爱”工程、建造“慈孝文化园”、评选“十大慈星”和“十大孝星”等系列活动，独特的慈孝文化已经成为江北区的标志性文化品牌。

2015年8月底，最美浙江人·第四届“浙江孝贤”评选活动拉开了第七届中华慈孝节的序幕。首届“慈孝浙商”评选、“翰墨飘香·抒怀慈孝之心”书画大赛、慈孝文艺演出下基层、“微孝公益行动”等慈孝系列活动，用新颖的形式、接地气的内容再现江北慈孝魅力，进一步推进了江北区“和乐和美”慈孝之乡的建设，为打造“宜居宜业的现代化滨水品质新城”增添了新动力。

富而思源。一直以来，浙商都是中国经济发展的重要推动力量，被欧洲人誉为“东方犹太人”。进入信息化时代的今天，许多浙商用实际行动诠释着“慈孝文化”。2015年9月，首届“慈孝浙商”评选活动启动，得到了社会各界的关注。

2015年9月21日，全国道德模范、“当代雷锋”孙茂芳老先生来到惠贞书院，围绕“慈孝”主题，为全校师生带来了一场“治心扶志”的感恩讲座，揭开了“中华慈孝校园实践计划”新篇章。“感恩——写给父母的信”书信感恩活动、校园感恩之星系列访谈（新闻会客厅）、少年志愿者“微公益”行动等慈孝文化活动，得到了江北师生的积极响应，在校园掀起了一场“慈孝之风”。随后，慈孝礼仪活动走进江北区首个“长寿村”半浦村，有力地推动了慈孝文化的传承与弘扬。

慈孝文化是中华优秀传统文化的重要组成部分，源远流长，影响深远。

2015年10月21日晚上，再逢重阳之夜，作为第七届中华慈孝节的系列活动之一，以“慈爱孝贤　和乐和美”为主题的第四届“浙江孝贤”暨首届“慈孝浙商”颁奖典礼在宁波大剧院举行。

慈孝文化是中华传统文化的精髓，为进一步扩大慈孝文化的影响力，2015年，中华慈孝节组委会与浙报传媒全面合作，用省级媒体平台推广慈孝文化，真正做到了让慈孝活动走出江北，走出宁波，提升了慈孝文化的影响力。第七届中华慈孝节在前六届的基础上，秉承“节俭、务实、高效、惠民”的办节理念，更加凸显亮点，更加贴近群众生活。“浙江孝贤”评选活动、“慈孝浙商”评选活动、微孝公益行动等系列慈孝惠民活动，让慈孝文化走进寻常百姓生活。

作为浙江省精神文明建设的一项重要活动，第四届“浙江孝贤”推选活动秉承前三届“树立孝贤典范，宣扬现代孝道”的宗旨，以慈孝人物事迹的先进性、引领性、代表性向全社会传承和弘扬慈孝文化。经过一个多月的评选，25年如一日照顾孤寡老人的孔吉富、背着残疾婆婆“招女婿”的郭建英、自学中医护理甘做父亲专职“理疗师”的金森兴等10位典型个人（集体）在晚会现场和大家见面，每一段感人的视频都感动着全场观众，他们用实际行动阐释了“慈孝”的时代内涵。

当晚，10名首届“慈孝浙商”亲自或派代表领奖。在颁奖典礼前，时任浙江省委书记、浙江省人大常委会主任夏宝龙在杭州会见了新当选的“浙江孝贤”个人和集体代表。

江北作为全国首个“慈孝文化之乡”及首个“慈孝文化研究基地”，不仅保留了深厚的慈孝渊源和完整的慈孝遗址，更是当代慈孝文化传播、传承与发扬的热土，慈孝理念在江北大地上薪火相传、遍地开花。在晚会上，江北好人、道德模范、慈孝志愿者、慈孝家庭等先进代表的故事，感染着每一位观众。

中华慈孝节组委会在“线上”首次推出“温暖生命的微家书”创作大赛和“感念长辈倡议”99个公众号微接力活动，吸引了广大网友和读者积极参与，特别是后者活动迅速在微信朋友圈“发酵”，甬派、《东南商报》、《宁波晚报》、人民直通车、江北发布等微信公众号迅速跟进，转发接力网友高达2.5万人次。

在当年中华慈孝节众多活动中，由人民网、浙报传媒、江北区委宣传部主办的首届“慈孝浙商”评选活动可谓“重头戏”。该活动以期寻找那些诚信经营、造福桑梓、热心公益的浙商，展示当代慈孝精神，为经济社会发展提供精神文化支撑。活动一经推出，犹如一石激起千层浪，引起了社会各界的普遍关注，100多位浙商参与评选。最终，10名浙商脱颖而出。

2015年，中华慈孝节组委会推出“微孝公益活动”，倡导社会各界人士在忙碌的工作生活中关注细节，回归家庭，以易执行、便操作的微小行动来尽孝心，让慈孝文化走进人们的日常生活。在重阳节当天，浙江养安享养老产业有限公司和江北区民政局、文教街道签约进驻江北，整合各种社会资源，为江北老年人提供亲情化、智能化、专业化、国际化的社区居家养老服务，进一步提升老年人的生活质量，大力倡导敬老爱老的良好社会风气。

在中华慈孝节期间，江北区文明办、江北区教育局、《现代金报》联合开展“少年派”公益计划——贴心“小棉袄”送温暖行动，孩子们用义卖筹集的资金为福利院59位老人送去棉衣、棉鞋，不仅提高了他们的社会实践能力，还增强了他们的敬老孝老意识，帮助他们树立正确的世界观、人生观、价值观，确保他们身心健康成长。慈孝礼仪活动走进中马街道“老人友好社区”，为老人按摩、修脚、理发、送文艺节目，让老人们感受孝老敬亲，充分享受人间真爱。

2016年10月16日晚上，第三届浙江省合唱节闭幕式暨第八届中华慈孝节颁奖晚会在宁波大剧院隆重举行，合唱比赛选手和慈孝人物齐聚美丽江北，融入合唱美妙世界，感受慈孝真情温暖。在为期3天的比赛中，来自浙江省11个地市的54支合唱团队轮番献艺，国家级音乐专家精彩点评、妙语迭出。这是一场激烈的艺术比拼，一次合唱文化的交融，一场推动浙江省音乐文化事业繁荣发展的美丽盛事。

浙江省合唱事业起步较早，中国近代音乐史上第一首合唱作品《春游》就诞生在这里。进入 21 世纪，浙江省的合唱事业更是蓬勃发展、佳绩频出，合唱水平及团队数量都在国内名列前茅。闭幕式上，公布了参加本届合唱节比赛的各团队分数，以及获得最佳人气奖和最佳风采奖的团队名单。

世人熟知塞纳河左岸的文化与韵致，而宁波江北也凭借独特的区位优势，强劲引领北岸文化的时尚风潮。宁波江北正在打造“创新高地、美丽之城、开放都市、幸福家园”，构建着魅力独具、意义深远的“文化江北”。随着第三届浙江省合唱节在江北的成功唱响，江北的合唱事业也得到了前所未有的推动与提升，群众参与合唱的热情空前高涨。

传承 7000 年深厚历史的江北土地，孕育了江北扶危济困、乐善好施的优良传统，形成了江北人特有的慈心济世、善举助人的文化基因，传承千年，历久弥新。

江北区慈善总会自 2006 年成立以来，慈善网络全区覆盖，慈善实力不断提升，慈善救助成效显著，慈善精神深入人心。江北区各类慈善基金规模达 3.8 亿元，累计募集善款 2.5 亿元，累计支出救助款 1.8 亿元。开展“慈善村（社区）创建”活动 6 年来，江北区有 21 个村和社区分别获得省级、市级、区级“慈善村（社区）”称号。广大村民、社区居民“人人参与慈善，个个奉献爱心”，每一个“慈善村（社区）”的捐款参与率都在 50% 以上，善款不论多少，善心难能可贵。在当晚颁奖晚会上，公布了江北区 8 个获得“慈善村（社区）”的村（社区）名单，以及 8 个慈善单位和个人奖项。

慈孝文化与音乐艺术在江北区交相辉映，相得益彰，体现了传统与时尚的结合、静态传承与动态弘扬的联姻、中华美德与音乐艺术的交融，努力为宁波跻身全国大城市第一梯队贡献更多产业支撑。在闭幕式晚会上，宁波音乐港建设正式启动。

2017 年 10 月 27 日晚，全国和美之声齐聚慈孝江北，第十四届中国合唱节暨第九届中华慈孝节在宁波大剧院盛大开幕。合唱与慈孝又一次在江北完美“牵手”，唱响至美之声，共扬至美之情。

第十四届中国合唱节报名异常火爆，共有来自全国各地 141 支优秀合唱团队的 7000 余人云集江北，创历届之最。除了为期 3 天的 10 场合唱比赛，合唱节期间还举办了公益大师班、中国合唱协会常务理事会、专家评委交流座谈会、合唱团进基层展演等一系列活动。

在开幕式上，发布了第九届中华慈孝节多项主题活动，分别是第十四届中国合唱节、浙江省第十届音乐舞蹈节决赛暨颁奖典礼、音乐宁波帮大会暨葛朝祉百年诞辰音乐会、“一带一路”国际青年（中国·宁波）论慈孝活动、“情系桑梓难舍乡愁”——冯骥才先生回乡活动、家风家训与清廉文化系列活动、慈孝文化进校园、慈孝家庭评选、慈孝之旅等系列活动。中华慈孝节的举办，培育了江北人民慈心济世、善举助人的文化基因，“百村慈善帮扶基金”“江北慈孝基金”均荣获全国最高慈善奖“中华慈善奖”。特别是江北慈善村慈善社区创建活动开展 7 年来，共有 35 个村（社区）分别获省、市、区各级“慈善村慈善社区”荣誉称号。

当晚，国内顶尖的中国歌剧舞剧院合唱团举办了专场合唱音乐会，呈现了一场专业性、艺术性和欣赏性兼融的高品质视听盛宴。首先，音乐会上演了激情豪迈的《大江东去》。其次，《传奇》《再回首》《菊花台》3 首流行歌曲赢得观众阵阵喝彩声。最后，音乐会在返场曲目《远方的客人请你留下来》和慈孝主题歌《慈母爱孝子情》中落下帷幕。第十四届中国合唱节为期 5 天，10 月 30 日晚举行闭幕式颁奖暨优秀合唱团展演音乐会。

2016 年以来，江北先后成功举办了第三届浙江省合唱节、首届海上丝绸之路国际音乐节、“十三五”音乐产业发展（中国·宁波）高峰论坛等重大活动，受到广泛好评，第十四届、第十五届中国合唱节顺势落户，江北合唱之声越唱越响。

在全国 2000 多个区（县、市）中，江北是与慈孝最有渊源的区（县、市）之一。江北是我国首个“慈孝文化之乡”及首个“慈孝文化研究基地”，以“父母慈、子女孝”为核心的慈孝文化源远流长。近年来，江北深挖慈孝文化底蕴，扬慈孝、推慈孝、行慈孝，慈孝文化与理念在江北大地薪火相传。

当前江北正在积极打造“中国合唱之乡”，从 2009 年至今已连续成功举办 8 届中华慈孝节，在海内外引起了强烈反响。

2018 年 10 月 13 日，中国合唱协会年会暨首届中国合唱指挥大会在宁波音乐港隆重开幕，活动为期 5 天。大会以 Harmonia 和谐之声合唱团和北京爱乐合唱团联合上演的音乐会为开篇，同时拉开了第十届中华慈孝节的序幕。

在中国合唱协会年会暨首届中国合唱指挥大会的基础上，第十届中华慈孝节继续牵手宁波音乐港，以“音乐·慈孝，共享美好”为主题，在保留往届精品活动的基础上，全新策划呈现音乐盛会和特色论坛等四大主体活动，将慈孝与音乐紧密结合，以崭新的面貌、不变的传承，进一步弘扬江北慈孝文化品牌。

2018 年 11 月，第十届中华慈孝节举行另外两大论坛活动。“家风家训与清廉文化”论坛活动在全国廉政教育基地慈城清风园，就家风家训与清廉文化如何相互影响和作用展开研讨，并发布相关地标性宣言、报告；“句章乐风”原创歌曲创作征集活动、江北旅游推广活动、“传承慈孝　喜庆重阳”慈孝文化系列活动、“百户慈孝家庭”评选等与中华慈孝节相关的精品活动陆续举办。

2019 年 10 月 19 日，由中共宁波市委宣传部指导，中国伦理学会、宁波市文化广电旅游局、宁波市文学艺术界联合会、中共宁波市江北区委员会、宁波市江北区人民政府主办的第十一届中华慈孝节在慈城隆重开幕。

在开幕式上，发布了全国城市慈孝文化与文明实践创新倡议书，以及“第四届寻找新时代感动中华十大慈孝故事（人物）”榜单，上演了“千年慈孝·家国情怀——用艺术讲道德公开课之慈孝与初心篇”情景教育课，以“慈”承千载、“孝”润万家的理念，寻求千年慈孝最大公约数，画出家国情怀最美同心圆。

“寻找最感人十大慈孝人物”公益活动始于 2009 年，此次“第四届寻找新时代感动中华十大慈孝故事（人物）”公益活动自 2020 年 8 月启动以来，自荐、推荐慈孝故事 486 个，参与投票人数达 820 余万人次，经过候选人筛选、各界投票、推委会审评、网上公示等环节推选出10位慈孝人物：33年坚持小孝治家、中孝制企、大孝爱国的李建新；退而不休回乡建设，倡导慈孝发展新农村的李豆罗；19年为英雄守家，全心全意照顾公婆的杨素静……10位新时代感动中华的慈孝人物，一经发布即引发强烈反响。

“慈孝治家，家和万事兴；文明兴邦，邦盛千古长。”在当天发布的全国城市慈孝文化与文明实践创新倡议书中，江北区向全社会倡议用慈孝文化做纽带，凝聚向善合力，推动城市文明的新征程。未来，江北区将进一步挖掘慈孝文化资源，发挥慈孝文化的新时代价值，携手兄弟城市，共同把慈孝文化传承好、弘扬好、发展好。

当天首演的“千年慈孝·家国情怀——用艺术讲道德公开课之慈孝与初心篇”情景教育课，由中国伦理学会、中国电视艺术交流协会为本次中华慈孝节开幕式联合打造，共分为“慈孝篇”“初心篇”“廉政篇”“担当篇”四大主题，主持人现场以讲述并结合《慈爱孝心》《假如有来生》《我是谁》《叩问》4个原创情景剧的形式，首次将慈孝文化的新时代价值与初心教育的新时代使命相互融合，呈现了一场温暖人心且震撼心灵的视听盛宴。

在当天开幕式上，宁波帮“慈城寻根”活动顺利举行，多位“宁波帮”帮宁波人士以及本土乡贤探访了解慈城悠久的历史文化，畅谈家乡未来发展。同时，慈城举行了乐“慈”不疲、欢“孝”慈城以及“句章的艺术”非遗文化展等一系列活动，营造了浓厚的节日氛围。

慈城把慈孝文化写进岁月化成诗篇，慈孝文化成为新时代江北人的文化自信、文化责任、文化使命。慈孝是许多慈城人对慈城久难释怀的情结所在。在望京社区解放路295号这个有百余年历史的小院内，7户人家朝夕相处50多年，哪家老人跌倒起不来，哪家孩子放学没人管，紧要关头来搭把手的，总是邻居。正直、善良、谦和、礼让、互爱、互帮，这些带着慈孝基因的家风，成为老一代人难以忘怀的美好记忆，也是小一辈人引以为傲的成长基因。慈湖中学爱心接力站的同学们义务帮助慈城一位孤寡老人已近10年。3年一届，爱心接力站的人员至少换了3茬，但慈孝之风依然在慈湖湖畔的校园中延续。

以慈为本，以孝为重。千百年来，慈孝文化早已被赋予了崭新的内涵，融入每个平凡慈城人的生活，成为一种文化自觉。如今，在慈城，好人好事源源不断地涌现，诠释着慈孝之乡的道德内涵："当代愚公"袁松才感动中国、古稀党员徐金良勇救落水儿童、摆渡人庄建明23年坚守岗位、孝子俞联华坚守慈善公益、吴氏姊妹花拾金不昧……好人从"盆景"蔚然成为"风景"，成为人人秉持、追崇与学习的新风尚。俞联华道德模范工作室、古巷驿站、"宝贝·平安"护学队、互助银行，红色志愿一个接力一个，文明之花次第开放。生活在慈城这块土地上的人们，无一不被厚植于此的慈孝文化感染，用不同方式延续、传承中华民族的这一传统美德。

10余年来，中华慈孝节充分发掘慈城"名人荟萃，人才辈出"的深厚底蕴，通过慈孝节"搭台唱戏"，让世界各地的"慈城帮"重温故乡，凝聚起发展江北、发展慈城的强大合力。特别是"寻找当代中华最感人的十大慈孝故事（人物）"公益活动共收到海内外慈孝故事投稿1529件，在海内外引发了一股慈孝之风，慈孝故事将再唱新曲，不眠的慈孝古迹将再迎新客，灿烂的慈孝文化将再谱新篇，在全球打响了慈孝文化品牌，中华慈孝节成为江北区一年一度的金秋文化盛会，彰显了当代慈孝文化的影响力、凝聚力、软实力。

近年来，慈城始终深挖慈孝文化底蕴，把传承和弘扬慈孝文化作为推进文明风尚形成和城市形象塑"品"的重要推手，全面推进扬慈孝、推慈孝、行慈孝，在培育践行社会主义核心价值观中，拓展延伸出了爱岗敬业、爱心公益、诚信友善、文化认同等现代人期许的慈孝新内涵。同时，慈城依托丰富的人文景观，表彰慈善家庭、进行邻里评比、拍摄电视剧、开发文创产品、推出慈孝旅游线路，慈孝文化连绵不绝。

2020年11月28日晚，以"千年慈孝·家国情怀"为主题的第十二届中华慈孝节在宁波大剧院开幕。本届慈孝节以"致敬"为关键词，现场致敬9位全国慈孝典范，向慈孝致敬、向典范致敬、向家国致敬。

在开幕式上，来自全国各地的新时代慈孝典范代表、江北区第四届道德模范、2020年度“江北好人”、各级抗疫先进工作者齐聚一堂。在他们的见证下,《江北慈孝文化建设成果实证研究报告》正式发布，该报告建构了一套用于指导实践的理论体系。

在宁波和武汉两地连续奋战76个昼夜的宁波市第一医院重症监护室副主任医师王志宇，28年如一日照顾邻居孤寡老人苏美云的慈城镇山东村村民徐惠明，多年来先后接纳并抚养了贫困亲友8个孩子、5位老人的蒙古族老大姐米格德玛……9位慈孝人物获得“全国慈孝典范”荣誉称号。

作为江北慈孝文化的起源地，慈城继2008年荣膺全国首个“中国慈孝文化之乡”后，被中国伦理学会授予“全国道德教育基地”称号。近年来，慈城坚持以慈孝文化助推乡风文明建设、精神文明进步和经济社会发展，成为在全国拥有广泛知名度和影响力的慈孝文化之乡。

本次致敬的慈孝典范经专家评议和网友投票产生。致敬会寻访团深入各地，行程近万里，对典范人物逐一寻访。致敬会上的每一位慈孝人物、每一个温情故事都折射出时代的光芒，书写着慈孝的感动，画出了家国情怀最美同心圆。

全国慈孝典范畅游慈城是第十二届中华慈孝节活动之一，2020年11月29日，慈城大东门喜迎八方贵客，展现古城雄姿。全国慈孝典范及家人来到慈城，感受慈孝之风，畅谈慈孝文化!

有贵客远道而来，江北区用“高规格”礼待:“将军”开道、锣鼓迎宾。慈城古城楼上，印有“慈城”的旗帜迎风招展，“贵客到——”随着“师爷”一声清脆的禀报，威风锣鼓顿时响起欢快的节奏，城门口50多人的仪仗队依次出城，“县令”开城迎宾，并给每一位贵客赠送精致香囊。

随着“将军”开道，慈孝典范前往大东门。入城后，全国慈孝典范参观了慈城古县城历史文化展览馆，通过空间展示，体验“江南第一古县城”的历史文化内涵与魅力，登上城楼，俯瞰慈城风貌。

2022年11月26日晚，第十三届中华慈孝节重要活动——“宋韵慈孝·姚江之夜”2022新时代慈孝典范发布仪式在宁波姚江美术馆举行。本次发布仪式以榜样为师，致敬“2022十大新时代慈孝典范”；以历史为镜，重现“五大浙东慈孝故事”，通过古今融合的创新方式传承与发展慈孝文化。本届慈孝节共开展13项主题活动。除“宋韵慈孝·姚江之夜”2022新时代慈孝典范发布仪式，还结合本地特色开展“慈城十二时辰”创意生活秀、中国廉洁家风歌词大赛、2022慈孝青创直播计划、“up beauty”中外女性魅力之夜活动、“带着父母看电影”慈孝专座行动、慈城镇慈孝民俗文化等一系列活动，真正让慈孝文化再次走进人民心中、直击心灵。

义务照顾独居老人，不是亲人胜似亲人的北京快递员张义标；一个闺女三个妈，用爱撑起多个家的天津教师藺健君；20年如一日照料患病双亲，孤身一人抚养侄儿长大的宁波江北居民周宁……第六届“寻找新时代慈孝典范故事”公益活动自2022年8月启动以来，在全国范围内共征集到慈孝故事400余个，经过候选人筛选、各界投票、推委会审评、网上公示等环节最终评选出“2022十大新时代慈孝典范”。他们每个人的慈孝故事都感人至深，有着直抵心灵的温暖力量。

2023年11月22日晚，以“慈孝耀中华　闪亮新时代”为主题的第十四届中华慈孝节在浙江省宁波市江北区开幕。开幕式上，慈孝文化大型讲述会分为《慈孝报国》《慈孝传家》《慈孝天下》3个篇章，将江北慈孝人文故事融入朗诵、情景剧、情景诗等多种艺术表现形式中，对朱贵父子浴血大宝山、冯骥才与母亲相依相伴等古今慈孝故事进行艺术化的生动展现。首次尝试用大型讲述会的方式传播千年慈孝文化、弘扬中华家国情怀。

该活动自2023年9月启动以来，在海内外引起强烈反响，自荐、推荐慈孝故事496个，参与网上点赞人数超360万人次，经过候选人筛选、网上阅读点赞和专家评议等多个环节，最终评选出十大新时代慈孝典范故事。活动现场发布了“第七届寻找新时代慈孝典范故事”榜单。

陪伴母亲安度晚年，再忙也要定期看望母亲的著名作家冯骥才；一条路线奔走16年，倾力照顾母亲和婆婆的宁波江北“好女儿”成琼霞……现场表彰了一批“新时代慈孝典范”，并分享了他们感人至深的慈孝故事，在向社会传递人性至善至美的同时，为“慈孝江北”写下新的篇章。

据了解，本届慈孝节还将接连开展多项主题活动，如大型实景乡情剧《岐黄·慈家孝承》创作演出、“亲子说·家风家训”系列比赛、“妙趣横生”慈城民俗奇妙游等活动，并计划开展第三届中国歌词大会暨首届“清风杯”廉洁家风歌词大赛优秀作品展演、“慈爱闪光点”主题摄影大展、“慈力传承·非凡造物”青年慈孝文化产品创意大赛、慈孝法制论坛、第二届“陪着父母看电影”慈孝专座行动、江北区第十四届慈孝家庭评选等一系列活动，全方位呈现慈孝文化盛宴，让慈风善行直抵人心，吹进千家万户。

第六章　弘扬慈孝文化　助推中国高质量发展

历经千百年传承，慈孝文化在潜移默化中蕴化为一种地域文化、民间风俗、情感寄托和心理依靠。迈入新时代，慈孝文化更需要年轻人来传承弘扬，并发扬光大，实现由“心动”向“行动”的转变。

近年来，慈城作为江北慈孝文化的起源地，以慈孝文化助推乡风文明建设、精神文明进步和经济社会发展，谱写弘扬慈孝文化和工匠精神、融合传统文化、助推古镇高质量发展的崭新篇章。

在传承中创新慈孝文化

江北区立足丰富的慈孝资源，挖掘传承并创新慈孝文化传播载体和形式，以举办中华慈孝节为抓手，动员各方力量参与举办重大活动，立体化讲述慈孝好故事，全方位传播慈孝好声音，让慈孝文化接地气、聚人气，在全社会广泛形成孝养、敬亲、慈爱的良好风尚。

深耕慈孝土壤，让慈孝文化“老树发新芽”。江北区立足丰富的慈孝资源、慈孝文化遗址（如张孝子祠、董孝子溪、节孝祠、孝子井、三忠墓、慈溪桥、慈溪巷等）、经典慈孝故事和人物（汉代的董黯、宋朝的孙之翰、唐朝的张无择等），挖掘传承并创新慈孝文化传播载体和形式，以举办中华慈孝节为抓手，动员各方力量参与举办重大活动、挖掘有形有质的慈孝元素，立体化讲述慈孝好故事，全方位传播慈孝好声音，让慈孝文化接地气、聚人气，在全社会广泛形成孝养、敬亲、慈爱的良好风尚。

挖掘有形慈孝元素强化感染力。以丰富的慈孝资源和慈孝故事为底色，动员各方力量积极参与，先后创作了慈孝歌曲《慈母爱孝子情》、长篇小说和广播剧《和你一起走》、电视连续剧《孝心孝道》等一批作品，设计了中华慈孝节 logo 标识系统，打造了“慈孝文化园”“慈孝广场”“慈孝馆”“慈孝大道”“慈孝林”等一批城市人文景观，具体生动地诠释着慈孝文化。慈城持续开展“拾村文化”活动，将散佚民间、村落的慈孝文化资源重新捡拾回来，并加以整理创作，在农村文化礼堂巡回展演，创编的节目《慈爱母亲》《阿姆的年糕》等在全国比赛中获得大奖（2017 年，江北区选送的节目《慈爱母亲》在全国首届“美蕴秋歌”文艺成果展演中获得“全国十佳节目”）。

举办重大慈孝活动扩大影响力。自 2009 年至今已举办 14 届中华慈孝节，开展了丰富多样的活动，在海内外产生了广泛影响。其中，寻找新时代慈孝典范故事公益活动已举办 5 届，参与人数超过千万人次，推出了 50 余位慈孝典范，对引领全社会崇尚和践行慈孝文化起到了积极的推动作用。由浙江省文明办指导，与浙报集团合作开展的第四届“浙江孝贤”评选表彰活动得到了时任浙江省委书记夏宝龙的高度肯定（他强调全社会要褒奖“孝贤人物”、弘扬慈孝文化）。

网上推广慈孝文化，促进传承。由国家互联网信息办公室移动网络管理局指导，共青团中央学校部、中国青年报社、中华慈孝节组委会共同主办的“指尖正能量”全国高校移动网络作品传播工程之“微孝行动”微博话题征集活动，以家庭为出发点，弘扬孝道，倡导青年回归中国传统文化，重塑国民自信。该活动在新浪微博上采用寓教于乐的方式，吸引青年网友积极参与互动，用创新鲜活的时代语言解读传统文化，打造中国好网民、网上精神家园。活动期间，全国共 28 个省 229 所高校参与，30000 多人参与微博话题讨论，提交作品 632 份，微博阅读量达 231.5 万人次。

共育慈孝氛围，让慈孝文化“润物细无声”。近年来，江北区在慈孝文化传播和弘扬过程中，始终把机关干部、青少年、农民、外来务工人员等群体作为重点，广泛开展“五慈五爱”活动，即“讲慈孝、爱家庭”“讲慈让、爱单位”“讲慈善、爱社区（村）”“讲慈厚、爱学校”“讲慈恩、爱祖国”，通过常态化传承和制度化设计，推动慈孝基因植入重点人群，使慈孝成为广大市民的文化自觉和自信。

把慈孝融入干部德行评价中。推动慈孝文化融入干部道德评价体系，抓好干部，尤其各级领导干部“关键少数”的引领作用。在提拔干部时，把孝敬父母、邻里和睦、热心公益等情况纳入考察内容，已有300多名区管干部经过了道德评价“尺子”测量。将慈孝文化课程列入干部年度理论学习和考试内容，提升干部的慈孝素养，营造慈风扬、政风清、民风朴的社会环境氛围。

把慈孝融入教书育人过程中。实施中华慈孝校园实践计划，以江北籍名人勤奋学习、报效祖国的感人事迹为素材，编写《慈水涓涓》《美德与情操》等乡土教材，并作为中小学德育必修课推广。广泛开展“道德绿卡”、书信感恩、少年志愿者“微公益”等活动，推动慈孝文化进教材、进课堂、进头脑。举行“慈风孝行2018中华吟诵大会”，通过传统吟诵的方法，以可观、可演、可参与、可传播的形式，进一步打开慈孝文化深度传播的通道，为慈孝文化的传承开拓更为广阔的天地。

把慈孝融入“三港”建设进程中。在推动“三港”（宁波音乐港、宁波文创港、外滩时尚港）建设过程中，始终让慈孝元素占据C位，让慈孝文化作为“主打歌”，让传统慈孝文化与现代时尚元素激情碰撞，中华美德与现代艺术交融，静态传承与动态弘扬联姻，双方优势互补，有机融合，效益叠加，推动“三港”建设、重大节庆和品牌活动提升到更高层次。

把慈孝融入乡风文明养成中。以农村文化礼堂为主阵地，巡回开展“慈孝金婚”礼仪活动，组织志愿者为老人拍摄金婚照，晚辈为老人祝寿敬茶，电视联播金婚老人感人事迹，举办金婚老人感人事迹画展，撰写并出版报告文学《半个世纪的牵手》，编印慈孝金婚活动纪念册，营造敬老、爱老风尚。举办以家风家训与清廉文化为主题的论坛活动，发出慈城清廉宣言，正家风，淳作风，清党风，倡导形成党员模范带头、干部清正廉洁、社会风清气正的良好局面。

把慈孝融入企业员工感恩教育中。结合和谐企业创建，在民营企业发放10多万本职工慈孝读本《慈孝与和谐》，通过建立“慈孝公休”、发放“慈孝工资”等机制，增强外来员工的归属感。

绽放慈孝之花，让慈孝文化“风来满眼春”。近年来，江北区以选树好、宣传好、礼遇好慈孝典型作为构筑江北区道德高地的重要手段，发挥好榜样示范引领作用，收获评选一个人、影响一大批、教育全社会的实效；推动典型选树由纵向扩展到每个村（社区）、横向延展到每个行业单位，从“盆景”到“风景”再到“风尚”，让慈孝之花处处绽放，在全社会形成崇德向善的强大力量。

广泛选树身边慈孝典型。广泛开展“慈孝家庭”、“慈孝之星”、道德模范和身边好人选树活动，建立完备的道德荣誉体系。组织开展第四届“浙江孝贤”和首届“慈孝浙商”等评选表彰活动。近年来，江北区内涌现“中国好人”7人、“最美浙江人”3人、“浙江好人”14人、“浙江孝贤”1人、“慈孝家庭”630户、“慈孝之星”172名。这些现代慈孝典型与历史上的江北贤人一样，扎根家庭，辐射社会，他们的孝行已成为社会伦理道德的典范，影响着一代又一代的江北人。

多方宣传身边慈孝典型。在《新江北报》、江北电视台、江北文明网等阵地开设“好人在身边”等慈孝典型专题专栏，在主要路口设置公益广告，长期宣传报道典型的先进事迹。组建“民星宣讲团”“百姓微巡讲团”等走进社区、农村，通过“道德微课”、微电影、走书、小品、快板等群众喜闻乐见的形式，每年开展巡回宣讲200余场，身边人说身边事，身边事教身边人，让慈孝典型与群众近距离接触，增强教育实效。

助推慈孝文化与产业融合

礼遇身边慈孝典型。在春节、重阳节等重大节日向各类慈孝典型拜年慰问、寄送贺卡表达敬意、送去祝福。针对部分慈孝典型生活存在困难的现状，注重生活保障、工作优待等方面的关爱，定期跟踪回访，给予必要的援助。每年为慈孝典型提供免费订阅《宁波晚报》、免费体检、免费旅游、免费乘公交、购买保险等各种优待。与宁波市信用联社合作，创新金融服务方式，推出“慈孝星”信用贷款，为身边好人、道德模范等提供贷款方便和利率优惠，让有“德”者有“得”，实实在在提升慈孝典型荣誉的含金量。

共享慈孝果实，让慈孝之乡“幸福万年长”。以慈孝为“媒”，加强慈孝与慈悲、慈善、慈爱等领域的融合渗透，不断丰富和拓展慈孝文化的内涵与外延，探索慈孝文化与相关产业的融合落地和输出路径，使全民共享慈孝文化与产业融合发展的成果。

设立中华慈孝基金。2011 年，由江北区慈善总会和爱心企业共同出资建立总额 5000 万元的中华慈孝基金，每年拿出增值资金 300 万元用于弱势群体救助和慈善公益项目。

大力发展慈善事业。建立市民慈善公约，引导民众主动参与慈善捐款，共享慈善丰硕成果，江北区内已建成各级“慈善村（社区）”34 个。被誉为浙江“慈善村”发源地的庄桥街道李家村，90% 的村民参加“慈善一日捐”活动，10 年来累计捐款 2500 多万元。结合浙商回乡，组织开展“慈孝浙商走进慈孝之乡”活动，2013 年以来，浙商回乡投资累计超过 73 亿元。

着力培育养老产业。引进建设了宁波市区最大的民营养老院——江北慈孝乐园，可提供 2000 个床位；引入了医养一体化的复星养老机构——星健兰庭，可提供 1200 个床位；兴建了公办民助的黄山敬老院等一批机构养老项目；引进培育了“慈爱嘉”“民生养老”“养安享”等一批国内知名居家养老品牌。与市区信用联社合作，推出国内首张丰收慈孝卡，累计发行 32 万余张，联合商家在便民设施使用、餐饮、日用品购买等方面给予老年人优惠让利。

发展慈孝主题旅游产业。以“慈孝—慈悲—慈湖”为纽带，整合宁波慈城、舟山普陀和台湾慈湖三地旅游产品，开辟“慈孝文化之旅”专线。自2012年起，推出“星期六·相约古县城”活动，每年安排2600余位市民带父母或子女免费游览慈城古县城，接受慈孝文化熏陶。由市文明办牵头，整合游步道、慈孝主题景点、农村文化礼堂等优质资源，以线串珠，打造“灵山慈水”文明示范线，开发新的旅游产品，提升慈孝文化自豪感和幸福感。

营造全社会弘扬慈孝文化氛围

10多年来，江北区以举办中华慈孝节为抓手，动员各方力量共同参与，传承发扬无形的慈孝文化，挖掘有形有质的慈孝元素，逐渐构筑起具有江北特色的慈孝文化高地。以中华慈孝节为媒，江北区积极推动慈孝文化走进机关、学校、乡村，以及走进普通老百姓家中，让慈孝之风滋润这片大地，成为百姓们的温暖力量和精神家园。慈风扬、政风清、民风朴，全方位构建“创智之城　和美江北”，全面推动江北区经济社会实现跨越式发展，共推共享慈孝文化，用文化自信在助推中华民族伟大复兴的征程中贡献更多的江北力量。

成功举办第十四届中华慈孝节，不仅给江北区留下了宝贵精神标杆，更打造了众多慈孝典范。其中，参与者先后创作了慈孝歌曲《慈母爱孝子情》、长篇小说和广播剧《和你一起走》、电视连续剧《孝心孝道》等一系列作品，设计了中华慈孝节标识系统，打造了“慈孝文化园”“慈孝广场”“慈孝馆”“慈孝大道”“慈孝林”等一批城市人文景观，把中华慈孝节名片愈擦愈亮，成为新时代文化自信的典范。

为激发慈孝文化在构建和谐企业活动中的活力，《宁波晚报》与江北区委宣传部和区总工会等单位联合举办了以“爱家、爱岗、爱国、爱党”为宗旨的“把慈孝寄出去”主题活动。为倡导全社会树立尊老孝亲的现代文明孝道观和小爱变大爱的良好社会氛围，《宁波晚报》与江北区委宣传部、江北区总工会联合举办“中华慈孝·把慈孝寄出去”主题活动。

2010 年 10 月 15 日下午,"把慈孝寄出去"主题活动在江北槐树公园(解放桥北堍)举行,现场进行"慈孝文化"知识竞答,给答对者赠送"把慈孝寄出去"明信片。获得明信片的市民、职工现场填写,由宁波市邮政局盖活动专用邮戳后统一收集投寄。

活动当天,江北区甬江街道、庄桥街道、洪塘街道、慈城镇和工业区 5 个总工会同时设立分会场,全区 5000 多名机关干部和企业职工参加活动。通过现场填写"把慈孝寄出去"主题明信片,经邮政工作人员当场加盖专用邮戳并投入邮箱后投寄全国各地,及时引导机关干部和职工群众在立足本职和爱岗敬业中实践慈孝精神,真正实现把慈孝文化融入企业生产、融入经济转型、融入社会发展,把母慈子孝的家庭亲情转化为奉献社会的人间大爱。

慈孝文化是社会主义核心价值体系的重要组成部分,是企业文化的重要组成部分,也是和谐企业得以创建的重要依据。慈孝文化也正在被日趋成熟的企业文化接纳。企业文化既是企业经营宗旨、价值观念和道德行为准则的综合构建,又是企业建立和谐劳动关系、强化企业社会责任的具体表现。慈孝文化根植于企业文化,可以健全劳动关系,引导职工树立正确的人生观、价值观。在构建和谐社会的今天,让慈孝文化和企业文化结媒,是探索建立和谐劳动关系的载体和方法,也是江北区各级工会组织和所有企业以及劳动者的共同任务。

江北辖区企业量大面广、差异性大,为做好和谐企业创建活动,该区结合企业类型和劳动关系现状,在试点基础上,首创"三级联创、滚动晋级"新模式,全面推行 ABC 分级创建方法,扎实推进中小企业的和谐企业创建工作。

弘扬慈孝文化,构建和谐企业

近年来,江北区总工会不断创新载体,着力激发慈孝文化活力,把企业文化、职工文化和慈孝文化有机地结合起来,充分发挥传统文化在职工教育中的重要作用，实现了企业文化、职工文化和慈孝文化的创新发展。

2011 年 9 月 27 日，全国首个职工慈孝文化读本《慈孝与和谐》首发式在北京举行。它的出版发行，填补了职工慈孝文化教育的一项空白。该书共 7 万余字，历时两年创作完成。在首发仪式上，还成立了国内首个中华慈孝文化职工教育研究会，特聘来自清华大学、北京大学、中国人民大学的教授担任首批顾问。同时，由江北区总工会发起成立的中华慈孝文化职工教育研究会，在国内率先开创了系统研究慈孝文化与企业文化的先河。

随后，江北区总工会向民营企业发放了 10 多万册《慈孝与和谐》，不仅填补了职工慈孝文化教育的空白，还给系统深入研究“传统文化、企业文化、职工文化”三者融合创造了一个新的平台，并彰显了当代工人伟大品格、慈孝文化引领企业文化、构建和谐社会的独特魅力。时任江北区总工会主席冯亚萍说：“成立了国内首个中华慈孝文化职工教育研究会，在国内率先开创了系统研究慈孝文化与企业文化的先河，给专题研究职工文化、传承慈孝文化提供了新平台，对促进职工思想转型、构建和谐劳动关系、促进企业科学发展都具有重要的现实意义。”

据统计，截至 2012 年 10 月底，江北区共有 4773 家企业参与和谐企业创建，创建率在 91.7% 以上，其中有 655 家企业被评为市、区、街道三级和谐企业创建先进单位。其中：1 家企业被评为全国模范劳动关系和谐企业、2 家企业被评为浙江省劳动关系和谐企业，15 家企业被评为“宁波市创建劳动关系和谐企业”先进单位、42 家企业被评为区级和谐企业创建工作先进单位，并先后涌现以宁波金田铜业（集团）股份有限公司、宁波信远工业器材有限公司等为代表的一大批全国、省先进和谐创建典型。

宁波市江北区作为全国唯一的“慈孝文化之乡”，十分重视慈孝文化的教育传承。近年来，宁波市江北区总工会不断创新载体，把企业文化、职工文化和慈孝文化有机地结合起来，不断激发慈孝文化活力，全力推动企业文化、职工文化的创新发展。

为进一步传承慈孝文化，在江北区总工会倡导下，浙江欣捷建设有限公司等12家企业建立完善“慈孝公休制度”①，丰富了企业文化，在全区形成了“企业关爱员工、员工奉献企事业”的良好氛围。

我国正在进入老龄化社会，国家统计局数据显示，2024年末，我国60岁及以上人口首次突破3亿人。据民政部2017年统计，城乡空巢家庭超过50%，部分大中城市达到70%。农村留守老人约4000万人，占农村老年人口的37%，老年人“渴望亲情”的现象十分突出，尤其是外来职工受路途远、买票难等现实原因的影响，无法长期孝敬老人已经成为经济发展及社会和谐的现实问题。

2012年10月23日（农历九月九日）是传统的重阳节（又称“老人节”）。在当天举办的第四届中华慈孝节文艺晚会现场，经中华全国总工会同意，江北区总工会向全国发出《关于企业推行“慈孝公休制度”的倡议书》，倡议全国企业建立“慈孝公休制度”，是我们江北企业激发员工的孝善之心，也是贯彻不久后颁布的《中华人民共和国老年人权益保障法》规定的家庭成员应当关心老年人的精神需求，应当经常看望或问候老年人要付诸的实际行动，为广大员工设立一个陪伴父母、儿女团聚的公休假期，在全社会形成一个“企业关爱员工、员工奉献企事业”的良好氛围。

实现古城文化与工匠精神完善融合

2024年11月30日，慈城总工会和慈城古县城旅游发展有限公司为双鹿电池工会组织进出口贸易公司精英销售团队定制商务游慈城线路。慈城总工会主席张红燕既是职工“娘家人”，又是慈城“代言人”，生动讲述了慈城慈孝文化故事、慈城风水格局、儒商文化故事、慈城老手艺人制作水磨年糕故事等。双鹿电池进出口贸易公司40名销售精英参观后表示，下次要带国外客商来慈城，向他们好讲慈城文化故事，将慈城传统文化与双鹿企业文化充分融合。

---

① “慈孝公休制度”是指企业的优秀员工享受带薪探望亲人的休假制度，给予优秀员工“路程假”等带薪假期，报销其回家路费等，解决“回家难”问题。

▲ 慈城总工会主席张红燕向双鹿电池进出口贸易公司精英销售团队介绍慈城风水格局

张红燕说：“千年古城，青春慈城。要实现我们古城复兴、职工开心，必须让我们慈城高新技术产业带头争创世界第一、农文旅百花齐放，而这都需要高素养人才队伍、需要传承发扬工匠精神，于是就同双鹿工会主席毕燕静谋划了一次有意义的参观学习活动，重点是认真学习贯彻习近平总书记 20 年前视察慈城的讲话精神。我们江北慈城有哪些成功案例？我想双鹿 5G 工厂就是答案，这是从前的工匠从手工制作，到半自动化，到自动化，再到数字化 5G 工厂。我们新时代职工，只要胸怀千年匠心，传承弘扬工匠精神，未来可期。”

2025 年 1 月 3 日下午，宁波市江北区慈城镇总工会与双鹿电池联合举办的“传承千年匠心，做好一颗电池”慰问百名工匠活动在双鹿电池大会议室举办，开启新年首场致敬匠心、弘扬工匠精神的盛会。慈城镇总工会主席张红燕，金山双鹿行政总监兼总裁办主任吴静，公司党委副书记兼工会主席毕燕静，“浙东书风”传承人沈师白，宁波劳模、宁波工匠、港城工匠、国家级非物质文化遗产项目第五代传承人杨建强，全国劳动模范、大国工匠、全国技术能手、全国五一劳动奖章获得者、公司设备设计研发主任工程师傅祥方参加了慰问活动。

▲“传承千年匠心，做好一颗电池”慰问百名工匠活动现场

活动一开始，慈城镇总工会主席张红燕说：“慈城，自古以来人才辈出、名家荟萃，历史文化积淀深厚。慈城自古便是工匠的沃土。如今，双鹿电池以七十载专注于‘做好一颗电池’的执着追求，续写着这座城市的匠心传奇。在这里，传统工艺与现代制造交相辉映，匠人精神与企业理念珠联璧合，共同谱写着慈城新时代的华美乐章。秉持着对‘匠心’精神的尊重和传承，慈城总工会开展慰问劳模、工匠、先进工作者系列活动，就是为了大力弘扬劳模精神、劳动精神和工匠精神。双鹿新进员工都要先学习对家人朋友的爱心、对合作伙伴的诚心、对客户群体的恒心、对日常工作的细心、对技术工艺的匠心、对艰难困苦的决心等‘六心’企业文化，双鹿深入骨髓的匠心精神与千年古城四大文化是一脉相承的。”

▲ 张红燕把首份凝聚慈城文化的代表性非遗礼盒赠送给双鹿公司设备设计研发主任工程师傅祥方

在活动现场，张红燕详细介绍了慈城慈孝文化、耕读文化、建筑文化、药商文化等四大文化品牌。深厚的文化底蕴如一股暖流，沁入 100 名双鹿工匠之心。

2023 年 12 月，张红燕调任慈城镇人大副主席，2024 年 8 月 13 日，当选为慈城镇总工会主席，9 月 26 日工会换届后正式当上工会法人代表。调任慈城镇工作以来，她就对慈城古镇文化产生了浓厚兴趣，平时利用业余时间先后阅读《民间文化的慈风孝行》等大量慈城文化专著，在认真了解慈城深厚的历史文化底蕴的基础上，率先把国家级非物质文化遗产项目传承人制作的骨木镶嵌工艺品和传承 3000 年的慈城年糕匠心制作成首份凝聚慈城文化代表性非遗礼盒，赠送给双鹿传承工匠精神的典范、带领团队先后完成数项技术创新和科技攻关项目，先后荣获“全国劳动模范”“大国工匠”“全国技术能手”“全国五一劳动奖章”等多项荣誉的公司设备设计研发主任工程师傅祥方。

随后，宁波劳模、宁波工匠、港城工匠、国家级非物质文化遗产项目第五代传承人杨建强讲述传承骨木镶嵌传统工艺，让传承 2000 多年的古老技艺穿越时光，熠熠生辉。

▲ 杨建强讲述传承骨木镶嵌传统工艺

杨建强说："今天很荣幸通过慈城镇总工会举办的活动和大家一起交流一下骨木镶嵌历史和文化。骨木镶嵌是我们宁波的一张文化名片。骨木镶嵌的历史可以追溯到久远的过去。它起源于我国的秦汉时期。经过漫长岁月的发展与传承，在明清时期达到了鼎盛。其最初多用于家具、屏风等大件物品的装饰，以彰显主人的身份和品位。骨木镶嵌 2008 年被评为国家级非物质文化遗产。骨木镶嵌的工艺极为复杂精细，融合了匠人的巧思和镶嵌工艺的精湛技艺。首先，工匠们需要选取优质的木材，如酸枝木、花梨木等，经过精心的雕琢和打磨，制成各种形状的部件。骨木镶嵌的魅力不仅在于其精美的外观，更在于它蕴含的文化内涵。它承载了中华民族对美的追求和对生活的热爱，反映了不同历史时期的社会风貌和审美观念。每一件骨木镶嵌作品都是工匠们智慧和心血的付出，都是独一无二的艺术珍品。在过去，骨木镶嵌曾是宫廷和富贵人家的专属装饰，是奢华和高贵的象征。然而，随着时代的变迁，这一工艺也经历了起起落落。在现代工业化的冲击下，骨木镶嵌一度面临失传的危机。但近年来，随着人们对传统文化的重视和保护意识的增强，骨木镶嵌重新受到关注。一些工匠人坚守着这门传统技艺，并不断创新和发展，使其在现代社会中焕发出新的生机。今天各位收到的这个头梳就是其中之一。梳子梳路使用牛角，背上面和柄使用绿檀，中间组合采用榫卯结合。下面的一个‘慈’字，是我们慈城的logo，采用骨木镶嵌牛骨制作。梳子代表我们新一年从头开始顺顺利利。梳子也是一个我们慈城的药材文化之一，因为牛角是活血的一种中药。常用牛角梳梳头，有促进血液循环、减少静电、养护头发、去屑止痒、缓解疲劳等五大好处。在这里，我祝大家在新的一年开开心心！顺顺利利！”

活动最后，慈城总工会为100名双鹿电池奋战在第一线的工匠送上慰问礼品，为他们送上新年的衷心祝福和深切关怀。

“浙东书风”传承人沈师白先生，向双鹿电池党委副书记、工会主席毕燕静赠送了凝聚书法艺术精髓的“匠心”书法作品。墨香四溢中不仅尽显文化韵味，更展示双鹿工匠不变的初心和抱负。这幅作品将激励更多双鹿人秉承匠心，开拓进取。

▲ 沈师白先生向双鹿电池党委副书记、工会主席毕燕静赠送书法作品“匠心”

作为传承了70年的民族品牌，双鹿电池始终秉承“用心做一颗好电池”的信念，将工匠精神融入企业创新发展的全过程、全领域、全体系，创造了许多先例——全行业最先进的智能仓储物流系统、全球第一个智能制造黑灯车间、全球最大的碱性电池基地。70 年的匠心和坚持，为千年古城的辉煌画卷增添了浓墨重彩的一笔；他们的无私付出与默默奉献，不仅给“千年古城，青春慈城”的美好明天注入了强劲动力，更是中国品牌享誉全球的骨气和底气。

承载着双鹿工匠的卓越智慧和辛勤汗水，礼品虽轻，但匠心无价，现场的阵阵掌声感谢着各位工匠对社会发展做出的卓越贡献。金山双鹿行政总监兼总裁办主任吴静感激地说：“匠心为基，文化为魂，传承为责。感恩匠心汇聚，展望未来，携手奋进。愿匠心精神在我们的努力下发扬光大，愿慈城文化与双鹿文化在新时代共同绽放光辉。此次活动不仅是对劳模、工匠、优秀员工的暖心慰问，更是匠心精神的接力传承，激励众人砥砺奋进新征程。”

▲ 慈城镇总工会主席张红燕，“浙东书风”传承人沈师白，宁波劳模、宁波工匠、港城工匠、国家级非物质文化遗产项目第五代传承人杨建强等参观双鹿电池

张红燕说：“这次我让非遗大师、劳模工匠走进双鹿，参观 5G 工厂，目

的也是让他们互相融合，互相学习，共同进步！通过 3 个月设计制作这款慈城艺术年糕、骨木镶嵌牛角梳子和浙东书法的《匠心》礼盒，深受职工喜爱。工艺年糕上的图片是用蔬菜汁做的，主要表达了传承几千年的持久生命力的密码就是匠人、匠心、匠魂——年糕从 3000 年前的纯手工制作的米糕、糯米糕，到清代陈培基把磨豆腐工艺运用到了年糕制作，创新了水磨年糕工艺，到今天机械革新有了自动化生产的年糕。这都是工艺技术的不断创新的结果，都是一代又一代工匠技艺传承和结晶。数千年来，水磨年糕、骨木镶嵌和浙东书风都在不断创新，现如今，慈城这三大技艺纷纷走出国门，抢占国际市场，享誉全球。将来还会组织更多的企业工会主席参观学习，让产城融合不断发展壮大，提升新质生产力，实现高质量发展。”

▲ 融合慈城水磨年糕、骨木镶嵌牛角梳和浙东书法作品的《匠心》礼盒

中共宁波市江北区委常委、慈城镇党委书记占玮说：“建设‘千年古城、青春慈城’就是要建设年轻的城、吸引年轻的人、彰显年轻的范（儿），我们欢迎和支持更多青年工匠、青年人才来慈城干事创业，放飞梦想！”

▲“慈团子”研学行学生们正在宁波慈孝食品科技有限公司参观慈城年糕博物馆

2025 年 1 月 21 日，由宁波市教育局和慈城镇总工会联合主办“慈团子”研学行——走进家乡名企，感受“智”造魅力活动圆满举行。本次活动吸引了全市 30 余名中小学生参加，孩子们通过参观慈城年糕博物馆、赛特威尔电子股份有限公司、宁波大央科技有限公司及双鹿电池，深入了解了传统年糕文化与现代科技的魅力。慈城镇副镇长万媛媛全程陪同学生研学活动。

▲“慈团子”研学行学生正在宁波慈孝食品科技有限公司慈城年糕博物馆体验制作水磨年糕

慈城镇总工会主席张红燕说："我们举办研学活动，就是让学生们感受到慈城的慈孝文化、耕读文化、建筑文化以及药商文化的深厚底蕴，还为他们打开了一扇通往职业认知与智能制造的窗口，同时也给学生们种下弘扬工匠精神的种子，激发孩子们对未来的无限憧憬，开启传统文化与当代科技融合之旅，打造有文化的先进制造业强镇。"

研学活动第一站，学生们来到慈城年糕博物馆。宁波慈孝食品科技有限公司讲解员热情地为学生们介绍年糕 3000 年历史渊源与传统制作工艺。从选料、浸米到舂搡、摘条，学生们在观察中感受到了一块小小年糕背后的匠心与技艺，充分感受传统文化的温度。

▲"慈团子"研学行学生在慈城年糕博物馆工作人员的指导下包年糕饺子

"没想到一块年糕要经过这么多复杂的工序！"来自高桥镇初级中学的严若茜同学在听完讲解后不禁感叹。随后，同学们轮流体验打年糕，木锤举起、落下，白白胖胖的年糕团随之散发出香甜的气息。年糕团打好后，开始了手工年糕饺制作环节，学生们亲自动手揉团、包馅，每一个细节都做得一丝不苟。

▲“慈团子”研学行学生在慈城年糕博物馆动手做年糕

“老师，我的年糕饺看起来像不像元宝？”一位同学举起自己的作品，笑着向旁边的工作人员展示。“很棒！年糕象征着年年高升，元宝形状寓意着财富，真是两全其美。”工作人员的回答让学生们开心不已。

除此之外，讲解员还为大家介绍了慈城四大文化——慈孝文化、耕读文化、建筑文化和药商文化。学生们表示，参观过程中不仅了解了家乡的传统产业，还对慈城悠久的文化底蕴有了更深的认识。同学们还纷纷选购各类年糕制品作为年货带回家，“我要给爸爸妈妈品尝”！

第七章　慈城古建筑群获联合国文化遗产保护大奖

由北京大学城市与环境学院暨北京大学世界遗产研究中心主持的“中国慈城历史文化名镇遗产建筑群”保护维修申报项目，荣获2009年度联合国教科文组织亚太地区文化遗产保护荣誉奖。颁奖仪式在浙江省宁波市江北区慈城镇孔庙进行，由联合国教科文组织亚太地区北京办事处文化项目高级主管卡贝丝女士到场颁奖。该大奖是宁波市获得的最高等级的文化遗产奖项，也是浙江省唯一获此殊荣的建筑群。

据了解，2000年开始设立的“联合国教科文组织亚太地区文化遗产保护奖”，初设卓越奖、杰出奖、优秀奖、荣誉奖，2005年增设创新奖。该奖旨在奖励民间相关个人与组织，或与地方政府合作，在保护地方遗产、彰显文化价值方面所做的贡献。

慈城素有“鼎甲相望、进士辈出、举人比肩、秀才盈城”的美誉，在其2.17平方千米区域内，保存着明清以来的古建筑约60万平方米，拥有37处全国和省市文物保护单位。唐开元二十六年（738年）至1954年，慈城城内采用都城长安的井字形棋盘格局，至今完好保存着古代县城“一街一河双棋盘”的独特风貌，具有重要的历史文化遗产价值。

由10位国际顶尖遗产专家组成的评审委员会给予慈城古建筑这样的评价：“在宁波市的快速发展中，慈城镇重要遗产建筑群的保护，是宁波历史文化名城核心以及中国其他城镇未来恢复工作的成功先导。本项目将古建筑作为可持续的资源加以整修维护，被维护的建筑结构体现了对传统建筑细部、技术工艺和空间布局的尊重。作为整体保护方法的一部分，地方手工艺传统与建筑维护技术得到复兴。对传统公共建筑的利用证明了它们对地方社区的重要性，而其他古建筑群的商业适应性装修也证明了这些建筑在现代环境中的功能活力。”

2001 年，宁波市委、市政府决定用保护、改善、改造、保留、更新和整饬六种方法，保留千年古镇棋盘式的街巷格局，恢复其原生态风貌。慈城古县城共投入近 10 亿元资金，通过近 8 年的保护开发，截至 2001 年，已先后完成了孔庙、县衙、清道观、甲第世家、冯岳彩绘台门、冯俞宅、符卿第、走马楼、太湖路、太阳殿路历史街区等项目的修缮和改造，基本完成了“五点一线”改造计划。仅 2009 年初以来，慈城古县城就吸引了 20 多万游客。

对此，前来颁奖的卡贝丝女士给予了高度评价。她说，联合国教科文组织亚太地区文化遗产保护奖旨在表彰为保护具有历史价值的建筑而做出贡献的个人或组织。在设立该奖项的 10 年里，其评定标准越来越高。慈城古建筑是中国大陆唯一的荣誉奖获得者。

国家历史文化名城研究中心主任阮仪三曾在 2001 年主持慈城历史文化保护区规划的编制工作，他回忆说，当年慈城古建筑存在不同程度的损毁。如今，再次来到古镇，他深为祖先留下的财富能在当代人手中得到延续和发扬

▲ 慈城古建筑群

感到高兴。阮仪三说：“古镇保护的整体性、前瞻性和可持续性，具有划时代的意义。”

来自台湾大学的黄永松教授在慈城古镇长期负责古建筑现代功能的开发工作。他说，作为国家级历史文化名城的宁波，“书藏古今、港通天下”的城市形象彰显了宁波人民对传统文化的珍视。慈城古镇获得这个奖项，更彰显了宁波文化遗产保护工作的世界性价值。中华慈孝节的成功举办、“母亲的艺术”等文化博物馆相继建成、创意产业与慈城古镇保护的相得益彰，使慈城为中国古城未来保护和合理开发提供了成功示范。

在古县城方面的保护与开发上，慈城保持原有 2.17 平方千米的棋盘街巷格局和历史风貌。截至 2024 年 12 月 31 日，累计投入资金 118.18 亿元，先后完成宅院修缮、遗址重建修复、景观改造提升等专项工程，比较完整地保护了古建筑群落，进一步扩大了“中国古县城标本”的影响力和美誉度，全力建设“千年古城、青春慈城”。

第八章　宁波第一强镇

浙江大地文化荟萃，千年古城星落其中。近年来，慈城古县城始终致力于保护开发，在“古城复兴”的道路上蹄疾步稳。2001 年，宁波市委、市政府作出保护开发慈城古县城的重要战略部署。在保护优先的原则下，古城面貌发生了有目共睹的变化。在此期间，国内首部古城历史文化保护条例《宁波市慈城古县城保护条例》颁布实施。

2020 年，浙江省委、省政府提出“千年古城”复兴计划，力争将古城打造成展示浙江文化的“重要窗口”，将古城建设成为展示浙江成就的“示范样板”。2020 年 5 月 17 日上午，“古城复兴在浙出发”主题活动在“江南第一古县城”慈城吹响古城复兴的集结号。国内文旅专家学者、浙江省 26 个古城代表与亲历慈城古县城开发保护的建设者和慈城居民，近 1000 人齐聚大东门城墙根下，见证了全省“千年古城”复兴盛事。

中国历史文化名城研究中心主任阮仪三曾这样评价：“慈城作为中国传统县城的典型代表，仍保留着完整形态，在江南乃至全国都少见；古城内文化古迹分布密集，传统民居群落保存完好，都具有很高的保护和开发价值。”

2020 年，江北对接对标“千年古城”复兴计划，持续做大慈城古县城开发建设热度。古城复兴，项目先行。在启动仪式上，来自长阳实业、格劳博机器人、美生医疗等机构的 6 个项目代表上台，与慈城镇签订投资协议，总投资金额约 27 亿元。

“千年古城复兴计划”是江北区贯彻落实习近平总书记在浙江考察时的重要讲话精神、彰显文化自信的具体行动；是积极响应、加速古城建设，传承历史文脉，讲好慈城故事，让诗书继世、慈孝传家的地域文化成为宁波“四知精神”的生动实践。“千年古城复兴计划”将聚焦产业振兴，全力引进一批亮点项目，努力打造集“游览观光”“休闲度假”“文化体验”于一体的网红打卡地；紧扣民生福祉，推进“美丽城镇”建设，提升民生供给品质；立足全域复兴，推动新城建设与古城交相辉映，都市工业集群与文旅产业发展协同并进，同步释放发展动能和文化潜能，让千年福地热土在新时代再次迸发勃勃生机。

▲ 慈城古县城大东门夜景

2024 年 11 月 28 日，在浙江省千年古城复兴试点工作现场推进会上，浙江省宁波市慈城镇被评为“2023 年度千年古城复兴试点优秀单位”。近年来，慈城镇秉持“保护为先、适度开发、修旧如旧”的理念，编制《慈城镇国土空间总体规划》等关键规划，推动修订全国首例古镇保护法规《宁波市慈城古县城保护条例》，累计完成 15 万平方米的文保建筑修缮及风貌改造工作。

同时，慈城镇紧抓浙江全省千年古城复兴战略与宁波市翠屏山中央公园规划的机遇，制定了《慈城古县城保护开发三年实施方案（2023—2025 年）》，明确了“东游西居”的空间布局，推动古城东片区核心景区品质升级，西片区居民生活区城市更新，实现了景区与居住区的和谐共生。

2023 年底，慈城古县城景区被列入国家 5A 级景区意向名单，并于 2024 年顺利通过 4A 级景区复评。

2024 年 12 月 13 日，《全国千强镇发展报告》由中国中小城市发展指数研究课题组和国信中小城市指数研究院联合发布。据悉，这份报告涵盖了全国各地的优秀城镇，通过综合各项指标进行排名，展现了我国小城镇在经济、社会、环境等多个领域的成就与潜力。根据这份报告，宁波“四大强镇”出炉，依次为慈城镇、观海卫镇、周巷镇、东钱湖镇。

令人意外的是，江北区的慈城镇成为宁波第一强镇。公开资料显示，慈城古县城是慈城镇的重要旅游景区。根据 2022 年的数据，慈城古县城累计接待游客达到 336.7 万人次，实现营业收入 7783 万元，同比分别增长 185% 和 312%。

2023 年全年，慈城古县城旅游收入预计突破 1 亿元，同比增长 80.8%；旅游人次 294.5 万人，同比增长 43.7%。

工业方面，慈城镇的实力同样突出，发展较为均衡。2023 年，慈城全镇实现规模以上工业总产值 680.0 亿元，同比增长 8.6%；规模以上工业增加值完成 91 亿元，同比增长 18.9%。“万亩千亿”功能材料主导产业集群效应明显，产值近 500 亿元。

此外，慈城镇的地理位置优越。境内有萧甬铁路线过境，长 5 千米；有沈海高速过境，长 13.1 千米，设慈城、宁波北 2 个出口；绕城高速过境，长 5 千米；省道甬余线过境，长 10 千米，通往余姚和宁波市区。慈城镇道路网络发达，据 2023 年 9 月浙江省人民政府官网显示，慈城镇三年累计新建道路 28 千米，对外连接的交通设施完善。

下 篇

解码慈城年糕基因

第一章　历史源头

史料记载

《帝京景物略》记载

明崇祯年间刊刻的《帝京景物略》记载：当时的北京人“正月元旦，啖黍糕，曰年年糕”。这可能是书籍上最早出现的“年糕”二字，由于北方当时都是用黏黍（小黄米）来磨粉加工，所以也叫“黏糕”，谐音而得“年糕”。

《周官》记载

据《周官》记载：“饵谓之糕，或谓之餈，糕，捣黍为之。”说明年糕至少有 2000 多年的历史。

《食次》记载

6 世纪的食谱《食次》载有年糕“白茧糖”的制作方法，“熟炊秫稻米饭，及热于杵臼净者，舂之为米糍，须令极熟，勿令有米粒……”即将糯米蒸熟以后，趁热舂成米糍，然后切成核桃大小，晾干油炸，滚上糖即可食用。

《齐民要术》记载

北魏贾思勰的《齐民要术》记载：将糯米粉用绢罗筛过后，加水、蜜和成硬一点的面团，将枣和栗子等贴在粉团上，用箬叶裹起蒸熟即成。

《浙江省民间文学集成：宁波市故事卷》记载

《浙江省民间文学集成：宁波市故事卷》中《慈城年糕》记载：春秋战国

名将伍子胥曾经在慈城打仗，他死之前对其部下讲：“如果国家有困难，百姓断粮，你们到城墙下掘土三尺，可得到粮食。”

伍子胥死后，越国进攻吴国，城中军民断粮，饿死了不少人。这时，有人想起伍子胥的话，就去挖城墙。挖了三尺多深，果然挖出许多可以充饥的“城砖”，最终打了胜仗。

原来，当年伍子胥在慈城督造城墙时已做好屯粮防饥的准备。这些“城砖”全部是用糯米粉蒸熟后压成的，这种糯米砖十分坚硬，长年不变质。

从此以后，慈城镇和宁波各地家家户户都舂年糕，并通过年夜饭吃年糕汤来纪念伍子胥。

《浙东乡情慈城的传说》记载

《浙东乡情慈城的传说》第二辑记载：清，乾隆皇帝下江南，政务、民风无不一一关注。乾隆皇帝在杭州小住时不经意发现这页记载，被绘声绘色的描述引发好奇和品尝欲望，遂命杭州府到慈城征召。慈溪县令受命亲自将特制的年糕团及加盖大红御印的水磨年糕快马送到杭州。乾隆皇帝用膳时，年糕团还是热的，品尝后发现它果然名不虚传，口味独特。乾隆皇帝一时兴起，吩咐笔墨伺候，龙飞凤舞写下“年糕年糕年年高”七个大字赏赐给慈溪县令。可惜，后来真迹散落失传。

第二章　年糕始祖　留住乡愁

一、传承千年

姚江，古名舜江，又称“余姚江”，从宁绍平原上蜿蜒流过，这里雨水丰沛、土地肥沃、水草茂密。姚江是宁波的“母亲河”，也是宁波境内一条集水利、农灌、渔业、航运和饮用等功能于一体的重要水系。姚江发源于大岚镇夏家岭龙角山，流经上虞、余姚、海曙和江北，汇入甬江，其干流全长104.5千米，流域总面积为2940平方千米，约占宁波市陆域面积的1/3。姚江年蓄水量为6820万立方米，是宁波的一个天然大水库。姚江沿岸文化遗存比较丰富。余姚市河姆渡镇境内的河姆渡遗址可追溯到7000年前，当时的水稻种植技术已经非常成熟，并出现了畜牧和纺织。江北区慈城境内的句章城是宁波境内最早的城池，建于公元前473年，为越王勾践所建。

1973年的春夏之交，河姆渡一位农民无意中挖开了一个“惊世秘密”，使7000年前的一个原始村落突然展现在世人眼前。特别令人兴奋的是，在河姆渡遗址中还出土了大量人工栽培稻谷。

稻谷出土的一刹那，谷壳仍泛着金黄色光泽，颖壳上的纵脉和纤细的稃毛清晰可辨，外表形态保持良好。专家从稻谷堆积的厚度及面积推算，稻谷总量在100吨左右，可满足400多人一年的口粮。

在河姆渡文化遗址中，一期稍晚的有慈溪童家岙，二期的有余姚鲻山、鄞州董家跳、上虞牛头山，三期的有江北慈湖等18处，四期的达24处。从调查情况来看，早期的遗址较少，晚期的特别是四期的遗址较多。距河姆渡遗址仅 7 千米的田螺山遗址的发现，为促进河姆渡文化的深入研究提供了十分珍贵的资料。这些遗址大部分聚集在河姆渡遗址周围，在它附近东西长 20 千米、南北宽 10 千米的范围内有 20 多处遗址，反映了河姆渡文化在 2000 年的历史中向外传播的轨迹。

浙江省博物馆研究员周新华在《稻米部族》一书中说："在河姆渡遗址的所有发现中，当以人工栽培的稻谷的发现最为重要。在先后两次考古发掘中，都在遗址的第四文化层发现了稻谷，其堆积数量之多，保存程度之完好，是同时代遗址中极为罕见的。"

据专家认定，河姆渡出土的稻谷年代距今 6700~6900 年，比被誉为"世界上最古老的稻谷"——泰国奴奴克塔遗址出土的稻谷还要早数百年。实物再次印证了长江中下游是水稻的主要栽培地区之一，我国是世界上人工栽培水稻最早的国家之一。

早于河姆渡文化 1000 年左右的井头山遗址，位于宁波余姚三七市镇井头山南麓，东距田螺山遗址 1.5 千米，总面积约为 2 万平方米，距今 7800~8300 年，是继河姆渡遗址发现近 50 年以来，在余姚发现的又一处具有里程碑意义的新石器时代遗址。井头山遗址是浙江境内迄今发现的唯一的史前贝丘遗址，它将宁波地区人文起源的历史再往前推进了 1000 多年，并发现了完整的稻谷，井头山文化距今已有 8000 年历史，是"河姆渡之祖"。

浙江省文物考古研究所研究员孙国平认为："井头山遗址的文化遗存，展现了早于河姆渡文化 1000 年左右、生活在余姚地区先民的生活状态和生产技艺水平，可以说是河姆渡人的'祖辈'。"

慈城南临宁波母亲河——姚江，古称"舜江"，是世界文化遗产浙东运河的重要组成部分，而余姚市三七市镇井头山遗址、余姚市河姆渡镇河姆渡遗址、余姚市三七市镇田螺山遗址和江北区慈城镇句章遗址同处姚江北侧，三七市镇、河姆渡镇、慈城镇三镇紧邻，三镇内的四大遗址都集中在慈城西南侧 12 千米范围内。井头山遗址位于余姚市三七市镇三七市村，东距田螺山遗址 1.5 千米，东距慈城古镇 5 千米，南距河姆渡遗址 8 千米；句章遗址距河姆渡遗址 10 千米，距井头山遗址 12 千米。

▲ 慈城水磨年糕

大禹治水给江浙一带的老百姓带来了很大利益，人们每年都到“禹王庙”祭祀，用年糕作供品，庆祝丰收，同时期盼一年更比一年好。“十二月忙年夜到，挨家挨户做年糕”，多少年来，年糕几乎成了家家必备的年货。

由于每年制糕做祭祀，年年期盼有新提高，作为主食的稻米成为人们心目中永远期望的对象，于是，人们把心中的期望转移到“米糕”身上，后来把它改为年糕。做年糕是慈城人 3000 多年来保持的手工民间技艺和过年习俗。

▲ 中国年糕之乡

战国名将伍子胥在慈城打过仗，他在慈城督造城墙时已做好屯粮防饥的准备，当年用糯米粉蒸熟后压成的“城砖”，挽救了百姓的生命，从此以后，慈城镇和宁波各地家家户户都舂年糕，并通过年夜饭吃年糕汤来纪念伍子胥。

南宋《民俗散记》等书籍中关于慈城年糕的记载更是屡见不鲜。乾隆皇帝下江南时，御笔亲书“年糕年糕年年高”七个大字赐予慈溪县令。经过3000余年的发展传承，目前慈城水磨年糕以古县城为中心，在慈城较为集中，主要以慈城当地人代代传承，并形成广泛分布，分别辐射到余姚、慈溪、北仑、鄞州等周边乡镇。

清代中期，慈城的史书中未见有关慈城年糕的文字记载，但民间流传十分丰富，包括谚语、歌谣等。

考古工作者在江北慈城对面的井头山和河姆渡（距慈城仅5千米）母系氏族社会遗址中都发现了稻种，说明早在8000年前我们的祖先就在此开始种植稻谷。慈城地区的先民是什么时候做米糕，米糕又是什么时候变成年糕的呢？虽然找不到史书记载，无法查到具体时间，但诸多民间传说都与慈城年糕有关。如《打年糕》《祭大禹》《慈城年糕》等，都能证明慈城年糕至少有3000多年的历史，甚至更久。

制作手工年糕是一个烦琐的过程，也是一个费力的活儿。因此，勤劳聪明的慈城人发明了年糕制作机器，来替代手工制作年糕中最费力的舂年糕。尽管现在纯手工制作年糕比较少，但是在慈城仍保留并流传着年糕手工制作技艺。

慈城水磨年糕美味可口，蜚声海内外。据传慈城人民陈培基从事手工制作豆腐、香干多年，有一年他突发奇想，把制作豆腐、香干的工艺运用到了做年糕上，大米经水浸、水磨、榨干水分后再用水蒸，搡揉制成的年糕晶莹剔透，润滑如肤，口感也大为提升，开创了手工水磨年糕之先河，从此，慈城水磨年糕出了名。

二、年糕始祖

慈城年糕的水稻种植地源于河姆渡一带，是中国乃至世界的稻作文化发祥地；史料记载源于西周，历史最早，年糕模板最多，民间传说最久，文化序列最早、最丰富。慈城年糕是中国年糕始祖实至名归，传承至今，慈城年糕仍保持旺盛的生命力、竞争力、创造力，是真正的中华瑰宝。

（一）年糕原料最早、最完整

河姆渡出土的稻谷距今 7000 年，被誉为“世界上最古老的稻谷”。长江中下游是水稻的主要栽培地区之一，我国是世界上人工栽培水稻最早的国家之一。河姆渡遗址的发现，改变了只有黄河流域才是中华远古文化摇篮的传统观点，证明了长江流域和黄河流域都是中华民族的发祥地，中华民族文化的起源是多元的。

早于河姆渡文化 1000 年左右的宁波余姚三七市镇南麓井头山遗址，距慈城仅有 5 千米，东距田螺山遗址 1.5 千米，总面积约为 2 万平方米，距今 7800~8300 年，是继河姆渡遗址发现后，余姚发现的又一处具有里程碑意义的新石器时代遗址，是浙江境内迄今发现的唯一的史前贝丘遗址，它将宁波地区人文起源的历史再往前推进了 1000 多年，并发现了完整的稻谷。井头山遗址、河姆渡遗址及姚江流域，是中国乃至世界的稻作文化发祥地。

考古人员在井头山遗址中还发现了比河姆渡遗址更早的稻作遗存，出土的少量炭化米、稻谷壳、水稻小穗轴可以证实，当时的先民已经开始种植、进食大米，而稻米就是制作年糕的主要原料。年糕无疑是一种稻作文化传承化、精致化、共享化的民俗美食。

2020 年 12 月 12 日，由浙江省文物局指导，浙江省文物考古研究所、宁波市文化遗产管理研究院、余姚市河姆渡遗址博物馆联合举办的“余姚施岙遗址古稻田考古发掘专家论证会”在余姚市召开。专家认为，施岙遗址古稻田是目前世界上发现的面积最大、年代最早、证据最充分的古稻田，是史前考古的重大发现。

施岙遗址位于余姚市三七市镇相岙村施岙自然村西侧山谷中，东南距田螺山遗址约 400 米。此区域古稻田分布范围约 8 万平方米。在古稻田分布区，发掘约7000平方米。

2021年2月初，浙江省委常委、宁波市委书记彭佳学，时任宁波市委常委、宣传部部长李军分别对国研经济研究院东海分院执行院长陈旭钦撰写的《新时代的宁波文化地标布局在哪最佳》报告做出批示，充分肯定了陈旭钦院长的建议。

国研经济研究院东海分院执行院长陈旭钦说，2020年12月12日，施岙遗址发现了目前世界上面积最大的水稻田，已经名列中央广播电视总台发布的2020年度国内、国际十大考古新闻。国家文物局印发的《首批禁止出国（境）展览文物目录》中，有64件国宝永久不准出国展览，河姆渡遗址出土的朱漆碗名列其中。作为中华文明探源工程之一，河姆渡遗址的发现证明了长江流域也是中华文明的重要发源地。

对此，陈旭钦建议，“十四五”期间，宁波要加紧挖掘文化瑰宝资源，整合余姚河姆渡遗址、井头山遗址、施岙遗址、田螺山遗址、鲻山遗址、鲞架山遗址、江北八字桥遗址、傅家山遗址、慈湖遗址、小东门遗址、镇海鱼山・乌龟山遗址、奉化名山后遗址、下王渡遗址、象山塔山遗址等多处史前遗址资源，以河姆渡文化遗址群或浙东史前遗址群名义，捆绑起来预备申报世界文化遗产；同时，充分利用举世闻名的河姆渡文化和施岙遗址发现目前世界上面积最大、证据最充分的水稻田这一契机，在姚东平原抓紧设立“世界稻作起源地・宁波”标识，并向海内外媒体发布“世界稻作起源地・宁波”形象宣传片。

2021年2月25日，宁波市委宣传部牵头多个部门开展宁波文化地标布局和河姆渡文化遗址群或浙东史前遗址群申报世界文化遗产准备工作。

（二）文献记载最多、最丰富

《浙江省民间文学集成：宁波市故事卷》中的《慈城年糕》一文，将年糕的历史定格在战国时期。

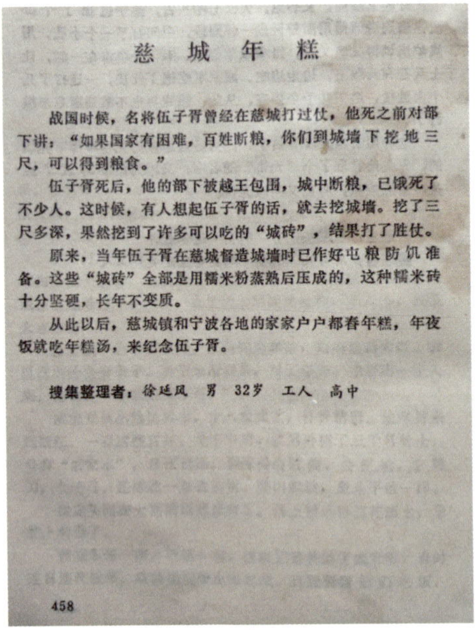

慈城年糕

战国时候，名将伍子胥曾经在慈城打过仗，他死之前对部下讲："如果国家有困难，百姓断粮，你们到城墙下挖地三尺，可以得到粮食。"

伍子胥死后，他的部下被越王包围，城中断粮，已饿死了不少人。这时候，有人想起伍子胥的话，就去挖城墙。挖了三尺多深，果然挖到了许多可以吃的"城砖"，结果打了胜仗。

原来，当年伍子胥在慈城督造城墙时已作好屯粮防饥准备。这些"城砖"全部是用糯米粉蒸熟后压成的，这种糯米砖十分坚硬，长年不变质。

从此以后，慈城镇和宁波各地的家家户户都舂年糕，年夜饭就吃年糕汤，来纪念伍子胥。

搜集整理者：徐廷风　男　32岁　工人　高中

458

▲《浙江省民间文学集成：宁波市故事卷》

1994年版的《宁波市志》记载：宁波年糕柔滑细腻，久浸不糊，昔以梁湖米年糕、今以慈城年糕较佳。

宁波市民间文艺家王静认为，年糕起源于西周，年糕的定名，先有民间传说，后有文献记载。王静在《慈城年糕的文化记忆》中指出：文献资料记载、年糕模板和田野调查的民间传说等都一致证实，慈城年糕手工制作历史符合中国年糕的起源、兴盛之说，即始于西周，兴于明朝，盛于清朝及民国。

慈城年糕制作有着悠久的历史，大禹治水时，江南一带农民就以年糕为食。年糕的前身是米糕，统称"糕"，因其用米制成，古时称为"米糕"。它作为早期的干粮和供品在世上广为流传。"米糕"至今已有3000多年的历史。

年糕起源于西周，从大量民间传说和史料记载中可以清晰地看到，慈城年糕民间传说早于史料记载，慈城年糕从最初的米糕、糯米年糕到现在用粳米制作广为流传的水磨年糕这三大阶段，历经3000多年的传承创新，慈城历代老艺人坚持匠人、匠心、匠魂，他们以健康为核心，以质量为生命，以工艺为灵魂，世代传承，始终坚持精益求精的工匠精神，十分注重在传承中创新，使慈城年糕越做越精致，技艺越来越精湛，品种越来越繁多，传承越来越广泛。

（三）文化遗址最久、最厚重

慈城极为丰富的文化遗址，彰显了其厚重的文化底蕴。

句章故城遗址：位于王家坝村，遗址距今有2000多年的历史，是宁波历史上最早的城市。其出土的木结构台阶式码头遗存，不仅展示了宁波先民“以舟为楫”的生活特质，也确立了句章故城是“句章古港之始”，是“甬江流域出现最早的港口”“越国的通海门户”和“中国最古老的海港之一”的地位。

田螺山遗址：位于今慈城西北7千米处，2004年被发掘，出土文物年代至少与河姆渡同时期。该遗址中有三大重要发现：一是木炭，二是布局讲究的古建筑和古埠头，三是6000年前海平面快速上升的痕迹。田螺山遗址展现了7000年前的慈城及周边区域先民们的原始生活场景，充分证明了浙东大地与黄河流域一样是中华民族文明的摇篮。

慈湖遗址：位于慈湖西北角乌龟山下，面积约为2000平方米，文化积厚2.1米，叠压着7个文化层，分为上下层两个不同时期。上层属于良渚文化，下层属于河姆渡文化。该遗址的发现打破了良渚文化不过钱塘江东的固有结论。1987年，慈城出土一双迄今我国最古老的木拖鞋，把我国木屐的历史往前推进了3600多年，是我国乃至世界最早的鞋类实物。

河姆渡遗址：位于今慈城西南8千米处，1973年被考古专家发现，是7000年前母系氏族社会生活的遗迹，证实了7000年前的长江下游已有相当先进的原始文化，与黄河流域同为中华文明的重要发祥地。

傅家山遗址：位于慈城西北4千米处，距今已有7000年的历史，是继河姆渡遗址挖掘之后规模最大、出土器物最多、保存较为完整的新石器时代文化遗址，与河姆渡文化同时期或者更早，被考古界誉为“河姆渡第二”。该遗址出土可复原器物470余件，包括石器、玉石器、骨器、陶器、木器和象牙器等生产工具、生活用具和雕刻艺术品，同时出土了一定数量的食物、果实、植物种子和动物骨骼等。

2020 年 12 月 17 日，宁波市文化遗产管理研究院正式发布重大考古发掘成果。考古人员花了近半年时间对江北区慈城镇东门村北部和东部开展抢救性考古发掘，该区域处于“C”形山岙内，堆积北高南低，呈缓坡状，深度达 2.5~3 米，分布面积约为 18000 平方米。东门村遗址的年代可划分为河姆渡文化四期、良渚文化、广富林文化、马桥文化、商周、春秋战国、汉晋、

▲ 慈城镇东门村遗址

唐宋和明清 9 个时段，最早可追溯到 5600 年前，其主体遗存年代为新石器时代晚期至青铜时代，从史前一直延续到明清，5000 余年的文明序列延续至今都有村落存在，历史发展的连贯性极为珍贵，遗址出土遗存之丰富、文化序列之完整，在浙江地区尚属首次发现。

宁波市江北区慈城镇东门村遗址比列入世界文化遗产名录的杭州市余杭区良渚古城遗址还要早 600 多年，作为中华五千年文明史的圣地，是现代人亲身体会和感受“中华五千年文明”深厚文化底蕴的重要场所，不仅树立了

慈城文化旅游新品牌，展现了慈城文化魅力，更彰显了慈城深厚的历史文化底蕴。

这次考古发掘共清理出各个时期遗迹 179 处，出土完整或可修复文物标本近 600 件。特别是一件春秋战国时期的鎏金铜带钩，钩面有多道凸脊，通体鎏金，是当时贵族的奢侈品，说明这一时期聚落等级较高，出土该文物在浙江地区较为罕见；另一处汉晋水井群也是在宁波地区首次发现。

在挖掘的遗址第 4 层及以下遗迹单位中，一批陶器特别显眼，距今 3900~4200 年。素面侧扁足鼎、釜、细高柄豆、鬶、条纹杯、肩部饰刻划纹的瓮和罐、圈足盘、盆等一批陶器比较典型，无论是从器物类型、装饰手法，还是从纹饰图案上看，都具有典型的广富林文化特征。

广富林文化为新石器时代末期考古学文化的一个分支，以上海市松江区的广富林遗址命名，主要分布在环太湖地区。截至 2020 年，江苏、浙江、上海等地已发掘的广富林文化遗址不足 10 处；令人意外的是，慈城镇东门村遗址出土的广富林文化遗存非常丰富、典型，真正填补了宁绍地区文化序列的空白。

以前虽然在慈城小东门遗址零星发现过此类陶器，但数量少、证据不充分，体现不出整体文化面貌。东门村遗址出土的广富林文化遗存充分证实，从广富林文化时期开始，宁绍平原和环太湖区域从文化分野逐渐走向文化融合。

在宁绍平原发现过很多史前遗址，但是史前遗址之上的历史文化层特别少，绝大多数已被晚期的人类活动破坏。东门村遗址从史前一直延续到明清直至近年都有村落、人类活动，5600 余年的文明传承至今，没有中断，堪称奇迹。

本次考古重大成果之一是汉晋时期的水井群，该水井群有 4 口，按井壁材质分为砖、石、土圹 3 类，类型丰富，保存完好，较为罕见，系宁绍平原首次发现，这为全面了解宁波先民造井技术和用水历史提供了十分珍贵的实物史料。

在汉晋时期，有频繁的人类活动或者有一定规模的聚落才会形成水井群。东门村遗址水井群保存非常完整，十分难得，其中有两口砖砌水井，每层均用 8 块汉晋钱纹砖上下单转横向错缝叠砌而成，平面呈正八边形，砖壁及砖的砌法都比较整齐。同时，在石构井中还发现半个陶井圈残件，存在用陶井圈构成井壁的“高级”水井，该建造方法不仅能保持井水干净，阻止泥沙渗入，还能有效加固，防止水井坍塌。

其中一口水井存在人为毁弃迹象，特别引人重视，其内填 4 根圆木，上部堆满了大石块。东晋末年，宁波句章故城残毁于战乱之中，而东门村遗址距离句章故城仅有 6.7 千米，受战乱毁坏的可能性较大，填埋毁弃水井行为可以旁证这段历史。

慈城是中华文明之一河姆渡文化的中心发源地和重要组成部分。从井头山遗址和河姆渡遗址的稻作遗存来看，水稻作为年糕主要原料是全球最早；史料记载，慈城年糕最早源于西周，且慈城年糕民间传说和谚语传承至今最多也最久。

2021 年 3 月 26 日，“中国社会科学院考古学论坛 · 2020 年中国考古新发现”公布了 2020 年中国考古新发现 6 个入选项目，浙江余姚市井头山新石器时代遗址在列。

慈城东门村遗址文化序列最早、最丰富，其不仅印证了春秋战国名将伍子胥在慈城打仗时，将糯米粉蒸熟后压成糯米砖的传说，10 多处遗址也多次印证，慈城区域 8000 余年的文明序列不断延续，进一步印证了慈城年糕至少有 3000 多年传承史的事实，因此，慈城年糕是“中国年糕始祖”。

三、留住乡愁

浙江省民间文艺家协会副主席蒋水荣认为，年糕作为一种年俗食品，在农耕社会不但有着祭天敬祖的特殊含义，还因为其吉祥口彩成为民俗食品中的明星。在中国，很少有一种食品像年糕一样具有普遍的民俗意义。

慈城文化顾问白岩松谈及对慈城的印象时说：“第一次来慈城，就觉得慈城似曾相识，在城市快速发展的道路上，慈城仍然保留着自己的一份古朴与自然。我觉得慈城像中国人共有的故乡，留得住乡愁。慈城，是中国年糕最好吃的地方。”

以往慈城人轮流做年糕时，左邻右舍都会来帮忙，并把刚做好的年糕团送给乡邻品尝，现在慈城人仍保留着正月初一和孩子入学第一天早上吃年糕汤的传统，这些都从不同角度诠释了慈城人对长辈尊敬孝顺、对平辈团结友爱、对晚辈关心关爱的优秀品质。

慈城水磨年糕是劳动人民勤劳和智慧的结晶，是民俗文化、农耕文化、饮食文化、慈孝文化的结晶和融合体。不论是纪念春秋战国名将伍子胥爱民之情，还是南宋初年慈城农户用自家的咸菜年糕团解救宋高宗赵构于危难之中，都充分展现了古人特别是慈城人爱家、爱民、爱国的高贵品格。

（一）悠久的历史价值

《浙江省民间文学集成：宁波市故事卷》中的《慈城年糕》一文，证明了慈城年糕源于距今 3000 多年的春秋战国时期，此后，慈城及周边地区家家户户都舂年糕，慈城年糕手工制作历史符合中国年糕的起源、兴盛之说，即始于西周，兴于明，盛于清朝及民国。慈城年糕从最初的米糕、糯米年糕到现在用粳米制作广为流传的水磨年糕，经历数千年的历史演变和传承创新，在独特的慈孝文化环境中交融、沉淀，从而形成了具有地方浓郁特色的慈城年糕文化，至今慈城年糕仍保持着旺盛的生命力、竞争力、创造力。

（二）浓郁的文化价值

民俗是民族的心灵史，也是人民生活的镜子。民俗是随着一个地方的历史变迁而形成的，3000 多年以来，慈城年糕同谢年、饭富和接财神等文化风俗紧密结合，慈城人民不但擅长制作年糕，还会唱年糕的歌、讲年糕民间故事，年糕文化及习俗在慈城传承至今。从 2003 年 9 月至 2024 年 11 月，慈城连续举办 14 届年糕文化节，通过丰富多彩的活动方式，集中展示了年糕文化、农耕文化、饮食文化、年俗文化的迷人魅力。慈城年糕入选浙江省非物质文化遗产名录。慈城镇获得“中国慈孝文化之乡”“中国历史文化名镇”等荣誉称号。慈城年糕是乡愁，是精神家园。著名民间文艺家冯骥才说：“年糕是慈城食文化的历史名牌，亦是先人留给我们的遗产。”慈城年糕诠释了中华传统文化的独特魅力，是非遗名片、民俗品牌、美食标杆、文化典范、乡愁范本。

（三）精湛的工艺价值

经过 3000 多年的发展传承，慈城年糕形成了独具特色的十道工艺流程，开创了手工水磨年糕先河，精湛的制作工艺使慈城年糕达到“色白如玉，韧而光滑，浸煮不糊，炒食不粘”的极佳境界。成功申请上海大世界吉尼斯纪录，成为中国最大规模的年糕制作活动。慈城年糕企业坚持创新，通过工艺控制，不仅传承了水磨年糕传统工艺，还将保质期延长至 10 个月；被誉为江南手工年糕极品，荣获浙江省非物质文化遗产生产性保护基地、国家“有机产品认证”、“国家原产地保护”标志和国家地理标志保护产品等多个称号，慈城先后两次荣获“中国年糕之乡”称号。

（四）完美的传承价值

慈城年糕民俗和手工记忆具有丰富的历史文化价值。从战国时期起，慈城人传承年糕的文化并保持原有的精湛工艺，一代代年糕匠人弘扬工匠精神，在创新中传承。慈城 15 家年糕企业负责人和 18 家年糕馆（食品店）经营者绝大多数是慈城本地人，他们始终坚持传承水磨年糕制作工艺精华，“慈城年糕历史陈列馆”作为特色景点，每年接待中外游客超 2 万人次。从国家“有机产品认证”到国家地理标志保护产品，特别是从发布慈城年糕宁波地方标准到制定年糕国家行业标准，均填补了中国年糕行业的空白，慈城年糕是全国年糕行业的领军品牌。

（五）璀璨的民俗瑰宝

慈城年糕是民间手工工艺的精髓，是中国年糕制品中的瑰宝。慈城人科学地保存、创新地传承祖辈们留下的文化记忆和精湛技艺。慈城 15 家年糕企业分别在全国近 100 个城市设立总经销，进入数万家超市，销售额超亿元。慈城荣获联合国教科文组织亚太地区文化遗产保护荣誉奖。慈城年糕已成为广大市民孝敬长辈、馈赠亲朋好友首选的民俗及年俗文化食品，并远销欧洲、北美洲、东南亚等多个国家和地区，受到全球亿万顾客的青睐，向全世界传递中华优秀传统文化，共享中国美食，品味中国味道，传承中国文化。慈城年糕不仅是留住乡愁的时代范本，更是亿万中国人的精神家园，彰显了中华传统文化的迷人魅力。

慈城人的纯朴、勤劳、慈爱等高贵品格也伴随着慈城年糕的传承发展，在历经数千年的传承后发展完善了“悠久的历史价值、浓郁的文化价值、精湛的工艺价值、完美的传承价值、璀璨的民俗瑰宝”五大价值体系，“年糕始祖　留住乡愁”是对慈城年糕的经典诠释，它已成为增进人与人之间亲情、友情、爱情的最佳食品，也彰显了人民群众对美好生活和幸福生活的向往与追求。无论是古代慈孝故事，还是当代慈孝故事，都与慈城年糕相互存在并传承发展，传递 2000 多年至今的慈孝文化是世界上最伟大、最纯洁、最无私的民间文化，与传承 3000 多年的年糕文化相互交融、渗透，已深深融入人们的精神血脉和日常生活中，也为全国首个“中国慈孝之乡”——慈城增添新活力、丰富新载体，不断丰富中华优秀传统文化，为中华文化注入新内涵，永葆持久的生命力，既是对中华传统美德的传承，也是社会主义核心价值观的践行，充分彰显了新时代的人间大爱，更是对构建人类命运共同体、建设精神家园的新补充、新贡献。

第三章　民间传说、行规习俗、民谚

一、民间传说

（一）大禹治水吃米糕

尧舜时期，洪水成灾，民不聊生。大禹运用疏导的办法成功治理了水患。据浙东地区的老百姓口耳相传，大禹在江南治水时，吃的主食是一种携带方便的“米糕”，这就是年糕的始祖。因为这种主食，美丽的神话传说也平添了几分人间烟火气。

（二）过年吃年糕

过年吃年糕是中国人的风俗之一，年糕是过年必备的节日食品，据说是从苏州传开的，它的由来有这样一个传说。

春秋战国时期，苏州是吴国的国都。那时诸侯称霸，战火连年。吴国为防敌国侵袭，修筑了一道坚固的城墙。

这天，吴王摆下盛宴庆贺。席间，群臣纵情酒乐，认为有了坚固的城池便可以高枕无忧。见此情景，国相伍子胥深感忧虑。他叫来贴身随从，嘱咐道：“满朝文武如今都以为高墙可保吴国太平。城墙固然可以抵挡敌兵，但里边的人要想出去也会同样受制。如果敌人围而不打，吴国岂不是作茧自缚？忘乎所以，必至祸乱。倘若我有不测，吴国受困，粮草不济，你可去相门城下掘地三尺取粮。”随从以为伍子胥酒喝多了，并未当真。没过多久，吴王驾崩，夫差继承王位，他听信谗言，赐伍子胥自刎。随后，越王勾践举兵伐吴，将吴国都城团团围住，城墙下的米糕救了全城老百姓。此后，每逢过年，家家户户都用糯米粉做“城砖”（年糕样子的由来），供奉伍子胥。久而久之，“城砖”便被称作“年糕”了。

大年初一的早晨人们讲究吃年糕，便是取其“年年高”之意。

（三）打年糕

相传，中国古时候有一种叫“年”的怪兽，头长触角，凶猛异常。“年”长年深居海底，每到除夕才爬上岸，吞食牲畜、伤害人命。因此，每到除夕这天，村寨的人们扶老携幼逃往深山，以躲避“年”兽的伤害。这年除夕，“年”兽闯进村。它发现村里气氛与往年不同：受高人指点，家家户户门贴大红纸，屋内烛火通明。“年”兽浑身一抖，怪叫一声，向一户人家扑了过去。将近门口时，院内突然传来“噼噼啪啪”的炸响声，“年”浑身战栗，狼狈逃窜。欣喜若狂的乡亲们为庆贺劫后余生，纷纷换新衣、戴新帽，碾磨粮食蒸制糕点到亲友家道喜问好。这种因庆祝战胜怪兽“年”而诞生的糕点后来得名为年糕。所以，在慈城做年糕还称为“打年糕”。

（四）南宋年糕传说

相传南宋初年，金兵大举侵犯江南，朝廷像受惊的鸟群四处逃遁。宋高宗赵构被一小簇护卫拥着逃至慈城一带，整日东躲西藏，十分狼狈。一日，宋高宗整夜奔走郊外好不容易熬到天明，饥寒交困，忽见前方不远的一户农家升起缕缕炊烟，围墙内蒸气飘散，又隐约传来似歌非歌的号子，当下派人过去要求进院歇脚。虽说是落难潦倒，但毕竟是当朝天子啊！农户一家听说是皇上驾到，诚惶诚恐，跪拜在地不肯起身。

宋高宗这时也顾不得纲常礼仪，叫人扶起，忙问是否有吃的可充饥。农户想来想去，这战乱年月，家里哪里还有什么像样的食物可招待皇上的呢。农户急出一身冷汗正犯愁时，宋高宗随口又问：“朕刚才听闻朗朗歌声，尔等在做什么？”农户答：“舂年糕！”宋高宗问道：“何为年糕？”农户紧张，支支吾吾说不清楚，只好边讲解边示范，抡起檀树舂棒往石捣臼里的米面团边舂边唱："嘿哟嘿呀！舂呀舂年糕，苦尽甜来年年高……"转眼，捣臼中米面团边撵边舂，越舂越软，越舂越滑溜，香气四溢，看得宋高宗口水打转，肚子咕咕直叫。农户这时候也忙活完毕，见状悄悄乐了，想：不如就拿现成的年糕团应付得了。于是农户从捣臼内揪了一块火热年糕团，裹了自家腌制的咸菜，捧给皇上。宋高宗也顾不得帝王尊贵，大口吃了起来。味道又糯又香，不粘牙齿，越嚼越香，越嚼越鲜！宋高宗吃惯了宫廷各式御膳，还从来没有哪一种食物比得过这香糯、滑爽的年糕团！当下叫随从将捣臼内剩下的年糕团全部起出带上。

不久，战火平息，宋高宗回到了杭州，又沉湎于歌舞升平、花天酒地之中，把这段经历忘到脑后。倒是其中的一名文官将宋高宗吃年糕团的经历绘声绘色地记载下来，并收入御膳房进贡备品目录。

（五）北宋年糕传说

北宋末年，距今约 880 年前，宋徽宗赵佶因年事已高，让位给长子宋钦宗赵桓，自称太上皇，退居后宫。

第二年，金国入侵，父子俩被金兵俘虏，宋徽宗九子小康王赵构因是宋钦宗之弟，被群臣拥立为帝。他随后带群臣逃离汴梁，沿运河逃到临安（今杭州），金兵仍穷追不舍，小康王独自一人闻风而逃，途经慈溪（今慈城）。

当时天色已晚，他敲开一户农家讨口水喝，老农夫一看这小后生文质彬彬，筋疲力尽，饥饿不堪，不像坏人，便把他请入屋内。

当年慈溪六七月正逢大旱，老农夫取出去年做的年糕，做了一碗咸菜年糕汤给小康王吃。不一会儿，金兵马蹄声越来越近，老农夫急忙送上二十板年糕（一板为四条），让他立即躲在附近一座桥底下（今慈城向上村二十板王桥）。随后，小康王又逃亡至清道观、姜官岭一带，金兵分两路直追至东悬岭和姜官岭一带，在途经慈城时，问一个农夫："到姜官岭、东悬岭还有多少路程？"这位农夫说："千里姜官岭，万里东悬岭。"金兵一听还有这么远的路，便放慢了追捕的速度，延长了小康王逃难的时间。

在途中，小康王靠年糕一路充饥，免遭饿死。待时局稳定，小康王定都于临安改元为建炎元年（1127 年），登基称帝。但小康王不忘慈溪一带百姓的情谊，令一大臣到慈溪寻找老农夫以示感恩，并打听年糕的来历。不几日，大臣回京禀报小康王，老农夫已逝，至于慈溪（今慈城）年糕，其始于大禹治水时期，到春秋战国时期，慈溪就有几家作坊专门制作年糕，用于军事备粮、度灾济民，或在赴京赶考或从商外出时作为干粮，至今已有 3000 余年历史。

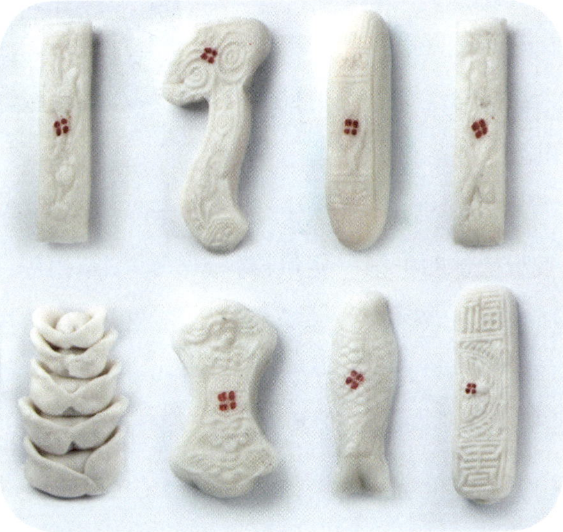
▲ 各式慈城年糕

小康王听了慈城年糕之说，精神为之一振，想年糕真有神妙之用：一来可作国家备战备荒之用；二来这种年糕帮他渡过难关又给他带来好运。于是他下圣旨，号召江南以后无论粮丰食足与否，家家户户在新年到来和农闲之时都必须做年糕，以告诫天下人要居安思危，也祈祷运道一年更比一年好，收成一年更比一年高。皇上下旨后，各地官员、百姓一一响应，纷纷来慈溪取经讨教年糕制作流程。

翌年，慈溪县官令全县每年下半年农闲时节家家户户做年糕，以纪念小康王（宋高宗）对慈溪年糕的情有独钟。从此，慈城年糕的制作形式和内在质量普遍提高，并成为每年驱灾辟邪、进宫送礼的好选择。

如今，慈城仍保留着古老的习俗，年糕制作工艺也一直延续至今，经久不衰，慈城年糕从此成为全国闻名的食品。

二、民风习俗

3000 多年来，慈城年糕在慈孝文化这一独特的人文环境中沉淀，从而形成了具有地方浓郁特色的慈城年糕文化，并延续至今。过年做年糕是慈城千百年流传下来的生活习俗，是乡愁的主要载体和灵魂。每年临近春节，家家户户都要做上几斗米或几石米的年糕，作为辞旧岁、迎新年的糕点、供品、礼品。

▲ 制作年年有鱼年糕

慈城人做年糕大多是一家一家轮流做。不管轮到谁家做，左邻右舍都会来帮忙，而且第一笼年糕先祭天地、祭祖先，第二笼年糕便是做年糕团，接着就是一双一双分送给乡邻。慈城的民俗是无论男女老少，无论熟悉的或者陌生的，人人都有吃年糕团的份儿。

年糕，统称“糕”，因其用米制成，时称为“米糕”。它作为早期的干粮和供品在世上广为流传。大禹治水给江浙一带带来了很大的利益，人们每年都到“禹王庙”祭祀，用年糕作供品，庆祝丰收，同时期盼年成一年更比一年高。由于每年制糕做祭祀，年年期盼有新的提高，于是就将“米糕”叫作年糕了。

做年糕是慈城的重要年俗和传统工艺，慈城的年糕风俗以谢年、饭富和接财神为主，一般做年糕会选择在开阔的大场地，如晒谷场周边的仓库。做年糕的人家总会将第一笼火热出笼的米粉搡成条，摘成三团，安置在大场地的最高点，点上香烛，祭拜天地，祈求祖先保佑，寓意年年高、年年好。

南方吃年糕。春节是我国民间的传统佳节。大年初一这一天，北方地区家家要吃饺子，而南方有些地区的风俗则是户户吃年糕。慈城人每年正月初一和孩子入学第一天早上都要吃年糕汤，寓意“吃了年糕年年高，高高兴兴上学堂”。

年糕的基本原料是稻米，慈城地区气候条件得天独厚，历来属稻米盛产之乡。优质稻米为慈城年糕生产提供了充实的原料保障。慈城年糕以梁湖米、水底青等粳米和水为原料，稻米种植收获后经选米、浸泡、磨粉、沥粉、擞（音为“叔”，意为“搓”）碎、蒸熟、搡舂、摘条、印糕等经典工序，制成大小不等、花色繁多的白条年糕，其过程属纯手工技艺，需要三人或三人以上的群体操作，而这一过程中所产生的民间传说、民间音乐和有关节庆年俗是丰富多彩的非物质文化遗产。

3000 多年来，慈城年糕的习俗一直延续至今。

（1）制作习俗。慈城年糕曾是贡品，又是年俗的食品之一，因而整体制作过程体现虔诚之心。其表现为：一是精心挑选原料。二是说吉利话，如东家做年糕，东家人祈求平安。路上或河埠头碰到做年糕的，人人都会礼让，让东家先淘米，接着言祝词，如年年高、年年好之类的祝愿，而东家的回话也是吉祥语。三是穿干净衣，做年糕时，人人都会换上干净的衣服，虽然旧时的衣食不那么丰富，且穿新衣只在正月初一那天，但做年糕时，人人都会换上出客衣。四是准备丰富，在慈城人的心目中，做年糕是件大事，祝贺的邻居多，都来吃年糕。

（2）分食习俗。慈城年糕搡舂后没搓印成年糕前，慈城人有分吃年糕团的习俗。但分食前，必须先敬天地，再尊祖宗，然后才分送给隔壁邻舍。

（3）印糕习俗。慈城年糕的最后一道工序是印年糕，印糕板堪称工艺一绝，“龙凤呈祥”“吉祥如意”“山水人物”，变化无束，千姿百态。出模点红印，横竖码放，即呈色泽玉白，块形整齐，滑糯不黏，人们还用年糕印板压成“五福”“六宝”“金钱”“如意”等外观形状，象征“吉祥如意”“大吉大利”；有的则做成“玉兔”“白鹅”等小动物，构成真正意义上的内容与形式的完美结合。

（4）捏做动物。当第四笼米粉搡实后，心灵手巧的老农要开始捏米，做各种吉祥物，以供谢年和给小孩玩。吉祥物有元宝、鲤鱼和猪、羊、牛之类的小动物。

（5）年糕年俗。慈城人的年糕年俗主要有谢年、饭富和接财神。

（6）贴金送银。

三、慈城年糕民谚

“年糕年糕年年高，今年更比去年好。”

“荠菜鸡丝炒年糕，灶神菩萨亦馋牢。”

“春呀春年糕，今年更比去年好。”

“出力勿讨好，阿黄春年糕。”

“正月马灯跑又跑，阿姆阿婶撩年糕，年糕吭有馈也好。”

“堕皮嫂，样样要，裤子脱落盛年糕。”

“堕皮嫂，屙痨造，黄狗拖来臭年糕；油爆爆，糖炒炒，吃落味道交关好。”

四、慈城年糕歌谣

（1）《癞头哥》。癞头哥，来牵磨，磨担重重呵！癞头哥，来烧火，火添甩甩唱山歌。癞头哥，来吃汤果，汤果我要多两个。

（2）《正月铜钿多又多》。正月铜钿多又多，赚来铜钿买青果。青果两头尖，快快买荸荠。荸荠扁窄窄，快快买甘蔗。甘蔗节打节，快快买广橘。广橘一层皮，快快买金柑。金柑酸喷喷，快快买金孟（石榴）。

金孟嵌牙齿，快快买桃子。桃子半边红，快快买吊红。吊红大舌头（涩口的意思），快快买梨头。梨头一根柄，快快买老菱。老菱尖尖角，快快买六谷（玉米），六谷一蓬毛，快快调年糕。年糕味道好，候（随）侬吃个饱，铜钱我回钞。

（3）《捞年糕》。正月里来马灯炮，阿姆阿婶捞年糕；捞出年糕老鼠咬，盖份人家不张毛（慈城方言，不客气）。

（4）《十二月竹枝词》。十二月忙年夜到，挨家挨户做年糕，送年送灶事才了，又把门神贴一遭。

五、慈城年糕谜语

“双弓牵直线，哑子领上前。”（谜底：耕田）

“兴葱葱，矮蓬蓬，洗洗屁股嫁老公。”（谜底：插秧）

“金鸡叫，雪花飘，二个老大（慈城方言，意为船夫）同船摇。”（谜底：磨粉）

第四章　生态稻米

一、土壤肥沃

慈城地处东海之滨，位于东经 121° 25′至东经 121° 26′ 37″，北纬 29° 58′ 22″至北纬 30°，北倚熔岩丘陵，南俯湖沼平原，西邻姚江地谷，东屏红土低丘。地形北高南低，山水相依，自然环境优美秀丽，近看慈江、远眺姚江及江南群山，可谓四明山水尽收眼底。慈城境内河湖密布，三面环山、一面临水的城市选址充分体现了古代人的风水理论和天人合一的生活居住理念。

慈城属亚热带季风气候，气候温和，年平均气温达 16.2 摄氏度，无霜期有 238 天，年总积温达 5901.3 摄氏度，雨水充沛，年降水量有 1318 毫米，山间水库碧水清纯、甘冽，是生产年糕稻米的最适宜地区。慈城境内有水田面积 5.6 万亩、林地面积 5.3 万亩。

特定的地域条件为年糕专用稻米生产提供了良好的环境。水田土壤为水稻土，属于潴育型、脱潜潴育型和潜育型三个亚类。在经过长期的水耕熟化及稻、麦、油菜三熟制栽培下，周期性的水耕和旱作交替进行，通过灌溉、排水、轮作、培肥和中低产田的农业设施改造，土壤的质地和物理性状不断改善，肥沃的土壤产出了优质的大米，为慈城水磨年糕提供了丰富而独特的原材料。水稻生产，最为重要的当属水源和土壤。

慈城镇下辖半浦、民丰、浦丰、龚冯、黄山、双顶山、三勤、王家坝、洪陈、虹星、前洋等 35 个行政村，慈城地区水田土壤为微酸性水稻土，富含氮、磷、钾等各种营养物质，慈城镇的黄化青紫泥土壤占全部土壤的 50% 以上，土壤的有机质平均在 5% 左右，宁波市土肥站对 8 个点进行动态监测的结果是平均 pH 为 5.46、土壤有机质达 4.86%（4.06%~5.70%）、碱解氮为 272 毫克 / 千克、速效磷在 22.44 毫克 / 千克左右、速效钾为 125.4 毫克 / 千克，较为肥沃的土壤为年糕专用稻米的优质高产打下了坚实的基础。

二、水质优良

慈城境内的江河湖泊众多，慈江、英雄水库、毛力水库为生产慈城年糕的优质水源。特别是，专用于浇灌水稻田和制作年糕的毛力水库、英雄水库的水源清冽甘甜，富含各种对人体有益的矿物质，且各项指标均达到国家 I 类标准。慈城山水相依、山清水秀，被命名为全国环境优美乡镇。丰沛和优质的水资源成就了“慈城年糕”特有的品质。

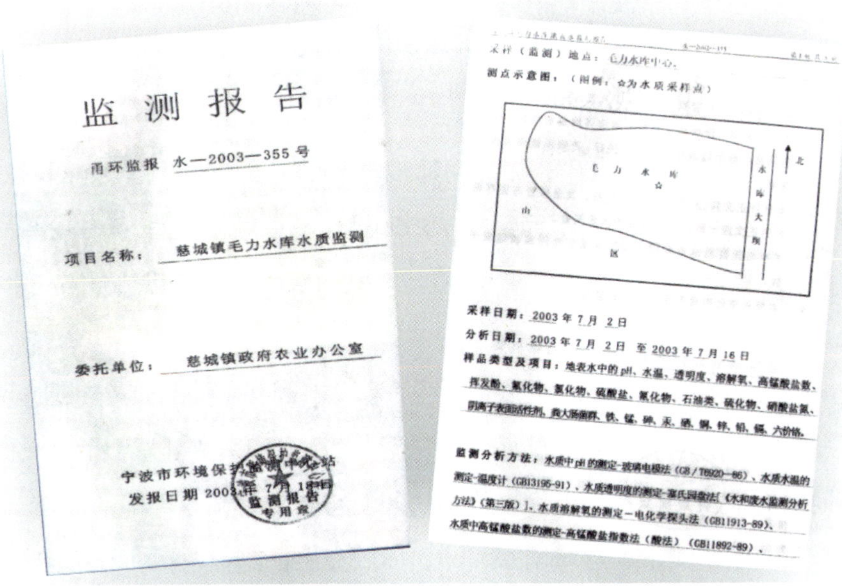

▲ 毛力水库水质监测报告

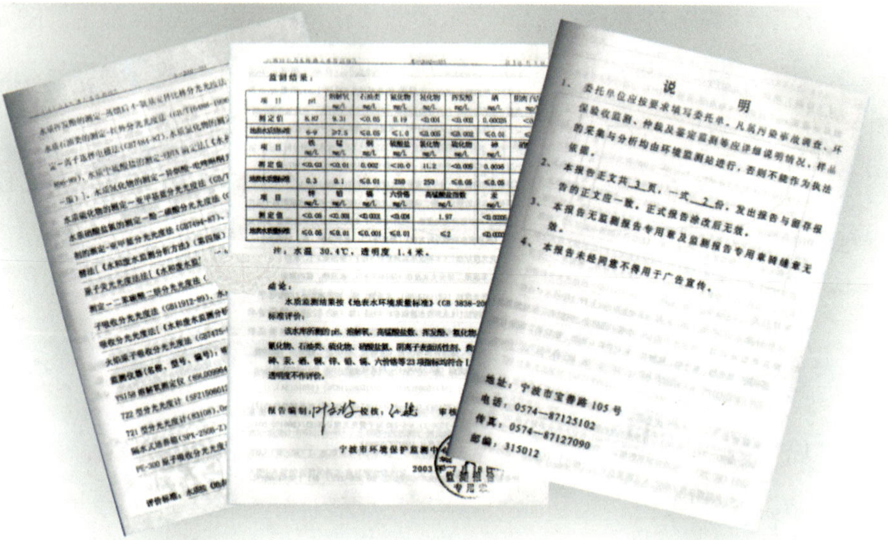

▲ 英雄水库水质监测报告

三、原生态稻米

慈城年糕作为宁波年糕的精品，能够以其独特的风味经久不衰，除了有慈城地区优质天然的水资源和独特的水磨工艺，尤为重要的是优质稻米。慈城年糕主要原料为优质晚粳米。

慈城镇位于宁波市北部，紧邻河姆渡，光照充足、雨量充沛、四季分明，通过对 7000 余年前的河姆渡遗址和 8000 年前的井头山遗址考古发掘发现，本地都有水稻出土，印证了早在 8000 年前就有农耕活动。慈城稻作文化源远流长，是水稻种植的最早区域。

新中国成立以来，随着农业生活生产基本条件的不断改善，农业科技的迅速发展，特别是优质稻米的大力推广，稻米质量和产量都得到了明显提升。慈城地区稻米生产丰富，而优越的气候条件有利于慈城专用稻米生产。在亚热带季风气候影响下，慈城雨水充沛，日照充足，热量较优，年平均气温达 16.2 摄氏度，年总积温为 5901.3 摄氏度，气候温和，冬无严寒，夏无酷暑，无霜期有 238 天。晚粳稻营养生长期处于一年中的高温季节，稻苗生长发育快、分蘖早，易高产。

晚稻幼穗分化期至抽穗灌浆期适遇一年中昼夜温差较大的时期，白天温度较高，光合作用强度大，制造的营养物质多；晚上呼吸作用消耗的营养物质少，谷粒内的营养物质积累多，提高了晚粳的质量和千粒重。同时光照充足，年日照时数可达 2071.3 小时，其中，晚稻生长期 6—10 月的 5 个月日照可达 1068.2 小时，占全年的 51.6%，6—10 月的有效辐射为 122.17 千焦 / 平方厘米，对晚稻全期生长极为有利，尤其秋季短日照更有利于晚粳稻穗扬花，这完全符合优质稻所要求的阳光充足、雨量充沛、后期昼夜温差大、灌浆结实期气温为 20~28 摄氏度、相对湿度 75% 以上的适宜条件。以前大多选用梁湖晚或水底青做年糕，这两个品种虽然产量较低，但白肚米较少；通过试验，曾使用甬粳 18 和丙 98-110；后来又试用晚粳新品种宁 81 和宁 88，这两个品种均表现为产量高，单季单产最高可达 600 千克 / 亩，连作可达 450~470 千克 / 亩；目前慈城水稻种植品种最多的是宁 88 和甬优 1540。

宁波市农科所选育而成的晚粳稻甬粳 18 的平均全生育期为 139.1 天，熟期适中，丰产性好。宁波市 1996 年和 1998 年的晚稻区试中，平均每亩产量分别为 489.5 千克和 474.4 千克；1998 年生产试验每亩产量为 494.8 千克；稻瘟病抗性较优；适宜宁波、绍兴等地作连晚稻或单季稻栽培。

从试验情况来看，单季稻丙 98-110 表现为生育期适中，分蘖力较强，每穗实粒数多，具有抗性好、米质优、产量高等特点，深受农户欢迎，可望扩大种植。

▲ 慈城优质水稻

2004 年经宁波市农业科学研究院单季晚粳稻区试验，宁 88 平均亩产为 560.3 千克，比对照甬粳 18 增产 5.4%，达极显著水平；2005 年经宁波市农业科学研究院单季晚粳稻区试验，平均亩产为 517.8 千克，比对照甬粳 18 增产 4.8%，达极显著水平。两年试验区的平均亩产为 539.0 千克，比对照甬粳

18 增产 5.1%。2006 年宁波市生产试验，平均亩产为 523.6 千克，比对照甬粳 18 增产 7.5%。

该品种的特征特性为：株型紧凑，株高适中，茎秆粗壮，剑叶挺直；抽穗整齐，半弯穗型，着粒较密，无芒；灌浆速度快，结实率高，穗基部充实度好，谷粒阔卵形、饱满；前期叶色浓绿，后期根系活力强，青秆黄熟。

经浙江省农业科学研究院植微所 2005—2006 年抗性鉴定，该品种平均叶瘟为 5.3 级，穗瘟为 5.0 级，穗瘟损失率达 21.1%；白叶枯病为 5 级，褐稻虱为 9 级。经农业部稻米及制品质量监督检测中心 2005—2006 年米质检测，其平均整精米率为 67.4%，长宽比为 1.8，垩白粒率达 48.0%，垩白度达 5.8%，透明度为 2 级，胶稠度为 70 毫米，直链淀粉含量为 15.4%，两年米质指标分别达到食用稻品种品质部颁 2 等。

该品种属中熟晚粳稻，茎秆粗壮，抗倒性较强；青秆黄熟，丰产性好，米质较优；中感稻瘟病，中抗白叶枯病，感褐稻虱；适宜在宁波、绍兴地区作单季稻种植。

2009 年 10 月底召开的宁波市晚稻品种会议公布，当年示范点中的杂交粳稻甬优 12 和常规晚粳稻宁 81、宁 88 表现突出，有望高产。从宁波市各县（市）区晚稻种植情况来看，晚粳新品种宁 81 和宁 88 种植面积已达 32.65 万亩，占全市常规晚粳稻种植面积的 43.14%，且有望超过 50 万亩，成为宁波市晚粳稻的主栽品种。

宁 84 经 2012 年浙江省单季晚粳稻区试验，平均亩产为 637.7 千克，比对照秀水 09 增产 9.6%，达极显著水平；2013 年浙江省单季晚粳稻区试验，平均亩产为 609.4 千克，比对照秀水 09 增产 3.0%，未达显著水平。两年浙江省区试验平均亩产为 623.6 千克，比对照秀水 09 增产 6.3%。2014 年浙江省生产试验，平均亩产为 646.5 千克，比对照秀水 09 增产 9.4%。

该品种株高适中，株型紧凑，分蘖力强，剑叶短挺，叶色淡绿，穗大粒多，着粒紧密，谷壳黄亮，颖尖紫色，谷粒椭圆形。两年平均全生育期达 156.8 天，比对照长 2.9 天。亩有效穗为 20.4 万穗，成穗率为 70.4%，株高为 97.7 厘米，穗长为 15.6 厘米，每穗总粒数达 129.8 粒，实粒数达 121.6 粒，结实率为 93.7%，千粒重 25.7 克。经农业部稻米及制品质量监督检测中心 2012—2013 年检测，其平均整精米率达 73.9%，长宽比为 1.8，垩白粒率为 31.0%，垩白度为 3.0%，透明度为 2 级，胶稠度为 72.5 毫米，直链淀粉含量为 16.7%，两年米质分别达到食用稻品种品质部颁 3 等和 2 等。

宁 84 属中熟粳型常规晚稻，生长整齐一致，长势繁茂，分蘖力较强，穗大粒多，结实率高，丰产性较好；后期青秆黄熟，米质优；抗稻瘟病，中感白叶枯病，感褐稻虱；适宜在浙江省作单季晚稻种植。

经宁波市种子有限公司试种，甬优 1540 的特征特性为：长势繁茂，茎秆粗壮，剑叶挺，叶色淡绿，穗大粒多，稃尖无色，偶有短顶芒。两年浙江省区试验平均全生育期达 144.7 天，比对照宁 81 短 0.5 天。该品种亩有效穗为 17.1 万穗，株高为 99.9 厘米，每穗总粒数为 223.5 粒，实粒数为 180.9 粒，结实率达 80.9%，千粒重为 23.2 克。经浙江省农业科学研究院植微所 2015—2016 年抗性鉴定，该品种穗瘟损失率最高为 5 级，综合指数为 5.3；白叶枯病最高为 5 级；褐飞虱最高为 9 级。经农业部稻米及制品质量监督检测中心 2014—2015 年检测，其平均整精米率达 66.4%，长宽比为 2.2，垩白粒率为 28.0%，垩白度为 3.8%，透明度为 1.5 级，碱消值为 7.0，胶稠度为 68.5 毫米，直链淀粉含量为 16.2%，米质各项指标综合评价均为食用稻品种品质部颁 3 等。

2015 年浙江省连作粳（籼）稻区试验平均亩产为 664.1 千克，比对照宁 81 增产 15.5%，达极显著水平；2016 年续试，平均亩产为 705.7 千克，比对照宁 81 增产 27.7%，达极显著水平。两年浙江省区试验平均亩产为 684.9 千克，比对照宁 81 增产 21.4%。2016 年浙江省生产试验平均亩产为 646.3 千克，比对照宁 81 增产 23.6%。

该品种属迟熟籼粳杂交晚稻，生长整齐一致，株高适中，后期青秆黄熟，谷色黄亮；丰产性好；中感稻瘟病；适宜在浙江省作连作晚稻种植。

据江北区农技总站干部许小军介绍，“如今，慈城镇通过推广‘年糕专用稻米种植标准化示范区'，种植品种最多的是宁 88 和甬优 1540 等优质品种，它们外观晶莹、口感软糯，为年糕生产提供了品质好、数量足的专用稻米；2019 年慈城晚稻仅有 1.52 万亩，2020 年江北晚稻种植面积上级下达任务只有 2.87 万亩。其中，宁 84 为 2 万余亩，宁 88 为 3000 余亩，甬优 1540 为 1000 余亩，南粳 9108 为 1500 余亩。种植数量和产量已经远不能满足当地 15 家年糕企业制作年糕需求”。曹建君种植了 1050 亩水稻，是江北区的种粮大户，他种植最多的是晚稻品种宁 84，甬优系列 1540、538、7850 等。

目前，慈城镇主要年糕规模生产企业的年糕生产原料——稻米均采用“公司 + 基地”生产模式，公司委托村落落实稻谷生产基地，管理农户生产稻谷。基地所属的农户必须按照年糕专用稻米生产技术操作规程进行生产，农药、化肥施用技术由慈城镇农技站负责指导。在稻谷收购时，由公司派专人按照国家粮食质量标准进行质量验收，并存放于公司及大米加工厂指定仓库，委托大米加工厂按照国家大米加工标准进行加工。

四、质量技术要求

（一）保护范围

慈城年糕地理标志产品保护范围为浙江省宁波市江北区行政辖区内：慈城镇、外滩街道、孔浦街道、文教街道、甬江街道、洪塘街道、前江街道、庄桥街道等行政区域。

（二）质量技术要求

1. 晚粳米

区域内当年生产的晚粳米应符合 GB 1354 的规定，加工等级不低于标准一等。

（1）品种：宁 81、宁 84。

（2）立地条件：土壤肥沃，灌排水便利的姚江平原水稻区栽培，土壤种类为黄化青紫泥，有机质含量大于 2.0%，pH 为 6.5~7。

（3）栽培技术。

①播种：播种前晒种，用浸种灵或“402”药液浸种，播种期为 5 月 25 日至 6 月 5 日，秧龄为 25~30 天。

②移栽：移栽密度为 30 厘米 ×12 厘米，每亩达 1.8 万丛，每丛有 5 根秧，适宜密度，有利于通风透光和防病治虫，田内行走打药。

③施肥：移栽前每亩基肥施方肥 25~30 千克，返青后每亩施追肥 12.5~15 千克的尿素，孕穗期每亩施复合肥 15 千克，并注意防止稻瘟病。

④灌溉：采用浅水插秧，深水返青，浅水分蘖，封行晒田，晒田后干湿交替，收货前 7 天断水。

⑤去杂：在晚粳稻米抽穗期、成熟期进行田间除杂，保证晚粳谷纯度。

（4）收货：11 月 10 日前后，根据不同成熟度适时收割。

（5）品质要求：无霉变，无异味，无虫蛀，杂质少，精米率大于 75.9%，整精米率大于 70.9%，透明度为 2 级，胶稠度大于 66 毫米，直链淀粉含量小于 16.3%。

（6）品种：甬优 1540 由宁波市种子有限公司选育，是高产优质超级水稻良种，通过引进试种、示范推广，综合表现较好。从播前准备、种子处理、适时直播与培育壮苗、合理施肥、水分管理、病虫害防治、收获等方面总结了其高产栽培技术，以期为该品种的推广应用提供参考。

甬优 1540 来源于甬粳 15A（A15）×F7540。该品种从 2015 年开始在兰溪引种，表现为穗型大、株高适中，结实率高，谷色黄亮、无芒，长势旺盛，株型紧凑，高产优质，受到种植户普遍欢迎。

根据浙江省创建水稻高产示范方工作部署，游埠镇属兰溪市主要水稻种植区域，其积极引进优质高产水稻良种，进行连片示范种植，实现单季水稻高产优质，从而使广大农户对接受新品种、新技术有了进一步认识。通过示范种植，加快水稻良种推广，既增加粮食单产，又提高种植效益。现将示范方高产栽培技术总结如下。

①播前准备：按当地种植习惯，整个水稻高产示范方面积为 13.33 公顷，

共涉及农户 83 户，大田前茬作物统一为冬绿肥，于 4 月 5 日前后统一翻耕，采用撒直播，大田准备种子 15.00~18.75 千克 / 公顷，用35% 丁硫克百威（春发）30 包 / 公顷拌种，用“402”2000 倍液或浸种灵浸种。大田翻耕整建成畦宽 4 米左右、沟宽 30 厘米，田坂要求畦面平整、无杂草、无积水、无硬土块等。

②种子处理：对种子进行消毒处理，可以有效预防水稻恶苗病等病害发生。先将种子用清水预浸 10~12 小时，然后用“402”2000 倍液或强氯精 500 倍液浸泡 16~24 小时，捞出种子用清水洗干净即可催芽。将消毒后的种子堆放在篮中，四周及表面盖 1 层湿的覆盖物进行催芽处理（单季稻栽培播种时间为 5 月底，温度比较稳定），及时保温、控湿、翻种促使种子破胸露白，炼芽后待天气转晴即可播种。

③适时直播，培育壮苗：采用大田直播，根据甬优 1540 生物学特性，在 5 月底至 6 月初适时播种，延长水稻营养生长期，促进干物质积累，提高水稻产量。

④科学合理施肥：由于甬优 1540 具有产量高、群体大、耐肥抗倒等特点，一般增施钾肥，整修示范方统一施用 30% 水稻专用肥（15-6-9）750 千克 / 公顷，应遵循重施基肥、早施追肥、巧施穗肥原则，追肥可在直播后 15 天左右进行，施尿素 180 千克 / 公顷和氯化钾 60~75 千克 / 公顷，穗肥看田、看苗于 9 月初结合搁田复水撒施尿素 30~60 千克 / 公顷。

⑤水分管理：当秧苗达到一定数量及时烤田、控蘖，烤田标准以新根露白、老根深扎、田中有细裂为主，后期稻田以干湿为主，以养根保叶，达到高产。

⑥病虫害防治：单季稻是早稻与连作晚稻各种病虫害的桥梁田，属重点危害区，以稻飞虱、纵卷叶螟、二化螟、纹枯病、稻曲病、稻瘟病等病虫害为主，防治病虫害程序直接影响水稻产量和品质，应采取科学防控措施。甬优系列品种易感褐飞虱，忌二化螟危害，应在破口前结合防治病虫害，加爱苗杀菌剂 45 包 / 公顷，预防稻曲病发生，后期结合安全期用药，可选用稻腾、

康宽、噻嗪酮、吡蚜酮、爱苗、井冈霉素等农药，应指导农户交替使用各类农药，同时要喷足药量，要求所有植株都淋湿、淋透，喷药时田中保持有薄水，以提高防效。

⑦收获：采用大田撒直播栽培与半旱育秧栽培，可缩短全生育期1~2天，5月28日直播，10月14日收割，甬优1540在兰溪市种植全生育期为136天左右，整个示范方达13.33公顷，由市农林局组织人员实割测产验收，三丘攻关田平均产量为10207.5千克/公顷，该品种的引进与试种受到农民普遍欢迎，预计在当地会逐年扩大种植面积。

2. 水

加工用水水源为宁波市城市环网生活用水，应符合GB 5749的规定。

3. 主要制作工艺

（1）将精选的晚粳米洗净，按3∶1的水米比例浸泡晚粳米并放以小流量活水流浸，浸泡5天。

（2）水磨制浆：将浸泡完毕的晚粳米淋洗干净，至流出的洗米水无白色为止。水和米一起均匀倒入磨浆机磨成米浆，水的用量为米的2.5倍左右，米浆湿度以手摸无粗糙感为宜。

（3）制粉：将米浆泵入压榨机压榨，8千克用时15分钟，米浆压成米粉饼，将米粉饼投入打粉机，打成制年糕用生米粉。

（4）蒸粉：将年糕生米粉入甑，常压蒸汽蒸煮至有蒸汽冒出再持续蒸8分钟，制成年糕熟粉。

（5）制糕：将年糕熟粉均匀投入年糕机绞挤成年糕胚，用各种模具制成各档年糕。

（6）经检验合格，各档年糕可直接以散装鲜年糕上市，或经真空包装杀菌后上市销售。

（7）工艺流程：晚粳米—浸泡—水磨制浆—制粉—蒸粉—制糕—包装杀菌—成品包装。

4. 质量特色

（1）感官特色：色泽玉白，光泽鲜亮，略带米质清香，无酸味、霉斑，无其他异味，无肉眼可见其他异物，煮后不糊，不粘牙，柔软爽滑，韧性适口。

（2）理化指标：水分≤ 50%，酸度≤ 2.0，烹饪性能良好。

（三）专用晚粳米三大优势

通过科学分析，制作慈城年糕专用晚粳米具有三大优势：一是直链淀

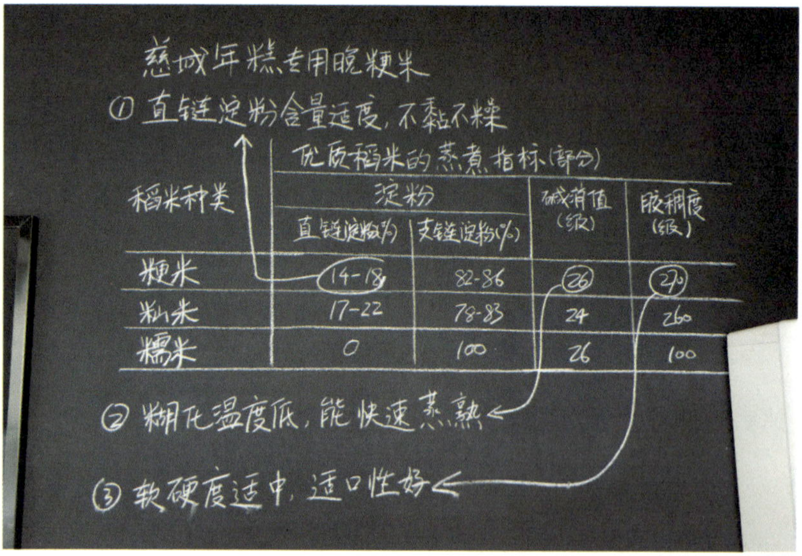

▲ 慈城年糕专用晚粳米指标

粉占14%~18%，含量适度，不黏不燥；二是碱消值达到26级，糊化温度低，能快速蒸熟；三是胶稠度达 270 级，软硬度适中。

（四）专用标志的使用

慈城年糕地理标志产品保护范围内的生产者提出申请，经主管领导机构审查合格并公告批准后可使用专用标志。

第五章　制作技艺、传承人、制品器具

一、制作技艺

慈城水磨年糕制作历史悠久，是一种手工技艺较为复杂且融合了物质和非物质文化形态的传统民俗技艺，其与人们的生产、工作、生活息息相关，不仅有物质内容，更包含精神追求。

慈城年糕以梁湖米、水底青等粳米和水为原料，经种植、选米、浸泡、磨粉、沥粉、擞碎、蒸熟、搡舂、摘条、印糕等制作工艺，制成大小不等、花色繁多的白条年糕。主要制作工艺如下。

第一技“种”：种植。慈城年糕具有糯、滑、柔而不腻等特性，数百年来，一直是慈城地区传统的年俗食品。

每年计划农业生产时，慈城农民首先把做年糕的稻米打算好，种多少、种在哪块田最早安排妥当。20 世纪 70 年代前选用梁湖晚稻、水底青等品种，随后又分别选用农垦 58、98110、宁 03-88、甬优 1540 等品种，2008 年选择了宁 81，2019 年确定选用宁 84 等单季晚粳稻品种。

这些稻种俗称“蛮（慈城方言，音为晚）稻”，种植前的大田前茬大多为迟熟春花作物或早春作物，如油菜田、紫云英留种田，田力足，种植时间在 145 天以上，由于光照足，收割的稻谷具有米粒大、玉色透、粳糯适中、口味好的特性。

梁湖晚稻、水底青是传统的农家品种，据慈城农民回忆：一家一户的农耕时代，多的人家种 3~4 亩，少的人家也会种几分田，所产稻谷主要用来做年糕或酿酒。

▲ 慈城稻米

年糕稻米种植主要包括车水、耥田、插秧、耘田和收割。在农业没有实现机械化的年代，农民从事着十分艰辛的体力劳动。慈城农民以唱田歌的方式苦中作乐，现在流传下来的慈城田歌有《车水调》、《耥田歌》（一）、《耥田歌》（二）、《舂歌》、《耘田歌》、《割稻歌》等。

第二技“选”：选米。单季晚稻收割后，晒燥碾轧成米，然后才能做年糕。慈城年糕米质白，轧谷关键是要轧出谷眼睛，这样可防止米粒的黑点进入年糕。轧年糕米的一般做法是多轧一道，这样每 100 斤谷将减少 2 斤大米，但由于年糕是每家每户年俗的重要内容，谁也不会计较这 2 斤大米的损失。慈城年糕绝对禁用白肚米和混有谷眼睛的大米。

▲ 浸米

第三技“浸”：浸米。秋收以后，

新谷入仓，家家户户准备酿酒、磨粉做年糕。以前手工做慈城年糕选在农历腊月二十，腊月初十就要开始淘年糕米。这个时期常为一年中最冷的日子，是二十四节气中的大寒前后，也是“三九、四九”，慈城有俗语云：三九、四九冻开捣臼。这个时期也是农民最闲的日子，先酿酒后做年糕再过年。天寒地冻，慈城农民拣风和日丽的日子，到河埠头淘米，淘净后倒入大缸，再用河水浸泡 7~10 天。中间换一次水，以防米发酵后味道变酸。

浸米时间会影响水磨年糕的质量，若浸米时间太长，米会发酵，做出的年糕口感发酸；而浸米时间太短，下一道磨粉就难一点，甚至有可能影响年糕的柔软度。因而从淘米开始，人们的祈求也开始了。上了年纪的老人常会自言自语“辛辛苦苦一年到头，全靠菩萨保佑平安”。祈求的心愿是浸年糕米的日子天气别突变、刮东南风、气温升高而致稻米发酵。

为了祈求平安，慈城年糕的浸米风俗有两个：一是淘米时，女人避开生理期。二是在浸米大缸的缸盖上放一张红纸，红纸上还要放一支筷子，有的地方还放一把剪刀。红纸一般剪成方形或圆形，也有剪成“囍”字的。

▲ 磨粉

第四技“磨”：磨粉。据慈城老人口述：慈城水磨年糕起源于清朝咸丰年间，慈城人民陈培基借豆腐之制法，夹水带浆磨糊而首创。这也使慈城年糕由民间食品升至贡品，因而磨粉是慈城水磨年糕制作的关键。这需要两人以上合作磨粉，一般三人合作最佳，一人把磨头，两人牵磨。把磨头人是磨粉工序的指挥者，边把磨头，边拨米水，而牵磨人则随着磨头人的摇动匀速前后运动。米粉的细度、润滑丝丝入扣，全取决于三人的齐心协力。因为磨粉是制作年糕的关键环节，所以素有其是水磨年糕灵魂之说。磨粉时，若米粉流动不畅，可添水助流，但要注意加水的量，否则会增加抽燥的难度。

第五技“抽”：抽燥。磨粉时，石磨下放一只白篮，白篮内置两节红稻草（也就是晚稻秸秆），铺上大白细布，等装满后裹弄，再覆盖一层草木灰。有的人家爱放几块小的鹅卵石。红稻草和草木灰的作用是透气和吸水。一般干燥时间为24小时，其间要勤换草木灰，防止干燥时间过长而致米粉发酵、发红。

▲ 抽燥

第六技“擞”：擞碎。抽燥的米粉是整块的，擞碎就是将其弄成粉状待蒸，一般边擞边蒸。

▲ 擞碎

第七技“蒸”：蒸粉。蒸粉就是将米粉蒸熟。一般大镬上放蒸笼，蒸笼底铺一层天罗丝，然后倒入燥米粉，用急火蒸煮。蒸粉是慈城年糕制作过程中比较难控制的一道工序。米粉的燥湿、蒸笼的干净程度、镬里是否漏进粉、炉灶的火焰等都有讲究，否则会因蒸汽上来慢，或者上不来等，米粉难以一口气蒸熟，影响年糕的颜色和口感。

▲ 蒸粉

基于上述因素，蒸粉也是慈城年糕整个制作过程中禁忌最多的一道工序，一般大人是不允许小孩靠近上蒸师傅的，主要怕小孩胡言乱语；上蒸师傅也沉默寡言，一脸严肃，生怕触犯了禁忌而使蒸笼发出异常的响声。旧时，由于人们对蒸汽了解不足，蒸笼尖叫时用薄刀拍一下，响声就会消失，这使人们误以为鬼怪作祟，禁忌更多，最明显的就是出席过丧礼和进过产房的人是绝对不能走进蒸年糕粉厨房的。

第八技“搡”：搡粉。搡粉就是将米粉蒸熟放入石捣臼，将其搡匀、搡实、搡糯的过程。慈城年糕制作的每一道工序都会影响其品质，但最关键的有两点：一是原料稻米的优劣，二是搡粉的程度。搡粉时间长短随米粉数量多少而定，以10斤左右的米粉为例，搡到米粉匀、实、糯，两人需配合搡四五十次，时间约半小时。因此，搡粉是慈城年糕制作中较为重要又劳累的环节，年轻的人搡年糕，而年纪大一些的人笨（慈城方言，意为翻）臼。

▲ 搡粉

为减轻劳累之感，搡粉时，人们常哼上两句。一般场合，尤其是年纪稍大一些的农民，唱词有："搡一记来，复一记。复一记来，再来一记。"有时搡年糕人的心情好，或有漂亮女人印年糕，两人就会展开歌喉对唱起来。

第九技"摘"：摘条。从摘条开始，后两道工序是围着桌板的群体作业。

▲ 摘条

摘条一般由男人做，他们边搓条，边均匀地摘成长条形状。宁波有的农村大多制作白条年糕，也称为“斩年糕”，就是把年糕条用薄刀切断后搓圆压扁。慈城年糕在搓圆后，还要用年糕模板印制花色年糕，这是慈城年糕区别于其他水磨年糕的独特工艺。

第十技“印”：印糕。印年糕是女人的手工活，有坐印和揿印两种。所谓坐印，即将年糕条放入年糕板内，年糕团填满年糕模子后再脱模，这样做成的年糕角四四方方，年糕花样和四辏棱角清晰。所谓揿印，即用年糕板按住年糕条往下揿，年糕四辏没有棱角，但表面有花样。

▲ 印糕

二、年糕传承人

据统计，截至2021年6月，慈城年糕手工技艺传承人共有10位（见表1）。

表 1　慈城年糕手工技艺传承人基本信息

传承人	出生年月	住址	年限	非遗级别	企业简称
谢大本	1937 年 10 月	慈城镇	44 年	省级	冯恒大
纪　平	1959 年 1 月	慈城镇民权路	19 年	区级	冯恒大
方松才	1944 年 4 月	慈城镇湖心村	50 年	区级	如意
柴　云	1960 年 7 月	慈城镇解放路	27 年	区级	如意
汪雪钧	1983 年 1 月	慈城镇杨陈村陈家 8 号	24 年	区级	绿禾
杨春华	1965 年 3 月	慈城镇杨陈村	20 年	区级	绿米
金昌华	1952 年 3 月	庄桥街道天悦小区	18 年	区级	五桥
朱建宏	1964 年 9 月	慈城镇民族路	18 年	区级	庄永大
应如明	1963 年 10 月	慈城镇古巷社区自欣路	18 年	区级	绿稻
章国华	1961 年 5 月	慈城镇太平桥	23 年	区级	绿慈

三、制品器具

慈城年糕制作器具除石磨外，一般是农家常用器皿，如灶、缸甏，大多没有特殊要求。除此之外，制作慈城年糕还需要一些辅料，如草木灰、黄蜡等，但也是唾手可得的常用品，在制作技艺中都有展示和体现，主要器具如下。

（1）缸甏：浸泡稻米用具。

（2）石磨：磨粉工具，附加工具磨担。

（3）包布：包裹米粉用具。

（4）白篮：沥粉用具。

（5）蒸笼：蒸米粉盛器。

（6）捣臼：搡舂米粉工具，十分重要。

（7）桌板：用来年糕搓条和印花。

（8）糕板：主要用来印年糕。

▲ 横头做标记的年糕模板

▲ 不同主题年糕模板的花样

▲“寿献兰孙”年糕模板

▲“福到眼前”年糕模板

▲“本固枝荣”年糕模板

▲ 具有鲜明时代主题的年糕模板

▲ 同样的鱼，不同的造型

▲ “年年有余”年糕及模板

第六章　传承保护措施

一、中国良好农业规范认证

2017 年 8 月，慈城年糕骨干企业——宁波江北慈城冯恒大食品有限公司新研发的有机水磨年糕接受了中国良好农业规范认证中心的现场审核并通过了国家有机产品的认证，这标志着慈城年糕在传统食品领域争创大品牌的步伐又向前一大步。

▲ 中国良好农业规范认证标志

随着大众生活水平和消费水平日益提高，人们越来越注重食品的安全可靠、纯正天然。作为“浙江中华老字号”的宁波江北慈城冯恒大食品有限公司历经两年多的立项论证，通过对有机原料产地的实地遴选，并反复配比试验，在保持慈城年糕优良传统口感的基础上，通过改造和提升符合有机食品生产的设施设备和管理体系，最终确立了一整套有机年糕生产的独特工艺流程，并顺利通过中国良好农业规范认证中心近乎苛刻的审核。

有机水磨年糕最主要的特点是选用追溯有据的有机大米为原料，从而大幅提高了年糕原料中铁、镁、钙等微量元素及维生素 C 的含量，全生产过程严格遵循无污染和无任何有害物质接触的要求，工艺上符合并升华慈城水磨年糕特质，色香味俱佳，并且每一包产品均自带独立的“身份编码”，该做法目前在我国尚属首创。

二、国家地理标志保护产品认定

2020 年 11 月 5 日，国家知识产权局颁布公告，慈城年糕成为地理标志产品，荣获“国家地理标志保护产品”称号。

慈城年糕是江南地区著名的传统小吃，历史悠久，至今已传承 3000 多年，以选料讲究、工艺独特而闻名海内外。

早在 2003 年，慈城年糕就被国家质量监督检验检疫总局认定为原产地标记产品，形成了巨大的品牌效应，有力地推动了慈城年糕产业跨越式发展。其不仅助推了农业、工业、文化旅游、服务业等相关产业发展，还增加了当地农户的经济收入，成为推荐宁波以及江北的一张亮丽名片。

近年来，由于国家对原产地标记产品的管理转型为对地理标志产品的管理，慈城年糕必须向国家知识产权局申报国家地理标志保护产品认定，以保护这一具有典型地域特色的地方品牌，进一步促进年糕产业健康发展。

江北区人民政府在 2017 年 10 月启动了申报工作，历时 3 年，于 2020 年 11 月 5 日，宁波江北慈城冯恒大食品有限公司、宁波市慈城塔牌食品有限公司、宁波江北如意粮油食品有限公司 3 家慈城年糕龙头企业荣获国家地理标志保护产品认定。

江北区人民政府原副区长潘卫锋说：“今后我们要建立完善年糕地理标志产品管理保护办法，建立进入机制，使优质企业获得地理标志产品保护，扩大年糕产业规模使农户增收；完善退出机制，促进年糕地理标志产品品质的提升；加强整体策划提升年糕产品档次和形象，通过品牌建设进一步挖掘产品价值；发扬慈城年糕的传统特色文化，使慈城年糕成为推荐慈城、推荐江北的文旅和农业产业新名片。”

三、保护措施

为了维护品质，宁波传统知名特产慈城年糕现已通过订单签约的方式，建立年糕水稻种植基地。为农副加工特产建立专门固定的原料种植基地，这在宁波尚属首次。慈城年糕以柔、软、滑、不粘牙等优异品质而著名。此前，慈城年糕还获得了原产地标识保护。现在慈城已开设年糕器具陈列室，并定期进行年糕老工艺传承表演。

作为江北区非物质文化遗产代表之一的慈城水磨年糕传统工艺，已成为古城文化旅游和对外交往的一张魅力名片。

宁波江北慈城冯恒大食品有限公司在宣传上先行一步，2007 年，该企业专门辟出场地，投入 10 余万元资金建设慈城年糕历史陈列馆并对外开放，成为慈城年糕品牌文化宣传前哨。慈城年糕历史陈列馆内设图片 30 余幅，实物约 200 件，包含慈城年糕的起源、历史故事、工艺特性、发展脉络、现代企业发展、吉尼斯年糕制作过程、传统工器具、传统工艺体验等。几年来，慈城年糕历史陈列馆已接待游客近 8 万人次，同时被选为江北区“青少年学生社会实践基地”，收到良好的社会效益和传承效果。

▲ 慈城年糕历史陈列馆

慈城年糕历史陈列馆、百年老字号冯恒大作坊，作为慈城水磨年糕制作技艺的传承基地，沉淀了宝贵的秘传制造工艺，积聚了丰厚浓郁的文化底蕴和非遗手工技艺。冯恒大制作的年糕色白如玉、晶莹剔透、香糯滑爽并享誉江南，在东南亚一带的华人聚居地也拥有极佳的口碑。

近年来，慈城水磨年糕手工制作技艺积极参加各种较有影响力的非遗展示活动，借助大平台提升非遗影响力，并开展专题活动，如“中国·慈城年糕文化节”“非常庙会”等，宣传年糕文化和展示年糕技艺。此外，慈城水磨年糕手工制作技艺还结合非遗项目的传承保护，投入超百万元，建成慈城年糕非遗陈列馆，并对外开放。

陈列馆布置在慈城火神庙里，分为几个展馆，作为年糕文化的传承点，在这里人们不仅可以观看年糕的制作过程，还可以参与制作年糕和品尝年糕。馆内完整地展示了年糕从种植到制作的各个环节，以及各种烹饪方法。陈列区摆放了宁波过去制作年糕的工具，有印糕板、石臼、石磨等，年糕板上刻有“五福”“六宝”，有的甚至直接刻成吉祥动物的形象，如玉兔、白鹅等。

宁波慈孝食品科技有限公司结合企业发展实际，注重把慈城文化与旅游相融合，走全域化旅游之路，推出慈城年糕特色旅游风景线。2020 年 9 月，宁波慈孝食品科技有限公司以省级博物馆为标准，在企业内新建中国第一家年糕博物馆——慈城年糕博物馆，总面积达 1400 平方米，分上下两层，一层面积达 700 平方米，为年糕生产实体车间，引进一条国内最先进的年糕生产线供游客现场观摩，亲身体验年糕制作全过程；二层面积达 700 平方米，为文创展区，通过文物器具、文献资料、仿真模型等形式，全方位展示慈城年糕的发展历程。

▲ 宁波慈孝食品科技有限公司新建慈城年糕博物馆

为了更好地呈现慈城年糕历史民俗的特色与细节，慈城年糕博物馆收集整理了最能代表慈城年糕文化的老物件和艺术品，以集中展示古镇发展的历史轨迹，成为慈城年糕文化的新标杆，留住了乡愁，进一步增强了文化自信、民族精神、家国情怀，切实提升了中国文化软实力。

四、传承机制

（一）保护机制

深入调研年糕制作的现状，进一步调查和保护老艺人；在江北区开展大范围的普查、调查、研究，整理与年糕相关的歌谣、谚语、故事、传说等；通过不同渠道收集、补充、整理与年糕有关的各种年糕制作器具；在慈城开设年糕制作陈列室，在慈城古县城建设慈城年糕馆，慈城特产商行专门销售慈城年糕；宁波慈孝食品科技有限公司投资 170 万元建成慈城年糕博物馆，全面展示慈城年糕历史及制作技艺。

（二）技艺传承

保存完整的慈城年糕手工制作工艺，保护好富有经验的慈城年糕制作艺人，挖掘传统慈城年糕民俗和手工制作的精华；在宁波江北慈城冯恒大食品有限公司有一个年糕陈列室，人们在这里可亲身体验慈城年糕手工制作技艺；建造慈城实验室、慈城年糕手工工艺作坊，拍摄制作慈城年糕手工工艺方法，保留传统制作工艺。

（三）制度保障

江北区文化广电旅游局定期对慈城镇年糕手工技艺的保护工作进行检查；江北区文化馆非遗调研人员定期对参与年糕技艺普查、收集、整理、保护的工作人员进行培训；慈城镇对制作年糕的老艺人进行妥善安排，让他们积极研发新的年糕品种，认真培养传承人。自 2003 年至今，慈城镇每年都举办年糕文化节，通过丰富多彩的活动方式集中展示年糕文化、农耕文化、饮食文化、年俗文化，年糕文化节已成为制度化传承保护的新常态。

五、传承现状

走进慈城，许多游客在大街小巷都能看到年糕的贩售点，不管是汤的、炒的，还是红糖的，都别有一番风味。更有大批慕名而来的游客到慈城品尝年糕的美味。看着热气腾腾、白花花的年糕出锅，真是让人垂涎欲滴。

▲“冯恒大”“义茂”“塔牌”“如意”年糕商标

以前，在慈城年糕高产期，有20多家专业年糕生产企业，形成了具有一定规模的年糕加工企业群，涌现了“冯恒大”“如意”“塔牌”“慈城”“义茂”“醉好”“绿稻”等10多个年糕知名品牌，在国内外均有较高知名度，特别是宁波江北慈城冯恒大食品有限公司、宁波市慈城塔牌食品有限公司、宁波义茂食品有限公司、宁波江北如意粮油食品有限公司4家规模较大、历史较久的优秀年糕企业较为有名，它们生产的年糕深受广大顾客好评。

随着现代科技的快速发展，原来的手工制作技艺渐渐被自动化年糕生产线代替，聪明的慈城人通过反复试验，在浸泡、加工、制作成型等多个重要环节精益求精，不仅提升了年糕产量，更使机器生产的年糕同样达到手工年糕“玉色透明，韧而光滑，久煮不煳，炒而不粘”等特点。

宁波新丰粮食机械有限公司的许福军早在1990年就发明了年糕真空包装技术，现在慈城的年糕机大多是他的公司生产的，他多次设计改进年糕机并多次获得国家专利。现在年糕虽然是机械化生产的，但仍保留了手工年糕那种软糯、滑溜溜的口感，这正是慈城年糕的口感。

以前，许福军所在宁波粮食机械厂生产的年糕机和磨粉机等粮食加工机器都是生铁铸造的，有极易生锈、清洗麻烦等诸多缺点，许福军带领宁波新丰粮食机械有限公司全体技术人员在探索中创新，在传承慈城年糕制作技艺和手工年糕口感的基础上，反复研究试验，不断攻克技术难题，用不锈钢材料研究发明新型年糕机。2001年6月，宁波新丰粮食机械有限公司研发的国内第一套不锈钢材料镶套的年糕机问世，慈城各年糕厂纷纷更新年糕生产设备，口感软糯的正宗慈城年糕从生产线走到了市民的餐桌。

截至2023年12月，慈城镇有15家年糕企业，资产总额约为8000余万元，其中固定资产约为7500万元。2023年年糕销售额达1.12亿万元，出口额占总销售额的16%。产品远销欧洲、东南亚、北美等国家和地区，成为江北区对外开放的一张亮丽名片。

目前，江北区拥有16家年糕生产企业，其中，慈城镇有15家，庄桥街道有1家（见表2）。

表 2　江北区年糕企业一览

序号	企业名称	联系人	地址
1	宁波江北慈城冯恒大食品有限公司	纪　平	民生路 114 号
2	宁波市慈城塔牌食品有限公司	胡金芳	妙山村
3	宁波义茂食品有限公司	邵　萍	妙山村
4	宁波江北如意粮油食品有限公司	吕国华	普济路 3 号
5	宁波市江北慈城庄永大年糕厂	赵慈法	日新街 88 号
6	宁波市江北绿稻食品有限公司	范沣莹	普济路 3 号
7	宁波市江北慈城灵桥油料加工场	俞卫国	妙山桥 6 号
8	宁波市江北慈城绿米年糕厂	杨春华	杨成村
9	宁波市江北慈城五粮食品有限公司	任雪明	城西西路 16 号
10	宁波绿藤食品有限公司	应国荣	黄山村
11	宁波市江北绿慈食品有限公司	王伟真	王家坝村谢郎闸 3 幢
12	宁波市江北志晨食品有限公司	沈志山	龚冯村龚家
13	宁波慈孝食品科技有限公司	许福军	普济路 3 号
14	宁波市江北慈城绿禾食品有限公司	杨红波	新横七路 11 号 6 幢
15	宁波欣杰食品有限公司	叶幼君	新横一路 12 号
16	宁波江北五桥粮油食品有限责任公司	金雪农	康桥南路 487 号

六、同业公会保护

慈城年糕同业公会隶属宁波工商业联合会（总商会）慈城镇商会，由慈城镇 10 多家年糕生产和粮食加工企业加盟组成，2003 年 8 月在慈城镇党委、政府主导下正式挂牌成立。

慈城年糕同业公会的成立为慈城这一传统特色产业的深层发展开创了新的局面。为进一步使慈城年糕有序和健康发展，规范行业生产、经营行为，确保地方品牌的纯真度，慈城年糕同业公会成立后起草了慈城年糕宁波市地方标准，并于 2005 年 12 月 31 日颁布实施。申报国家原产地标志保护，为慈城年糕打造绿色食品、放心年糕奠定了基础。

截至 2023 年底，慈城共有冯恒大、义茂、如意、庄永大、塔牌、绿稻、慈孝、绿藤、绿慈、绿米、志晨、绿禾、灵桥、五粮、欣杰15家年糕加工企业，在历次对年糕的专项监督检查中，依据相关国家食品卫生标准，慈城年糕总体质量名列前茅。

慈城年糕同业公会的职能和目标如下。

第一，进行整体宣传包装，把慈城年糕与慈城经济、慈城文化有机融合、整合，进行专业的整体包装，作为区域名片大张旗鼓宣传，丰富慈城年糕的文化内涵，进一步丰富内在资源。

第二，呼吁有关部门规划并尽快启动实施慈城年糕生产加工园区，以利于资源共享、规模经营、延伸产业链、压缩生产成本，使慈城年糕成为地方主导产业。

第三，利用“国家原产地标记保护”与“宁波市地方标准”的基础优势，筹划申报省市及国家“慈城年糕绿色产品生产基地”称号，使慈城年糕有更优质、安全的健康形象，更良好的发展。

第四，增强与其他兄弟协会的交流、学习兄弟协会的先进经验，提高慈城年糕同业公会的工作实效，更好地服务企业。

第五，积极谋求各职能部门的支持与扶植，特别是科技、技监部门能给予专家级指导，解决如何不断提高科技含量等的发展“瓶颈”。

第六，利用政府辐射能量，筹划整体销售网络。在条件成熟时，兴建慈城年糕市场。

为了更好地传承保护慈城年糕，2018年12月，慈城年糕产业协会成立，江北区劳动模范、慈城镇农村发展局党支部书记徐国钧（现为宁波市劳动模范、宁波市慈湖农业开发有限公司董事长兼党支部书记）担任慈城年糕产业协会会长。

慈城年糕产业协会统一进行整合包装，加大推广宣传力度。一是开创体验式制作基地，使非物质文化遗产在传承中发展。二是建立年糕传统手工作坊，既保护农耕文明的文化符号，又为游客提供了解、学习年糕文化的素材。三是丰富年糕文化宣传形式。不定期举办慈城年糕文化习俗传承的主题活动。

▲ 成立慈城年糕产业协会

同时，慈城年糕企业结合现代时尚元素、掌握现代人心理特点和审美要求，及时开发适合不同消费群体的特色新品种，积极推广轻便、易携带的年糕产品。突破年糕以食为主的功能，将吉祥、幸福、时尚等元素与年糕产品融合，形成系列化、特色化的年糕工艺品。充分利用古县城旅游优势，将年糕的推销和景点门票销售相结合，通过附赠、品尝等方式，扩大年糕的消费群体。畅通异地销售提货渠道，形成区域经营销售网络；运用电商、微信等现代营销手段，做大做强年糕产品网络营销平台。

目前，慈城镇正加快建设集年糕生产加工、历史文化展示、技术研发、制作体验及参观购物于一体的综合园区。依托硬件建设，不定期开展年糕文化体验节、技术研发交流会等活动，抱团壮大慈城年糕产业。借助慈城年糕产业协会、研发展示中心及农合联组织等载体，从原材料、生产工艺、环保设施、包装运输等环节强化监管，对不符合安全卫生要求的企业进行淘汰改造，保证慈城年糕整体品质，大力助推慈城年糕产业跨越式发展。

七、储存方法

以前，年糕都是当天新鲜做的，天气冷的时候放一下就变硬了，天气热的话会硬得比较慢，无论是硬还是软，表层结皮稍微变硬之后，可以把它们一根根掰开，已经硬了就浸泡到水里，要吃的时候拿出来切片。

把从超市买来的散装年糕（真空包装的除外）浸泡在清水里是一个保存的好办法，但要注意，浸泡在清水里的年糕需要每天清洗，水也要天天更换，这样才能保存更长的时间；如果年糕一直浸在水里，没清洗也没换水，已经出现酸味，就不能再吃了。另外，年糕洗净后，每块用保鲜袋包好，放在冰箱冷冻室里，吃多少拿多少，这个方法可以使年糕保存时间更长。

想要保存时间更长，还可以把浸到水里的年糕连盆一起放入冰箱冷藏，基本上可以放一个多月。另外，可将码好的年糕分开成条状，并在年糕硬透后用清水浸泡，以使其与空气隔绝，这样能防止年糕表皮皱裂，清水在常温下宜一周换一次水。

现在慈城本地年糕厂生产的年糕都是真空包装，没有任何食品添加剂和防腐剂，冬天不需要特别处理，夏天最好把真空包装的年糕放进冰箱冷冻室，想吃时提前拿出来即可。

第七章　特色品牌及重点企业

一、特色馆（店）

慈城作为中国年糕之乡，已拥有 3000 多年的年糕制作生产历史。慈城水磨年糕传统工艺作为江北区非物质文化遗产的代表之一，已成为慈城独有的丰厚的年糕文化资源和区域特色经济，成为古县城在软资源保护开发和对外交往中的一张亮丽名片。截至 2023 年 12 月，仅在慈城古镇上专业经营或者兼营年糕的特色馆（店）就有 31 家（见表 3）。慈城水磨年糕这一独特的地方特产不仅是人们赖以生存的食物，更成为人们寄托乡情、传承民俗、追溯文化的载体，是文化标杆、中华瑰宝。

表 3　江北区慈城年糕馆（店）一览

序号	年糕馆（店）名称（开始经营时间）	负责人	地址
1	慈城特产商行（2020 年 5 月）	苏东领	民权路 269 号
2	慈城张记炒货加工坊（2015 年 12 月）	张介民	王家坝村
3	宁波市江北脆脆香炒货加工坊（2008 年 10 月）	纪　平	民生路 114 号
4	永大食品商行（1895 年）	赵慈法	解放路 245 号
5	联萍炒货加工坊（2018 年 5 月）	赵联萍	解放路 285 号
6	朱记炒货店（2019 年 3 月）	朱灵莉	解放路 170 号
7	老包小店（2004 年）	包亚儿	解放路 313 号
8	光耀食品店（2018 年 2 月）	沈光耀	中华路 37 号
9	国玲小店（1995 年）	陈国玲	中华路 41 号
10	欣喜食品店（2018 年）	王园园	中华路 39 号
11	古城年糕店（2017 年 10 月）	姚国英	解放路 184 号

续表

序号	年糕馆（店）名称（开始经营时间）	负责人	地址
12	塔牌年糕慈城店（2005 年 9 月）	胡金芳	解放路 134 号
13	慈城迎春特产店（长贤食品店）	李贤长	解放路 299 号
14	古镇年糕馆（1997 年 7 月）	邓万荣	竺巷东路 35 号
15	年糕主题餐厅（2020 年 5 月）	苏东领	民权路 269 号
16	年高餐厅（2020 年 12 月）	苏东领	民权路 269 号
17	阿南年糕店（1996 年 11 月）	叶招南	民权路 18 号
18	传家美食小包小吃店（2019 年 12 月）	包　珅	民权路 148–150 号
19	慈孝年糕专卖店（2021 年 10 月）	邓万荣	民权路 12 号
20	如意年糕	叶招男	民权路 18 号
21	冯恒大年糕坊（2021 年 5 月）	纪　平	保黎北路 9 号
22	甬宁食品商场（2013 年 6 月）	周伟强	东门菜场门口北侧三间房
23	古慈餐馆、古茗餐厅（2020 年 9 月）	刘红娟	民权路 260–264 号
24	永旺斋（2020 年 1 月）	刘崇明	民权路 210 号
25	慈城土特产食品商店（2021 年 1 月）	朱维达	自新街 6 号
26	慈城国营特产商行（2020 年 12 月）	林静军	保黎北路 17 号（地铁 A2 出口）
27	柳小薯（2021 年 6 月）	黄君君	水门下 31 号
28	新美园食品（2007 年 11 月）	王静军	南门村泥堰头 16 号
29	慈城年糕（2021 年 1 月）	郭丽青	自新街 9 号
30	有缘年糕团（1998 年 11 月）	许美蓉	民权路 8–7 号
31	小城味道（2021 年 1 月）	际振强	民权路 18–6 号

▲ 慈城年糕馆

2020 年 5 月 17 日，慈城镇人民政府下属的宁波市慈湖农业开发有限公司在慈城古县城民权路 269 号投资 500 多万元建成的慈城年糕馆正式开馆，总占地面积约为 2000 平方米，建筑面积约为 1400 平方米。慈城年糕馆每天营业，喜迎全国各地的游客。

慈城年糕馆内设年糕实验室、慈城特产商行、年糕主题餐厅三大功能区块，整体装修风格契合古建特色，突出喜庆、简约、新中式氛围，用细节元素呈现慈城年糕文化。迎门楼高挂年年高匾额，两侧对联“今年更比往年好，来年更比今年好”寓意吉祥美好。

年糕实验室：面向新生代的青年友好型体验空间，将文化展示、跨界经营、探索体验、自然科普、直播带货自然融合，分为水稻种植场景还原、稻米及年糕工艺实验观察室、年糕甜品蜜铺、年糕传统工具及配料场景还原、

▲ 年糕实验室

年糕手作亲子体验工坊、年糕文化忆集场景还原六大板块，全力激发慈城年糕的无限可能以及更多的跨界碰撞，大力探索年糕产业发展新方向。

迈过门槛，从一片碧绿秧苗田开始认识年糕，追根溯源慈城年糕来自历史悠久的慈城稻米，紧邻慈城的余姚井头山遗址、河姆渡遗址出土的稻谷都证明早在 8000 年前慈城地区就已经种植水稻。

这里是一个供游客观察稻米生长过程的体验空间，内置大米气动传输装置，流动起来的大米更能让参观者感受千年水稻文化的鲜活传承；古老的河姆渡稻作文化孕育出了慈城年糕优良的食材，是对美食的致敬，而用石捣臼碾出的新滋味令人惊喜。

在年糕实验室，以年糕为主题的“青少年教育互动基地”，打造了一个娱乐性、文化性、体验性并存的探索新天地。

年糕实验室从天井中的一块稻田开始，科普慈城年糕美味秘籍，通过大米气动传输装置能够听到大米流动的声音，用放大镜近距离观察大米培育过程，用互动展示慈城年糕传统手工制作工艺。在蜜铺创新年糕做法，让年糕不仅成为主食，也成为甜品、下午茶，旁设直播带货间，吸引更多年轻人参与其中。

在忆集新旧生活场景，展现慈城年糕在江南地区寻常人家中不同的生活场景，展现年糕是怎样从一种江南传统糕点转化为当代人的乡愁记忆。在老物件中找寻过去的记忆，回味家乡那种质朴亲切的熟悉味道，不论走多远，只要循着香气，回家的路便特别清晰。

在亲子体验空间，经验丰富的老艺人乐于教授大家制作年糕工艺品，奇趣生动的花鸟虫鱼跃于手心，童心、童真、童趣交织于一体。目前，还接受幼儿园等集体的活动预定。

在年糕大院工坊里人们可现场观摩传统年糕工艺制作过程，这一环节特别能吸引小朋友参与，小朋友可以找一找隐藏的 30 种年糕做法，亲身体验悠久生动的年糕文化，传承这一非物质文化遗产，亲身感受中华传统文化精华。这里已经成为网红打卡地、小朋友年糕 DIY 的新课堂。

慈城特产商行：集中展销慈城当地的特色农副产品及文创产品，包括慈城年糕企业生产的各类年糕、微型盆景、慈城白茶、本地优质大米、时令精品果蔬及古县城文创 IP 产品等，为慈城特产开创了一个集中展示的平台。

▲ 慈城特产商行 1

玩转一圈年糕馆，临走前还可以去慈城特产商行带点“伴手礼”给喜爱慈城年糕的“糕粉”和“吃货”尝尝鲜。

年糕主题餐厅：风格明亮喜庆，这里不仅提供雪菜笋丝年糕、黄鱼年糕面等各种传统食品，还开发了酸菜鱼年糕、炸酱年糕等创新时尚美食，能让客人充分体验慈城年糕各式美味，亲身感受 8000 年稻作文化和 3000 多年年糕文化的独特魅力。

在年高餐厅，你随意翻开一块竹匾等上几分钟，或扫描二维码，点击你喜爱的年糕美食，不一会儿便可品尝到正宗慈城年糕独特而精致的软、糯、香、滑，每天品尝一种，一个月方可把年高餐厅 30 种美食品尝一遍。

▲ 慈城特产商行 2

同时，会有计划导入线上经营活动，利用网上商城、线上直播、网红代言，开发各种年糕的速食、快食、零食的扩展产品，结合慈城年糕产业现有的年糕机械生产企业和年糕加工企业，以创新精神积极引导企业转型升级，使慈城年糕品牌迅速进入全国市场。慈城这块小小年糕不仅对慈城古镇发展起到积极作用，更能激活年糕经济的快速发展。

2020 年 12 月 23 日上午，宁波市轨道交通 4 号线正式开通运营。宁波市委副书记、市长裘东耀出席活动并宣布开通。轨道交通 4 号线共设 25 个车站，其中地下车站 18 座、高架车站 7 座，连接城区西北至东南，途经江北、海曙、鄞州 3 个行政区域，全长 36 千米。轨道交通 4 号线的建成开通，有利于“拥江揽湖滨海”城市发展战略的实施，推动了慈城古城开发，尤其是方便了广大游客到慈城品尝正宗慈城年糕。

2020 年 12 月 25 日，位于慈城镇民权路 269 号的年高餐厅试营业，作为年糕主题餐厅的升级版，年高餐厅以经营宁波特色菜——海鲜为主，用美食、文化和格调吸引广大游客。

▲ 年高餐厅

年高餐厅秉持工匠精神，致力于将每一道海鲜美味输送到餐桌上。所有海鲜全部现选、现捞、现称，这些“深海居民”都是厨师长凌晨 4 点出发从各地新鲜市场海淘而来。除了时令海鲜，特色私房菜也是必点的，五星级大厨亲自把关，达十多次的试菜，确保每一道都是精品私房佳肴。

用满满的诚意，给来到慈城的广大游客带来超乎寻常的鲜味享受。每一道菜，厨师长潘勇都会亲自把关。包厢内，阳光透过大大的玻璃幕墙洒向室内，收集了暖阳原木家具附添藤编元素的点缀。整个房间通透大气又极具美感，木材的天然肌理在阳光照射下也显得极具生命力。

此外，来这里用餐还能有一个好彩头——上下两层的包厢都有属于自己的名字，比如地字号（谈笑封侯、扶摇直上、平步青云、步步高升、前程似锦）和天字号（大魁天下、状元及第、独占鳌头、连中三元、金榜题名），预订时可挑选自己喜欢的包厢号名字。到这里吃的是海鲜私房菜，品的是慈城厚重的文化底蕴。

一桌美味别旧岁，一席家宴迎新年。每一个欢聚时刻都值得分享与铭记，平日里的家长里短，工作中的成就与烦恼，生活中的喜怒哀乐，也都在这里消融。

从宁波轨道交通 4 号线开通以来，慈城古县城一跃成为宁波市民近郊游的“网红打卡地”。从 2021 年元旦开始的“国潮中国年”里，新年灯展仍然是最亮眼的景观，街道氛围灯、古巷工艺灯、核心主体灯 20 余种大型灯组交相辉映，让这座千年古县城“越夜越美丽”。据统计，2021 年春节假期，慈城古县城的日均接待量达 3.6 万人次，创下历史新高。

年糕团、年糕片等各式各样的小吃也成了游客打卡慈城的“网红食品”。土生土长的慈城人包珅在民权路上开了一家传统小吃店——传家美食小包小吃店，在春节期间，他每天都要加班加点制作，可仍然供不应求。他说：“游客特别多，远远超过之前的几个假期，我们都快忙不过来了。大家来慈城游玩总会带点东西，年糕团是热销款。”2021 年 2 月 11 日（农历正月初一），央视中文国际频道《美食中国》栏目的春节特别节目《过年吃出好彩头》播出第一集《步步登高》，慈城年糕作为宁波传统年味代表之一出镜近 7 分钟，节目中制作年糕的手艺人就是包珅。

当你来到慈城古镇，你会看到各种年糕特色馆（店），它们常年制作年糕及其制品，比较好地传承了年糕各种传统吃法和时下创新流行的新做法。其中，慈城张记炒货加工坊、宁波市江北脆脆香炒货加工坊、联萍炒货加工坊 3 家年糕特色店荣获“浙江省名特优食品作坊”称号，而位于慈城镇王家坝村的慈城张记炒货加工坊张介民制作的年糕片名气最大，好评如潮。

二、饮食文化独特

最早年糕是为年夜祭神、岁朝供祖先所用，后来才成为春节食品。年糕不仅是一种节日美食，而且为人们带来新的希望。正如清末的一首诗中所云：“人心多好高，谐声制食品，义取年胜年，藉以祈岁稔。”

在江南濡湿的空气里，慈城水磨年糕是宁波天生的美食，这种糯糯的主食，已经在“海定则波宁”的甬地绵延传承 3000 多年。窄巷高墙的外乡人难以理解，从小吃年糕长大的宁波人，都讲得一口“石骨铁硬”的地道宁波话，于软糯之中渐渐地吃出了一股坚韧和大度，这不仅造就了宁波人的性格和脾气，更形成了宁波独特的饮食文化。

每年初冬，收割完最后一茬晚稻，西北风渐起，农村进入农闲季节，家家户户就忙着做年糕了。在以前，这是一年到头农村最热闹的时候，与盖房子、嫁娶一样，也是乡村的头等大事。晚稻米在石臼中一次次地捶搡，造就了年糕的糯实，成就了慈城年糕世代相传糯糯的味道。

年糕的食用方法大都是煮、炒、炸、片炒、汤煮等，且咸甜皆宜。民谚曰："糖炒炒，油爆爆，吃得嘴角生大泡（糖炒年糕）。"民谚又云："荠菜肉丝炒年糕，灶君菩萨伸手捞（荠菜年糕）。"此外，汁水年糕汤鲜美无比，是家家户户除夕夜的必备食品。烹饪方法林林总总，以前贮藏条件不好，所以许多居民将年糕切片后晒干贮藏，食用时用水浸上两天即可。

年糕的热量较高，是米饭的数倍，因而不宜多吃，肠胃疾病患者不宜食用。但是年糕少吃可补充营养，对身体好。逢年过节吃的年糕多是以糯米（江米）或糯米粉为原料，添加不同的辅料制成。

宁波人做年糕，有个专用动词，即"搡"。慈城大户人家往往请"年糕班子"到家：搭起一个临时的场地，生火开灶搡年糕，一家老小，人头攒动。浸米、磨粉、榨水、刨粉、蒸粉、搡捣、做坯……每道工序都有条不紊地进行着，往往要忙碌两三天，才算大功告成。

熟米搡捣之后，石臼里就出现一大块火热的年糕团，这个时候，小孩子都赶来凑热闹，大人们摘下一团，嵌块豆酥糖，添勺雪菜肉丝，或甜或咸，或浓或淡，孩童们咬着年糕团，其乐融融。大人们则伏在案板上，忙着揉搓、拍拢，讲究一点的人家，还取出印糕板压年糕。色白如玉的年糕，出模之后像是一件艺术品，"福禄寿喜"的各色雕花图案更显喜庆。

年糕作为主食，制作时不放糖和盐，皆作淡口。在一日三餐中，宁波人对年糕的烹制，却呈现出惊人的丰富性，可咸可甜，可蒸可煮，或汤或炒。世人皆云"南甜北咸"，但宁波人吃得很咸，不似苏杭有"桂花糖年糕"的吃法，偏爱咸食的宁波人也较多。

每个人的舌尖就地都有一个故乡，宁波人从水磨年糕里，见到了故乡的风物。“晚稻成熟以后，就到了宁波人做年糕的时候……”中央电视台热播纪录片《舌尖上的中国》专题报道水磨年糕制作技艺和风俗习惯。这部纪录片，让无数的老宁波人和新宁波人的味蕾在深夜被唤醒。年糕，这种宁波人习以为常的主食，被如此深情地搬上屏幕，夹带着浓浓的乡音，真正拨动了人们的心弦。

宁波人吃年糕，花头多，样式也常翻新。从原始的“火缸煨年糕”到“咸齑冬笋年糕汤”，从“大头菜烤年糕”到“菠菜毛蟹炒年糕”，无固定的程式，时令蔬菜、海鲜皆可搭配。据不完全统计，当前，在慈城包括宁波比较流行的吃法就达 30 多种。慈城水磨年糕是年俗文化、农耕文化、民俗文化、饮食文化、慈孝文化相互融合的标志性食品。

冬至前夜，巧妇们煮一大锅“大头菜烤年糕”，清晨早起后，合家围拢吃“番薯汤果”和年糕，寓意来年日子过得“烘烘响”。冬至过后，被霜打过的大头菜愈加鲜甜，用它和笋丝、肉丝煮年糕汤，味道特别新鲜。立春刚过，油菜蕻、豌豆苗刚抽嫩芽，舀来一碗煮鸡鸭的汤水，切几片新风腊肉，煮一碗汤年糕，亦能吃出早春的味道。

至于炒年糕，各类海陆食材，纷沓而来。寒冬里的“胶菜肉丝炒年糕”，或添冬笋，或搁香菇，寻常百姓都会炒上一盘。正月里走亲戚，吃腻鸡鸭鱼肉，倘若桌上来一盘“荠菜笋丝炒年糕”，会大受欢迎。用马兰头、“草籽”炒出的年糕，“灶君菩萨会来捞”，有一种不输佛跳墙的夸张。秋风起，金秋十月的大闸蟹正肥，毛蟹斩成块，加葱、姜、酱油、料酒酱爆，大火急灶，放入年糕混炒，起锅前加入刚上市的秋菠菜，红绿白三种颜色相间，单卖相就叫人垂涎……

年糕做闲食，香脆的年糕干是代表，它是江南一带最早的膨化食品。年糕做好后，要浸泡在水里保存，一下子吃不完，可切片晾干。烘年糕干是一味可口的闲食，用小火和粗盐一起在铁镬里炒，炒到两面焦黄，体积膨胀后出锅，晾凉后放入锡罐子里，只要不受潮，可以吃上很长一段时间。

说到年糕，还不得不说宁波闻名天下的另一种美食——海鲜。宁波自然环境得天独厚，它的海边就是世界著名渔场——舟山渔场，舟山渔场与俄罗斯的千岛渔场、加拿大的纽芬兰渔场、秘鲁的秘鲁渔场齐名，被誉为世界四大渔场。舟山渔场不仅是中国最大的渔场，也是著名的“东海鱼仓”和“中国渔都”。舟山渔场海域在北纬 29° 30′ ~31° 00′，东经 125°以西，常年四季分明，冬无严寒，夏无酷暑，年陆地平均气温为 16.4 摄氏度，海洋平均水温为 18 摄氏度，为北半球黄金分割线气候地带。

这里地处长江、钱塘江、甬江三江入海口，为江水与海水的交汇口和江浙沿岸、台湾海峡暖流与黄海寒流的交汇之处，带来了大量养分。舟山群岛拥有 1339 个岛屿，为中国沿海第一大群岛，系我国沿海低盐海域，海水的年平均盐度为 20.56‰，岛海间水流急缓相交，水域浑浊，饵料丰富。东海大陆架广阔，海底平坦，海床宽阔，海水深度一般在 20~40 米，太阳光可直射海底，生物的光合作用强，为鱼的生活和繁殖提供了有利条件。日本暖流的延续洋流即台湾暖流和沿岸寒流，以及西太平洋暖流在此汇合，是多种经济鱼类洄游的必经之路，搅动海水使海底的各种营养物质上浮，给鱼类提供各种天然食物。台湾暖流、寒暖流的交汇使周围温度有差异，既不太冷又不太热，喜温的鱼可以在暖流这边，喜冷的鱼能在寒流那边，形成了世界著名的天然渔场。

桐照村位于宁波市奉化区东南，象山港北岸，三面环山，一面临海，四季分明，海洋气候独特，地理条件优越，自然资源丰富，水陆交通便捷，素有“鱼米之乡”美称。桐照村的外海捕捞历史悠久，渔业文化底蕴深厚。据《奉化市志》介绍，早在宋代桐照就形成了渔村。桐照村拥有国家一级渔港，全村有 7500 亩养殖面积和各类渔船 505 艘。渔业经济规模比重大，其中海洋渔业经济收入可达 13 亿元，有 95% 以上的劳动力从事渔业生产，是浙江最大的专业渔村。2010 年 1 月，桐照村被中国渔业协会授予“中国第一渔村”称号。

东海海鲜营养丰富，滋补养生健体抗癌。舟山渔场的海鲜新鲜健康、品种丰富、产量较高。渔场内共有海洋生物 1163 种，以大黄鱼、小黄鱼、带鱼和墨鱼为四大经济主导鱼类。其中，沈家门渔港是世界三大渔港之一，是一处绝佳的水产集散地，“一条龙”满足从下海捕捞到上岸加工、贸易、销售等环节。

宁波象山县是中国盛产海鲜的主要区域之一，是宁波人吃海鲜的胜地。象山石浦作为全国六大中心渔港之一，紧靠大目洋、猫头洋、渔山三大渔场，发展渔业条件优越，系渔业大县，盛产黄鱼、带鱼、乌贼、鲳鱼、虾、蟹、石斑鱼、海鳗等数百种新鲜海鲜产品。

宁海县位于宁波南部，是徐霞客游记开始的地方。清澈蔚蓝的宁海湾被誉为中国的“普吉岛”，宁海蛏子属长街镇首选，因个大壳薄、色白味鲜、肉质肥美、弹牙质感，被美食家称为“西施舌”或“唐僧肉”。宁海西店镇素有“牡蛎之乡”之称，盛产的牡蛎肥壮鲜嫩，野生的牡蛎蛎肉呈青玉色，味道鲜美。

东海海鲜肉质鲜嫩，无污染，营养丰富，含钙量高，含有丰富的蛋白质、维生素 A、维生素 B、维生素 D、维生素 B6、叶酸、微量元素等，对人体有很好的补益作用，对人的眼睛、皮肤、牙齿和骨骼都特别有益；对于体质虚弱的妇女、中老年人，以及血脂高、血压高、血糖高“三高”人群来说，经常食用海鲜会收到较好的食疗效果；具有美容、减肥、乌发等效果；能预防和治疗皮肤病与神经系统疾病；富含钙、磷、钾、铁、钠、镁、碘和锌等矿物质，能增强人体免疫系统和抵抗力。

据汉声编辑室编著的《慈城宁波年糕》介绍，慈城年糕共有 11 种做法、46 种吃法，分为煨，即煨年糕片、煨年糕条；烤，即烤年糕；爆，即爆年糕片；火靠，即火靠菜年糕；煮，即年糕蘸红糖、咸菜笋丝年糕汤、雪菜茭白年糕汤、年糕泡饭、桂圆水包蛋年糕、酒酿水包蛋年糕、鸡毛菜年糕汤、三鲜年糕汤、番薯年糕汤、番茄开洋年糕汤、鲫鱼年糕汤、米糊年糕、炸酱年糕；烩，即酒糟年糕羹、水果年糕羹；蒸，即年糕团、葱油芋艿年糕、蛋羹年糕；炒，即梅干菜炒年糕、梅干菜肉末炒年糕、荠菜肉丝炒年糕、海苔年糕、芝麻糖炒年糕、什锦炒年糕、白菜炒年糕、白菜肉片炒年糕、卷心菜肉丝炒年糕、茄子肉丝炒年糕、马兰头炒年糕、带豆炒年糕、六丝炒年糕、素炒年糕、毛蟹炒年糕、虾蛄炒年糕、梭子蟹炒年糕、海鲜炒年糕、鳝糊年糕、咸蛋黄年糕；煎，即糖水煎年糕；蜜汁，即桂花糖年糕；拔丝，即拔丝年糕。

中央电视台《舌尖上的中国》节目中，有一个介绍年糕的特写镜头，即一盘梭子蟹炒年糕。当梭子蟹还是白菜价的时候，鲜到连味精都可以不放，用它炒年糕是广受欢迎又最具本土特色的。蟹块与年糕红白相间，点缀些姜丝和葱段，螃蟹与年糕的相逢，“目食”与口舌皆得，这是宁波人匠心独具的家常美味。宁波人饮食的精致，在这盘梭子蟹炒年糕中展现得淋漓尽致。一段水磨年糕的风雅，一只东海特产的鲜嫩，不仅藏于市井生活中，更融于宁波市民的日常饮食里。

2019 年 5 月 17 日，新开张的慈城年高餐厅在吸收传统烹饪技艺的基础上，大胆创新，在传承做好冬笋、雪菜和酒糟等当地土特产与年糕做法的同时，把年糕与东海海鲜制作成各种美食，使当地海鲜的鲜美与传统年糕完美融合，实现了健康、营养、味美和色佳的完美结合，成为中国年糕饮食文化的典范。

接下来主要介绍慈城年高餐厅重点推出的 16 种慈城年糕经典吃法，该店已经成为当代网红打卡地。

1. 桃仁年糕起红羹

主料：年糕粒 60 克，红酒酿 20 克。

辅料：白酒酿 20 克，熟黑米 15 克，核桃仁 15 克。

调料：红糖 20 克，白糖 25 克，石榴糖水 30 克，花雕酒 50 克，水 400 克，水淀粉适量。

制作：起锅放入白酒酿、熟黑米、年糕粒、红酒酿、红糖、白糖、石榴糖水、花雕酒，煮开至年糕粒漂起；勾入适量水淀粉出锅，撒上核桃仁即可。

▲ 桃仁年糕起红羹

2. 麻油肥肠炒年糕

主料：卤味肥肠 150 克，年糕片 280 克。

辅料：洋葱 50 克，生姜 5 克，茭白 20 克，大蒜叶 30 克，水 200 克。

调料：美味鲜 10 克，老抽 10 克，味精 5 克，白胡椒粉 3 克，油 60 克。

制作：起锅烧油，放入洋葱、生姜、茭白丝；炒香后下蚝油、肥肠、年糕片、水、美味鲜、老抽、味精、胡椒粉；煮制年糕回软，汤汁收干下入大葱叶翻炒出香味即可出锅。

▲ 麻油肥肠炒年糕

3. 传统年糕汤

主料：雪菜 40 克，年糕片 200 克。

辅料：肉丝 30 克，笋丝 30 克，葱花 5 克，自制高汤 600 克。

调料：盐 3 克，味精 5 克，猪油 50 克。

制作：起锅下入猪油，放入肉丝炒香后下入雪菜、笋丝稍炒；放入高汤、年糕片、盐、味精，煮至年糕漂起，出锅撒入葱花即成。

▲ 传统年糕汤

4. 三鲜年糕汤

主料：蛤蜊 5 个，蟹 1 只，大虾 4 只，年糕片 200 克。

辅料：榨菜 15 克，香菇 15 克，煎豆腐 15 克，葱花 5 克，生姜丝 5 克，清水 600 克。

调料：盐 3 克，胡椒粉 3 克，味精少许，色拉油 60 克。

▲ 三鲜年糕汤

制作：起锅放油，放入蛤蜊、蟹、大虾、生姜丝，炒至变色；放入清水、年糕片、榨菜、香菇、煎豆腐，煮至年糕片漂起，调味，起锅装盆；撒入葱花即可。

5. 老底子炒年糕

主料：娃娃菜 150 克，年糕片 300 克。

辅料：猪油渣 60 克，香菇 25 克，大蒜叶 15 克。

调料：色拉油 60 克，美味鲜 15 克，老抽 10 克，味精少许，清水 300 克。

▲ 老底子炒年糕

制作：起锅烧油，放入猪油渣炒香，放入娃娃菜、香菇，炒至断生；放入年糕片、色拉油、美味鲜、老抽、味精、清水；炒至年糕片回软，水分收干，放入大蒜叶炒至干香出锅。

6. 酸菜鱼年糕汤

主料：鱼片 150 克，年糕片 200 克。

辅料：酸菜 130 克，自制酸汤 600 克，白芝麻少许，蒜泥、生姜丝 5 克，葱 10 克，干辣椒 3 克。

调料：盐 5 克，鸡粉 2 克，味精 3 克，色拉油 50 克，猪油 50 克，胡椒粉 3 克。

▲ 酸菜鱼年糕汤

制作：起锅放油，放入生姜丝、酸菜炒香；放入自制酸汤、年糕片，煮至年糕片漂起，调味，起锅装盆；另起一锅，加水烧开，放入鱼片煮熟捞起，盖在年糕上，放上葱花、蒜泥、干辣椒、白芝麻，再淋上热油即可。

7. 家常豆腐煨年糕

主料：煎豆腐 35 克，年糕片 280 克。

辅料：出缸肉 15 克，香菇 15 克，笋 20 克，大蒜叶 20 克。

调料：蚝油 5 克，色拉油 60 克，美味鲜 15 克，老抽 10 克，味精 5 克，糖少许，水 300 克。

▲ 家常豆腐煨年糕

制作：起锅放油，下入出缸肉煸香后放入香菇、笋，炒至香菇变软，下入年糕片、煎豆腐、水、调料，小火煨至年糕回软，汤汁收浓，下入大蒜叶，翻炒几下即可出锅。

8. 罗宋汤年糕

主料：自制番茄酱100克，年糕片200克。

辅料：大虾4只，笋25克，土豆50克，番茄50克，葱花5克，自制高汤600克。

调料：盐3克，味精5克，鸡粉5克，色拉油60克。

制作：起锅放入色拉油、番茄，自制番茄酱炒至番茄起沙；放入辅料及高汤、年糕片煮至年糕回软、漂起，调味，撒入葱花起锅。

▲ 罗宋汤年糕

9. 杭椒牛柳炒年糕

主料：牛肉片100克，年糕片300克。

辅料：洋葱50克，杭椒60克，美人椒10克。

调料：蚝油5克，美味鲜15克，老抽10克，味精5克，油160克，水250克。

制作：起锅烧油，放入牛肉片滑熟倒出；锅内留少许油，放入洋葱、杭椒、美人椒；爆香后放入蚝油、年糕片、水，然后调味炒至年糕回软，汤汁收干即可出锅。

▲ 杭椒牛柳炒年糕

10. 桂花糖炒年糕

主料：年糕片400克。

辅料：桂花10克，水200克，蔓越莓干20克。

调料：红糖50克，猪油60克。

制作：起锅放入猪油、水、年糕片、桂花红糖；煮至年糕回软，汤汁浓稠即可出锅；撒上桂花、蔓越莓干。

▲ 桂花糖炒年糕

11. 苔菜炒年糕

主料：年糕片 400 克。

辅料：苔菜粉 15 克，蔓越莓干 15 克。

调料：白糖少许，油 180 克。

制作：起锅烧热，冷油润锅后留底油，放入年糕片煎至两面结壳、年糕回软；放入苔菜、白糖，翻匀即可出锅，撒上蔓越莓干。

▲ 苔菜炒年糕

12. 原汁目鱼炒年糕

主料：目鱼片 150 克，年糕片 280 克。

辅料：生姜丝 10 克，洋葱 50 克，茭白丝 25 克，大蒜叶 10 克，干贝丝 5 克，葱花少许。

调料：美味鲜 15 克，目鱼原汁 15 克，味精 5 克，胡椒粉 3 克，蚝油 4 克，色拉油 80 克，水 300 克。

▲ 原汁目鱼炒年糕

制作：起锅放入色拉油，放入生姜丝、洋葱、茭白丝爆香；加入目鱼片炒至变色，放入蚝油稍炒一下；加入年糕片，淋入清水后加入调料，炒至年糕回软，汁水浓稠；加入大蒜叶翻炒几下出锅，撒上干贝丝、葱花即可。

13. 梅干菜肉沫炒年糕

主料：梅干菜 30 克，年糕片 300 克。

辅料：肉沫 30 克，香菇 15 克，笋 20 克，大蒜叶 10 克。

调料：美味鲜 15 克，老抽 10 克，白糖少许，味精 5 克，色拉油 60 克，清水 200 克。

制作：起锅烧油，放入肉沫炒香后，放入梅干菜，煸干后下入香菇、笋，稍炒一下；加入年糕片，淋入清水炒至年糕回软，水分收干；放入大蒜叶，炒出干香味，即可出锅。

▲ 梅干菜肉沫炒年糕

14. 泥螺炒年糕

主料：泥螺 200 克，年糕片 300 克。

辅料：生姜丝 5 克，马兰 40 克，茭白 30 克，葱白若干。

调料：蚝油 8 克，盐少许，味精 3 克，白胡椒粉 5 克，色拉油 60 克，清水 300 克。

▲ 泥螺炒年糕

制作：起锅烧水，泥螺稍烫一下，去除黏液；起锅放入色拉油，放入生姜丝、葱白爆香后放入茭白丝、蚝油，稍稍炒制；放入年糕片、调料、清水烧至年糕回软；放入泥螺，汤汁收干下入马兰炒香，放入明油，即可出锅。

15. 宁式鳝丝年糕

主料：鳝丝 100 克，年糕丝 300 克。

辅料：韭菜 70 克，韭黄 80 克，茭白丝 20 克，生姜丝 5 克。

调料：美味鲜 15 克，老抽 15 克，味精 5 克，白胡椒粉 10 克，蚝油 8 克，色拉油 80 克，麻油 40 克，清水 300 克，水淀粉 100 克。

▲ 宁式鳝丝年糕

制作：起锅放入色拉油，放入姜丝爆香后放入鳝丝，炒至变色，放入蚝油、韭黄、茭白，炒香后加入年糕丝、清水，炒至年糕回软，放入美味鲜、老抽、味精、白胡椒粉、韭菜，勾入水淀粉，翻炒均匀出锅；另起一锅放入麻油烧热，淋在年糕上即可。

16. 梭子蟹炒年糕

主料：梭子蟹 300 克，年糕片 200 克。

配料：青菜 80 克，料酒 20 克。

调料：鸡精 10 克，葱、姜、盐少许。

制作：把年糕切成片，泡入水里（这样不会粘）；把梭子蟹洗干净，去腮、胃和肠，

▲ 梭子蟹炒年糕

切成块；青菜洗净备用，把年糕捞出沥水；烧热油锅，放年糕煸炒至软身，盛出备用；用炒年糕余油炒梭子蟹，放入料酒、葱、姜煸炒至蟹变色；把切好的青菜和年糕倒进去翻炒，加少许水稍煮，至汤汁收干，加适量盐和鸡精就可以出锅了。

三、产业传承

慈城镇每年举办一次大型年糕文化节，至今已成功举办 18 届。与此同时，慈城镇借助慈孝文化节宣传年糕，定期举行年糕老工艺传承表演，不断传承年糕制作技艺。在慈城年糕匠人的努力下，慈城年糕品种越来越多，产量越来越高。据了解，以慈城年糕为主的宁波年糕年产量达到 6.5 万吨，在国内的市场占有率达到 50%，在全国的销量稳居第一，在国外的市场占有率达 30%。

2003 年，“慈城年糕宁波市地方标准”获准通过、执行，填补了年糕产品没有国家和地方行业标准的空白。2003 年 10 月 10 日，国家质量监督检验检疫总局批准对慈城年糕实施地理标志保护，保护范围为浙江省宁波市慈城镇现辖行政区域（冯恒大牌、塔牌、慈城牌、义茂牌、如意牌）。

2004 年 6 月，慈城镇被国家列入“年糕原产地保护地”，产品享誉全国，销售各地，受到了港澳台地区及海外侨胞的青睐；2004 年 12 月底，在第二届慈城年糕节上，冯恒

▲ 规模最大的年糕制作活动大世界基尼斯纪录证书

大制作的年糕长 5 米、宽 1.2 米、高 0.3 米，重达 2.3 吨，成功申报“中国之最大年糕”，并创下了上海大世界基尼斯纪录。

2005 年 6 月，国家质量监督检验检疫总局公布慈城年糕《地理标志产品保护规定》；2006 年 11 月、2011 年 4 月，慈城镇先后两次荣获“中国年糕之乡”称号；2007 年，慈城年糕入选宁波市非物质文化遗产名录；2008 年 5 月，“冯恒大”荣获首批“浙江老字号”称号，成为全国年糕生产企业中唯一获此殊荣的老字号。

2008 年 12 月 4 日，商务部颁布由中国商业联合会商业标准中心、宁波义茂食品有限公司、北京年糕杨工贸有限公司、宁波市慈城镇商会年糕同业公会、宁波市慈城塔牌食品有限公司、宁波市产品质量监督检验所等多家单位联合起草的年糕国家行业标准，进一步规范了年糕国家行业标准，填补了中国年糕行业空白，奠定了慈城年糕在全国年糕行业的领军地位。

2009 年 5 月，慈城年糕入选浙江省非物质文化遗产名录；2009 年 10 月 26 日，慈城镇人民政府举办“传承慈孝，喜庆重阳”民俗活动，组织 342 名年糕艺人，将 99 个大木锤砸在热气腾腾的糯米团上，开展一场大规模年糕制作活动，吸引 1000 余名市民驻足点赞，并成功申请了上海大世界吉尼斯纪录，成为全球最大规模的年糕制作活动；2010 年 12 月，慈城镇获评浙江省非物质文化遗产生产性保护基地。

2012 年 9 月 9 日，中央电视台 4 套《走遍中国》栏目拍摄《慈城：以糕为名》专栏节目，介绍宁波江北如意粮油食品有限公司吕国华和李惠珠夫妻制作年糕创业的故事，让全世界人民全面了解慈城年糕的文化底蕴和深刻内涵。

2013 年 2 月 15 日，中央电视台 4 套《走遍中国》栏目来到慈城，拍摄《宁波小吃》专辑，把宁波市江北慈城庄永大年糕厂传承制作年糕的故事传到国内外。

2016 年 5 月 1 日，宁波市检验检疫局根据《地理标志产品保护规定》及

《地理标志产品标准通用要求》（GB/T 17924）规定，发布宁波市地方标准《地理标志产品慈城年糕》。由宁波市慈城镇商会年糕同业公会提出，宁波市慈城镇商会年糕同业公会、宁波江北慈城冯恒大食品有限公司、宁波市慈城塔牌食品有限公司、宁波义茂食品有限公司、宁波江北如意粮油食品有限公司起草。

2017 年 8 月，国家有机产品认证中心对慈城年糕骨干企业——宁波江北慈城冯恒大食品有限公司新研发的“有机水磨年糕”进行了现场审核并获通过。“慈城年糕”荣获国家“有机产品认证”，这标志着“慈城年糕”在传统食品领域争创大品牌的路上又迈出一大步。

2020 年 1 月 19 日，慈城年糕长桌宴在慈城镇水街广场举行，近百种年糕美食向游客们展现慈城水磨年糕的文化底蕴和传统技艺。游客们尽情品尝着软糯香甜的慈城年糕，倍感温馨。

在长桌宴现场，来自慈城 8 家商户的大厨早已备好了锅铲同步上菜。热腾腾、最正宗的慈城水磨年糕令寒冬里的广大游客大饱口福。慈城镇当地有名的塔牌、义茂、绿稻、绿慈等 13 家优质年糕企业呈现了慈城水磨年糕不同的用料、不同的烹饪方法，摆满一桌年糕美食，寓意“团团圆圆、年年高高”。大头菜烤年糕、红糖年糕、咸齑肉丝笋丝年糕汤、白蟹炒年糕、年糕泡饭、酒酿年糕等近 100 款年糕美食不仅令现场游客和市民大饱眼福，还纷纷举筷品鉴。

这不仅是一场年糕盛宴，还是一场传统艺术文化的盛会，茶道、武术、戏曲、舞蹈……味觉和视觉兼得，美食和艺术融合。慈城当地 8 家年糕商在古代天圆地方的场景布置中面朝着巨大的年糕塔两人一组合力完成古法打年糕表演，大木榔头一槌又一槌，打出热腾腾的糕花，敲出喷香的米饭味道，吸引了不少游客共同参与体验。同时，活动现场还有年糕饺制作、年糕商家展销会、艺术生活秀等活动，游客在吃到白、嫩、香、糯年糕的同时能感受传统与现代元素碰撞产生的火花。

2020 年 12 月底，中央电视台 4 套（CCTV-4）“以人文视角聚焦中华美食”文化栏目——《美食中国》走进慈城。这是继 2012 年和 2013 年以后，中央电视台 4 套第三次来到慈城，探寻中华美食奥秘，追寻美食自身延绵已久的“滋味”“趣味”“韵味”。摄制组工作人员紧扣“宁波风味”主题，深入慈城的民居、小巷等处实地拍摄采访，从年糕制作到风土民俗，用镜头向世界展现慈城年糕 3000 余年深厚的文化底蕴，又贴切地融入了即将到来的新春氛围。慈城年糕文化流传千年，特别是放着年糕的祭祀桌上弥漫着吃团圆饭时的年味，这是深入骨髓代表儿时藏于心间、溢于嘴边的“年味”，也是慈城人最熟悉的年味。善于创新的慈城人，还赋予了年糕形状各异的多种造型，把年糕捏成“五福”“元宝”“如意”等各种形状，寄寓人们新年“吉祥如意”“大吉大利”“财源广进”等。还有的做成“玉兔”“白鹅”“锦鲤”等动物，构成真正意义上的内容与形式的完美结合。花色年糕造型灵动、寓意丰富，在春节期间放置家中摆设，增添喜庆祥和的氛围。

▲ 捏成“元宝”和“锦鲤”形状的慈城花色年糕

《美食中国》节目组走进慈城，重点拍摄打年糕时年味在热气腾腾的厨房里飘散着，也在锅里香甜软糯的烤菜年糕里扩散着，吃上一口糯糯的年糕，就能黏系世界。《美食中国》节目于 2021 年 1 月 11 日（农历大年初一）晚上黄金时间向全球播出，正当全球人民关注中国、与全球华人一起欢度中国传统节日——春节的喜庆日子，中央电视台 4 套专题报道慈城年糕，再次让慈城年糕走向世界，闻名全球，树立民间文化的新典范。

2021 年 11 月 10 日下午，宁波江北慈城年糕产业联合工会成立大会暨第一次会员代表大会在慈城成人学校顺利召开。大会选举徐国钧、庄亚波、胡雍等7人为江北慈城年糕产业联合工会第一届委员会委员，选举江北区劳动模范、慈城镇农村发展局党支部书记、慈城年糕协会会长徐国钧为江北慈城年糕产业联合工会第一届委员会主席，成为全国首个年糕联合会主席。江北慈城年糕产业联合工会的成立标志着177名年糕企业职工有了个“新娘家”。

四、重点年糕企业

（一）宁波江北慈城冯恒大食品有限公司

宁波有句老话：“汤团要吃缸鸭狗，年糕要吃冯恒大。”近年来，一批批到慈城寻根造访的乡贤总是提起：“冯恒大的年糕还做不做呀？来几块。”

年糕是时令食品，一般要到冬至前后至春节才能吃到，很多乡贤只能抱憾而归。冯恒大的创始人是冯阿定先生，因大股东姓冯，所以在恒大前头冠以冯字。

冯恒大始创于清朝同治元年（1862年），堪称古镇工商界之首。在民国时期，最早的经理是慈溪巨商、慈溪县商会会长胡开泰先生，号平气，其任下横街冯恒大号经理数十年之久，在20世纪20年代后期去上海经商，后由冯震生任董事，冯久潮任监会，孙鼎初任经理，老板是陈鸿年。对于老宁波人而言，冯恒大是永久的记忆。冯恒大坐落于慈城镇下横街西闸桥以西，有162年的历史，独有的石库门建筑仍矗立于原址，坐北朝南，气势不凡。漆黑擘窠

▲ 百年老店冯恒大大门口

的“官酱园”三个大字与墙齐高，字是浙东书法家梅调亭的手书，足足占据60平方米，乌黑挺拔，令人过目难忘。门前抱对铭刻着书法家钱罕先生书写的经商之道：恒其德，大有年。一个千年望族——冯氏，从慈城的这片粉墙黛瓦、重檐马头墙中穿越而来，诉说着一个老字号的辉煌历史。

冯恒大的百年招牌是冯姓人创办的“恒”字头商号，与另一大名鼎鼎的宁波老字号“冯存仁”颇有几分渊源。慈城的商业始于国药业。清康熙年间，生于慈城五马桥的巨贾冯映斋，在宁波创办了“冯存仁”药房。

冯恒大是一家工商兼之的造坊，前面是店，后面是工场，全盛典时期有七石缸500只、酒坛7000只，且有一座河埠头（小码头）、3只运输木船，其规模在旧时就比较大，资金有5万元。

创建初期，冯恒大主要生产经营黄酒、白酒、豆板酱油、红腐乳、白腐乳、香干等。其中，冯恒大香干、金龙牌秋油、竹叶青黄酒最负盛名。冯恒大香干在20世纪五六十年代不仅“香及”上海多家南货店，还令慈城籍海外侨胞和国内乡亲都对它念念不忘。

冯恒大非常讲究原料的选配、工艺的严谨。做酱时，一般需要将上好的“曹娥青”（黄豆）烧好后，加上蚕豆再烧。经过盐水浸泡、太阳暴晒200天，秋后就可以出酱油成品了，也因此被称作“秋油”。通过酱园门前的河，冯恒大酱油经慈江、姚江销往慈溪、余姚、宁波城区等地区，声名远扬。

除了酱油，冯恒大还经营香干、酒、醋。如今，慈城一些上了年纪的人，依然对当年冯恒大生产、出售的黄酒、白酒、米醋、香干、酱油记忆犹新，津津乐道。

冯恒大香干之所以盛名久远，是因为它选料精、做工细，用上好的黄豆做成老豆腐，切成厚薄异常均匀的扁方块，一块一块用纱布包好，加入茴香、桂皮、麻油、上等酱油，放进大镬里烤。烤时香气扑鼻，吃时香留齿颊，裹大饼、过泡饭、配着菜，无所不宜。冯恒大老板没有学过品牌理论，却有天才般的经商头脑，深知质量特别是品牌的重要性，百年如一日，坚持不偷工、不减料，在加工香干时都印上“恒大”二字，表示负责，也防假冒，更是广告，因此，冯恒大声名远扬，生意越做越红火。

清同治年间，冯家第四代孙冯云濠将“冯存仁”发扬壮大，并成为家族最有影响力的商人。自此之后，冯家子弟从慈城走向全国各地。冯（家）的老板基本在上海做药业、钱庄业生意，留点资金在老家慈城（兴办实业），雇用代理人“阿大”（经理）来管理经营酱园。他们经商开店，其中以一批“恒”字号商号较为有名，如北京和上海的四恒钱铺：恒兴、恒利、恒和、恒源。冯恒大则是冯氏后裔在老家慈城开设的唯一经营至今的“恒”字老号。

社会的动荡一度让这个老字号元气大伤。冯恒大最后一任“阿大”名叫孙鼎初，1949 年新中国成立初期，“官酱园”在他手里只剩下两缸半酱油了。为了维持经营，他又拎了香干到上海老板那里募集资金，但最终无功而返。随后，冯恒大公私合营，改称“慈城冯恒大食品厂”，开始生产食品。

1953 年，慈城划归余姚县，冯恒大易名为“余姚德生油脂厂”。1959 年，慈城划归宁波市江北区，冯恒大更名为“地方国营冯恒大食品厂”。1964 年，宁波市轻工业局下派工作组到“冯恒大食品厂”。

据浙江省省级非遗传承人 85 岁的冯恒大老工人谢大本介绍，冯恒大在“官酱园”时期，一般雇用 30~40 位技工，师傅都来自上虞地区，一家三代都在冯恒大做活。公私合营后，这里开始用机器生产食品，工人也增加到 140 人之多。宁波人经常吃的马头饼，就产自冯恒大。1975 年，冯恒大改名为“地方国营慈城酿造厂”。1980 年，冯恒大改名为“地方国营慈湖酒厂”。随后，冯恒大又先后划给宁波糖果饼干厂和宁波马牌食品公司等。

“新中国成立后，冯恒大的经营方式虽然一直在变，但是地址一直与冯恒大‘官酱园’相关联，使这块老品牌得到传承和发展。”宁波市商务局消费促进处处长尹秋平说，“冯恒大发展至今，依托与慈城水磨年糕的有机融合，继续进行品牌传承和发展老字号，并注重创新，冯恒大这块金字招牌，也给慈城年糕的品质镀了金。”

据谢大本回忆，冯恒大的现址当年为北厂，主要为营业、库房之用，对面为南厂，主要作为晒制、酿作、生产的场地。南北厂间以河相隔，为方便原料和成品运输，冯恒大还建有自用河埠码头，这一点从冯恒大版画中可以看出，它是当时城内最大的酱品和年糕生产作坊。外有冯氏家族的招牌揽客，内有制作精良的各色商品，冯恒大逐渐发展成当地响当当的字号。旧时的慈城曾流传着这样的说法：只要是在县衙门当差的，或是打着“冯恒大”灯笼的，就可免被抓壮丁充军。可见当时的冯恒大知名度之高。

相传慈城籍一位陈姓人士，按做豆腐的方法尝试着制作年糕，使年糕口感细腻滑爽，遂成一方工艺，得以传承至今。据当时冯恒大负责人谢大本介绍，冯恒大从 1987 年开始生产年糕，搡揉制成的年糕晶莹剔透，润滑如肤，口感也好。从此，慈城水磨年糕更有名气了。

2001 年，当得知倒闭后的马牌公司要整体出让时，文化人纪平立马就想到了马牌背后的这块老字号“冯恒大”金字招牌。2002 年 6 月，企业改制，纪平正式接手拥有百年历史的冯恒大官酱园，正式成立宁波江北慈城冯恒大食品有限公司，“冯恒大”商标成功注册，主打“慈城水磨年糕”。“我一直对慈城深厚的文化底蕴感兴趣。我想，如果能把文化和产业融合起来做，很有可能救活这个祖先留存的老牌名号。”纪平感慨地说道。

▲ 浙江省非物质文化遗产生产性保护基地

宁波江北慈城冯恒大食品有限公司新建之初，董事长纪平坚持弘扬精益求精、执着专一、不懈奋斗的工匠精神，全心打造慈城年糕品牌文化。他主要做了两件事：一是扎实推进慈城年糕规模化生产，先后完成了慈城年糕成功申报“国家原产地标记保护”和申报浙江省非遗传护项目等相关工作；二是坚持在传承中探索创新，在继承水磨年糕的基础上，先后成功开发大头菜年糕、苔菜年糕、桂花糖年糕、油炸小年糕等 10 多种花色年糕，这成为全国首创的休闲年糕产品。这让“冯恒大”的牌子又一次唤起老宁波人的美好回忆，一时间，各地的订单纷至沓来。

百年老店冯恒大经数代人的发扬光大，又有了新的发展。冯恒大现任传承人纪平，跟随谢大本学习慈城年糕全套制作技艺，他边学边干，在熟悉并且掌握传统年糕制作工艺的基础上，创新和改进工艺，使年糕制作工艺不断跃上新的台阶。

冯恒大生产的年糕享誉江南，至今仍保存着一整套的传统制作流程、设施和工艺配方资料。店内设有非遗陈列体验室，建立了文字档案，继续发扬老字号传统。

为了抢救性保护和传承非物质文化遗产，冯恒大先后投入 100 多万元，建成慈城年糕历史陈列馆，常年对外免费开放。冯恒大的慈城年糕历史陈列馆设在慈城下横街，即民生路 114 号，分为几个展馆。作为年糕文化的传承点，在这里不仅可以观看年糕的历史发展脉络，而且可以亲身感受慈城年糕传统手工制作技艺。慈城年糕历史陈列馆完整地展示了年糕从种植到制作的各个环节，以及各种烹饪方法。

陈列区摆放了宁波地区过去制作年糕的工具，有印糕板、石臼、石磨等，年糕印板上刻有“五福”“六宝”，有的甚至直接刻成玉兔、白鹅等吉祥动物形象，深受市民喜爱和好评。

为传承慈城年糕文化，一方面，冯恒大将拥有慈城传统手工制作年糕技艺的工厂老师傅谢大本申报为省级非遗传承人，通过带徒弟的方式，确保这项技艺后继有人；另一方面，利用自身百年的文化积累和传承优势，收集整理明清时期的印糕板，旧时做年糕用的石磨、石捣臼、舂头等工具，以及相关影像和文献资料，加以抢救性保护并传承，于 2007 年建成古镇年糕历史陈列馆，通过免费对外开放传播年糕文化。

2008 年，宁波江北慈城冯恒大食品有限公司对陈列馆进行了扩建，并更名为“冯恒大非遗陈列馆”，将年糕制作流程也作为内容之一进行实景展示，极大地丰富了慈城年糕文化的展示和传播形态。

如今，每年来冯恒大参观、体验的游客超过 2 万人次。集非遗传承技艺、传承人、传承基地于一体的冯恒大已成为慈城年糕文化的一张亮丽名片。

作为“慈城水磨年糕制作技艺”的传承基地，冯恒大比较完整地保留了宝贵的秘传制造工艺，积聚了丰厚浓郁的文化底蕴和非遗手工技艺。其制作的年糕因色白如玉、晶莹剔透、香糯滑爽而誉满全球，在东南亚的华人集居地也拥有极佳的口碑。

近年来，冯恒大“慈城水磨年糕手工制作技艺”作为慈城年糕的代言人，先后多次到国内各地进行非遗活态传播，参加“中国・慈城年糕文化节”“非常庙会”等由宁波市、江北区、慈城镇组织的各种较有影响的传统文化活动和非遗展示活动，大力宣传年糕文化和展示年糕技艺，并开展专题活动，借助各种文化活动平台，不断提升慈城年糕和百年字号的文化影响力。

为了让冯恒大年糕从传统的“马大嫂”式餐桌食品转变成全国甚至是国际流行的休闲食品，自 2006 年起，冯恒大开始研发年糕保鲜技术。“目前市场在售的年糕，大多需要真空杀菌。产品在口感及各种类研发上都有局限性，中国传统工艺的优势无法得到充分体现。”由于日本的食品保鲜技术领先于世界水平，冯恒大通过国内专家介绍，与拥有先进经验的日本花甲协会取得联系，并邀请专家前来进行技术指导，组织日本专家与宁波高校科研力量联合研发。

近几年，纪平每年都要请宁波大专院校和日本专家对年糕品质及其附加值的提升进行科技立项。目前，年糕保鲜技术已取得突破性进展，有望达到年糕口感的传统回归，有利于年糕产品的延伸拓展。

据纪平介绍，随着年糕保鲜技术的突破，冯恒大久负盛名的香干以及汤团、糕团等宁波传统食品也将走上“复兴之路”。

2003 年 10 月 10 日，国家质量监督检验检疫总局批准对慈城年糕实施地理标志保护，保护范围为浙江省宁波市慈城镇现辖行政区域（塔牌、慈城牌、义茂牌、冯恒大牌、如意牌）；“冯恒大”年糕荣获 2003 浙江省农业博览会优质奖。

2007 年，由冯恒大领衔的慈城年糕入选宁波市非物质文化遗产名录；2008 年 5 月，“冯恒大”荣获首批“浙江老字号”称号，成为全国年糕生产企业中唯一获此殊荣的老字号。

2012 年 9 月，宁波江北慈城冯恒大食品有限公司被中国中华老字号精品博览会组委会授予“最受消费者喜爱的老字号产品奖”荣誉称号；2014 年，荣获宁波市非遗“三位一体”保护示范项目和宁波市“三位一体”非遗传承基地。

2015 年 6 月，宁波市人民政府授予慈城水磨年糕手工制作技艺为宁波市非物质文化遗产；2015 年 11 月，“冯恒大”牌水磨年糕荣获 2015 浙江农业博览会优质奖；2016 年 11 月，“冯恒大”牌水磨年糕荣获 2016 浙江农业博览会优质奖。

2018 年 11 月，冯恒大年糕入选“2018 年浙江农业博览会网上农博会——浙里农博”；2018 年 11 月，冯恒大有机水磨年糕在 2018 年浙江农业博览会优质产品评选中荣获优质奖；冯恒大成功申报了慈城年糕“国家原产地标记保护”。这一系列成果的取得，是冯恒大对慈城年糕文化不懈挖掘和发扬的结果。

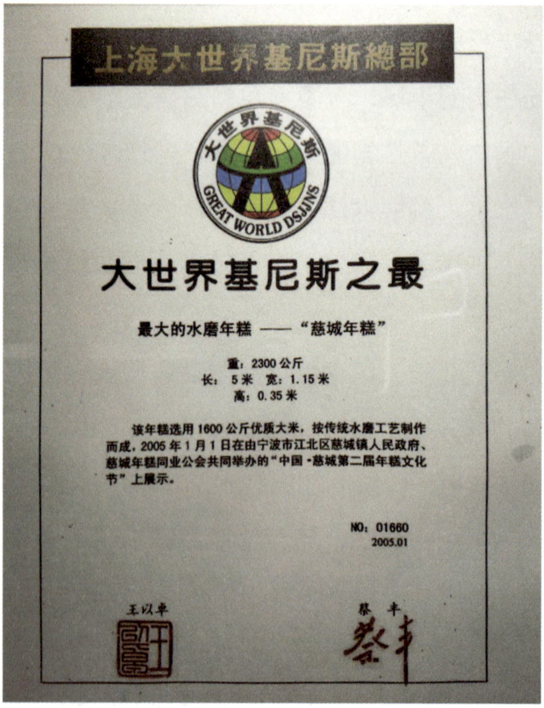

▲ 上海大世界基尼斯纪录中国之最大的水磨年糕证书

冯恒大年糕的生产过程及发展历史，特别是年糕制作技艺先后多次被浙江卫视、宁波电视台、《宁波日报》等权威媒体专题报道，因此，每年的销售趋势都比较好，特别是在年末，往往供不应求。

近年来，冯恒大弘扬工匠精神，在传承传统文化的基础上，不断创新年糕产品，开创民俗文化与产业发展共促共荣、双赢的新局面，在年糕文化的守望与传承之路上实现其更强、更大的品牌梦想。

（二）宁波义茂食品有限公司

宁波义茂食品有限公司位于浙江省历史名镇、宁波年糕主产地——慈城镇妙山村，成立于 2000 年 10 月，是一家专业生产年糕及其他粮食制品的农业深加工龙头企业，其产品注册商标为“义茂”“醉好”等多个品牌。

“义茂”源于解放前义茂食品公司负责人邵萍爷爷在上海开办的宁波特产商行——义茂商行，以经营宁波咸货为主。“义茂”即义气茂盛，意思是（人）讲义气信用，（生意）才可能做得通达。当年邵萍爷爷在上海创业时始终坚持诚信经营，不忘以诚待客之初心。

邵萍说：“小时候，我经常听爷爷说起他当年在上海做生意的事，阿拉宁波人移民上海的第一次高峰，是在 20 世纪 30 年代，这让上海人口激增不少，宁波人约占上海总人口的 1/6，第二次高峰是在解放前，上升到 1/5。近代上海的银行、证券交易所、绸布店、火柴厂、染织厂、化学制品厂、印刷厂、国药店、灯泡厂、钟表店等 10 多个行业都是宁波人第一个创办起来的。还有上海南京路的培罗蒙西服店、亨得利钟表店、三阳南货店、乐源昌铜锡五金店、中华皮鞋店、蔡同德国药号、泰康食品商店、协大祥绸布店等 10 多家著名老字号，都是当年阿拉宁波人率先开起来的。爷爷就是解放前在上海开办了宁波特产商行——义茂商行，主要经营宁波咸货，我后来创办年糕公司把义茂作为名称，就是为了更好地传承爷爷的创业精神。”

“爷爷告诉我，从那时起，上海路名就与宁波有很深的渊源。淮海东路，过去位于法租界内，叫‘宁波路’。除了宁海西路、宁海东路、慈溪路、余姚路等，还有两条大名鼎鼎的马路，是用阿拉宁波人的名字来命名：虞洽卿路（现在的西藏中路）和朱葆三路（现在的溪口路，金陵东路和延安路之间的小路）；虞洽卿是阿拉宁波人的骄傲，自 20 世纪 20 年代起，虞洽卿长期担任上海总商会会长，在当时的华人眼中，是十分难得的。”邵萍回忆道。

邵萍说：“我太爷爷当年是从外地来到宁波江东区发展，当时太爷爷生意做得相当好，受太爷爷影响，爷爷在年轻时就到上海做宁波特产生意。上海人特别喜爱宁波咸货等土特产，爷爷一直秉承这个宗旨在诚实地做生意，这就是爷爷的初心。我是从 2000 年准备开始做年糕，因为年糕是宁波的一大特色，当初只在冬天很短的一季才有供，而且宁波以外根本看不到宁波年糕，所以就想到爷爷当初对宁波特产对外推销的心愿，就想把爷爷辈的品牌传承下去。”

▲ 义茂水磨年糕

义茂年糕始终把顾客利益放在首位，坚持“以人为本”的经营理念，严格按 HACCP 原理控制卫生质量关，并全额投保食品质量安全险，不仅具有其他品牌年糕的优点，更在保质期及花色品种开发上遥遥领先。企业先后通过了 ISO 9001 质量管理体系认证、ISO 13000 环境管理体系认证和 HACCP 食品安全管理认证，2002 年被科学技术部列入国家级“星火计划”，2008 年主导起草了我国年糕国家行业标准，市场占有率达到同行前 3 名的良好业绩。

宁波义茂食品有限公司主打产品取本地优质粳米为原料，汲取民间水磨年糕制作之精华，采用现代化加工设备，配合科学的工艺流程，在延长年糕保质期的同时保留了年糕的柔滑口感，多年来凭借稳定的质量和精美的包装一直在消费市场占稳固地位。经过 20 多年的不断摸索，宁波义茂食品有限公司已在全国各主要城市拥有多个特约经销商。

在宁波义茂食品有限公司创业初期，邵萍面对的是一片广阔却陌生的市场，迎面而来的第一个难题，就是长途运输带来的成本压力。对此，宁波义茂食品有限公司不断改进工艺，缩短年糕进入真空包装前的加工时间，以此提升物流配送的效率，延长年糕在外地商超货架上的摆放时间。

邵萍在慈城建造了年糕加工厂，设立净化车间，安装中央空调，做好温度控制和污染控制，并尽可能地缩短生产周期，以 8 小时为底线，夏季则缩短到 4 小时，最大限度保证年糕保质期不打折。工艺的改进、设备的升级转化为成本，宁波义茂食品有限公司生产的年糕普遍价格较高，包装年糕比市场上常规的品牌贵一倍以上。但“安全、卫生”始终是义茂年糕坚守的发展宗旨。

近年来，义茂年糕始终以稳扎稳打、推陈出新和因地制宜为发展目标，做出原汁原味的宁波年糕，极大地满足了全国、欧美地区乃至全世界消费者的口味。2001 年 6 月中旬，40 吨义茂年糕远销法国，500 箱义茂年糕销往毛里求斯。截至 2023 年底，义茂年糕年销售额的 90% 来自宁波以外的城市，甚至有 25% 来自海外。义茂年糕成为宁波第一家成功打入美国市场的年糕企业，并为美国、法国、意大利等国消费者量身定做了以进口材料制作、口感略硬的年糕，深受广大外国顾客的好评。

从 2003 年开始，邵萍抓住消费者心理，特别是勇于探索市场需求变化，从包装形式和口味上大胆创新，先后设计血糯米年糕、南瓜年糕、芹菜年糕、绿茶年糕等 10 多种花式年糕，同时在各大商场播放介绍宁波年糕不同做法的宣传短片，与水煮年糕的现场演示相配合，大幅提高了广大消费者的认可度。

2007 年 6 月 10 日，邵萍连夜踏上去广州的火车，她不顾生命危险深夜在市场附近守候，一直跟踪查到制造假冒义茂年糕窝点。随后她联合白云区工商分局一举查获位于佛山市一家制假工厂及大量未使用的包装袋和准备销售的假冒义茂年糕。该制假工厂从 2005 年 1 月起就开始印刷商标，大量生产假冒义茂年糕，截至查获已销售价值100多万元的包装年糕，成为宁波市第一例农产品假冒案件。

2009年11月中旬，为了做好慈城年糕申报国家非物质文化遗产名录工作，《慈城水磨年糕手工制作技艺》专题片导演组赶赴慈城。令笔者记忆深刻的是，宁波义茂食品有限公司经理余军当晚接到江北区非物质文化遗产保护中心负责人电话后，主动派人派车，连夜带领职工搬器具、找场地、联系老手工艺人，连续两天陪同摄制组加班到深夜，在余军的大力帮助下，仅用两天半时间就圆满完成了《慈城水磨年糕手工制作技艺》专题片的拍摄任务。这位当年在海军航空兵驻义乌某飞行团的海军战士，仍然保持着军人雷厉风行的优良作风，赢得了浙江省非物质文化遗产保护中心有关领导和导演组成员的高度赞扬。

2011年，宁波义茂食品有限公司年糕生产车间建成无菌车间，蒸米、磨粉、蒸粉、轧糕、成形等都由机械控制操作，全自动流水线确保了年糕生产过程的卫生。通过工艺控制，既保持了年糕的水磨传统，又将保质期延长至10个月。

经过20多年的市场实践、摸索、创新，宁波义茂食品有限公司生产的“义茂”“醉好”年糕系列产品在生产、销售、质量等方面积累了丰富的经验。为了产业化发展，企业不断创新，建立“公司＋基地＋农户”模式的年糕专用稻米种植基地，不断推出消费者喜欢的优质、健康、安全、卫生的年糕新品。近些年，宁波义茂食品有限公司致力于开发方便、快捷的料理系列年糕产品，第一批产品于2020年9月正式面市。

义茂年糕的掌门人邵萍付出了20多年的光阴，让宁波义茂食品有限公司从无人问津的新面孔成长为渗透全国所有省会和副省级城市、年销售额超过2000万元的年糕标杆企业。

早从2001年起，义茂年糕就打入了全国35个城市2万家超市，截至2024年10月，宁波义茂食品有限公司已在全国50多个城市设立总经销，年糕产品进入全国数万家超市。最近，该公司从韩国引进了全国首条先进的自动化年糕加工生产线，年糕生产更加现代化。

2020 年 9 月 24—25 日，宁波义茂食品有限公司作为宁波市米制品送样的两项江北农产品代表之一，和三雪汤圆等浙江省 30 多个特色产品一起在嵊州市参加 2020 浙江 · 长江下游水稻新品种大会暨庆丰收活动中亮相。宁波义茂食品有限公司主打产品“义茂”“醉好”牌年糕销售网络已覆盖国内各大中城市近 3 万家超市。

▲“义茂”“醉好”牌年糕荣获国家地理标志产品保护

近年来，宁波义茂食品有限公司及其“义茂”“醉好”牌年糕分别获得新锐创意奖、畅销人气奖、宁波名牌产品、宁波市首届伴手礼推选活动推荐产品、十佳小食品品牌、宁波市知名商标、宁波市农业龙头企业、宁波市商贸系统先进企业、浙江省国际农业博览会金奖、中国（宁波）食品博览会优质农产品奖、长三角地区名优食品、中国食品博览会“百姓最喜爱的宁波食品品牌”、中国食品博览会金奖、中国原产地保护产品、国家地理标志产品保护等各级各类荣誉称号数十个，总经理邵萍获得“宁波市商贸系统先进工作者”荣誉称号。《宁波日报》等多家主流媒体多次专题报道义茂年糕。

20 多年来，宁波义茂食品有限公司在水磨年糕生产方面积累了丰富的经验，以实现传统食品的简便化、高级化和世界化为宗旨，将淀粉的活化特性用于年糕制造的快速复原技术是该公司拥有的核心技术，运用这项技术可向全球顾客提供健康、方便的食品。宁波义茂食品有限公司将以世界 500 强的年糕制造企业为目标，以优质的食品和健康的生活为广大顾客创造更加美好的未来。

（三）宁波市慈城塔牌食品有限公司

宁波市慈城塔牌食品有限公司成立于2002年12月，专业生产慈城“塔牌”水磨年糕，位于浙江宁波历史文化古县城慈城妙山村，厂区依山傍水、交通方便，61省道通余线及新建的杭州湾大通道从厂前经过。

▲ 塔牌水磨年糕

宁波市农业龙头企业——宁波市慈城塔牌食品有限公司（原宁波市慈城食品厂）占地面积为5000多平方米，厂房有3000多平方米，有两条年糕生产线。企业以千年古县城“慈城”及独有千年古塔“塔”为注册商标，“塔牌”是取之坐落于江北区慈城镇国庆村彭山自然村南隅的彭山塔。传说明嘉靖年间（1522—1566年），慈城籍工部尚书赵文华，为了提升慈城的文化氛围，提议慈溪县令霍与瑕造建彭山塔，塔造好后，慈城“文气”明显好转，人才辈出，官也越做越大，仅明朝就有两位官至宰相，因此，彭山塔被称为“文笔峰”。彭山塔是慈城镇古老文化历史的标志性建筑。该塔于1961年5月被宁波市公布为市级文保单位，2017年1月被浙江省人民政府公布为第七批省级文物保护单位。

宁波市慈城塔牌食品有限公司的前身是妙山良种场下面的一个加工厂，随着改革开放政策的不断深入，加工厂进行了国有企业改制。1982年，机械化年糕机刚刚兴起，妙山良种场生产的“塔牌”年糕远近闻名，是最早打入香港市场的。40多年来，“塔牌”年糕销量越来越大。

1978年，刚刚参加工作的胡金芳就来到了这个年糕厂工作，在他的记忆中，那时“塔牌”年糕闻名天下，特别是全国各地的慈城人都时常想念家乡那软糯的年糕。与许多年糕厂季节性生产年糕不同，因为订单量大，“塔牌”

从办厂至今一直全年生产年糕。特别是在 20 世纪 90 年代，年糕生产和销售最红火的那 10 年间，在过年送礼、企业发福利时，大多数人会选择“塔牌”年糕。

胡金芳从 1995 年开始全面承包“塔牌”年糕生产，到 2002 年企业正式转制，与香港客户谈合作，给硬件设备升级，引入生产线和冷库。

为确保原料质量，宁波市慈城塔牌食品有限公司在慈城镇建立 3000 亩的水稻种植基地，年生产能力达 6000 吨，其以优质粳米为原料，辅以山清水秀的自然资源，采用精湛的传统工艺，生产慈城“塔牌”水磨年糕，且以年糕“玉色透明，韧而光滑，久煮不糊，炒而不粘”等特点享誉海内外，同时开发生产多种系列年糕产品，不仅独占香港市场，而且远销欧美、加拿大、澳大利亚、东南亚等世界各地，年出口量在 1200 吨左右。

自 1982 年起，“塔牌”年糕已连续出口香港 42 年。出口的年糕采用慈城地区传统水磨工艺，经自然摊晾、风干后装桶，以冬季水温较低的清水浸泡贮藏，最大限度地保留了年糕的传统风味，多年来一直深受香港消费者欢迎。

面对目前年糕市场逐年萎缩、同行之间竞争加剧的严峻形势，胡金芳从来没有产生过退出年糕行业的念头，作为第一家使用自研机器制作年糕的企业，他对“塔牌”年糕充满了信心：“慈城有悠久的年糕文化，塔牌年糕的质量是一流的！”在年糕文化节、招商引资洽谈会等现场，都能看见在年糕行业摸爬滚打 46 年的胡金芳。搜狐网、《中国国门时报》等主流媒体先后专题报道了“塔牌”年糕。

宁波市慈城塔牌食品有限公司及“塔牌”年糕先后获得中国原产地保护产品、浙江省优质农产品金奖、中国浙江国际农业博览会优质农产品金奖、99 中国国际农博会名牌产品、宁波市名牌产品、宁波市旅游推荐商品、宁波市农业龙头企业等多项荣誉。

2019 年 7 月 17 日，“宁波城市主题日”开幕式亮相以“绿色生活　美丽家园”为主题的北京世园会，宁波市慈城塔牌食品有限公司的“塔牌”年糕代表宁波老字号惊艳亮相，得到了全球游客和 110 个国家及国际组织参展商的啧啧称赞，充分展现了开放、融合、美丽、文明的宁波城市形象和宁波文化的迷人魅力。

（四）宁波江北如意粮油食品有限公司

宁波江北如意粮油食品有限公司是以“如意”为商标的专业生产年糕的农业深加工企业，前身是新中国成立后 1950 年初成立的宁波市粮食局下属企业宁波市慈城米厂，其中有一个车间专门制作慈城年糕，大多是老艺人纯手工制作，是宁波规模化生产最早的年糕企业。当时慈城粮管所年糕比较出名，市民每天都要排队购买，有时买不到的，还要托熟人才能买；1990 年公司荣获浙江省骏马奖；1992 年公司注册了“如意”商标。

出生在慈城的吕国华于 1978 年进入宁波市慈城米厂工作。1993 年，宁波市慈城粮管所与宁波市慈城米厂合并成立慈城粮油公司，吕国华担任慈城粮油公司分公司经理。后来国有企业转制，吕国华担任粮油食品厂厂长。吕国华热爱做年糕，他就买下了一个厂房继续从事这项工作，于 2001 年 8 月创立了宁波江北如意粮油食品有限公司，位于宁波江北区私营工业城（太平桥南首）。随着企业的跨越式发展，在慈城镇领导和年糕协会的关心下，2019 年 9 月，宁波江北如意粮油食品有限公司迁入宁波江北区慈城年糕产业园普济路 3 号（2）幢。目前，该公司厂房面积有 3000 多平方米，年生产年糕 2000 多吨。

说起年糕，吕国华有一位十分重要的合作伙伴，就是他的夫人——李惠珠。李惠珠也是土生土长的慈城人，最初在一家副食品商店工作，后来到慈城走马楼饭庄担任库房管理员，工作干净利落，脾性中有南方女子特有的温润。

“2001 年，我们两个人一下子都要失业了，那怎么办呀？商量来商量去，咬咬牙自己干吧！可是干什么呢？想想还是做年糕保险一点：一是熟门熟路；二是宁波地区的人都爱吃年糕，有这个市场；三是传承慈城老底子年糕制作技艺。年糕厂一开始就要投资五六十万元，都是亲戚朋友帮忙才凑足，政府各方面也比较照顾，就这样我们一直做到今天。”李惠珠说。

和慈城当地的其他年糕厂一样，宁波江北如意粮油食品有限公司按传统习俗，在每年的八月初八都要拜菩萨，祈求生产平安、生意兴隆。年糕厂拜菩萨，自然少不了年糕，讲究一点的还要请师傅用年糕做成元宝、如意等吉祥品供菩萨。选择八月初八这一天，一是生意人讨口彩；二是从阴历八月开始，年糕厂才算真正进入生产旺季，经过一个夏天的闲散，工人们这就该热火朝天地做起年糕来了！

李惠珠说：“我们家兄弟姐妹五个，就靠老爸一个人的工资养活，吃年糕是很难得、很高兴的事情。我们小时候吃的年糕都是老爸背着米拿到乡下去做的，后来我大姐嫁到了农村，我跟我弟弟两个人一放寒假就跑到大姐家去，最高兴的就是看人家做年糕。看到大人搡年糕，也想试一试，可根本拿不起来。那就凑上去印年糕，左印一下，右印一下，开心得不得了。”

1975 年，慈城地区开始出现做年糕的机器。李惠珠十分清楚地记得第一次看到年糕机器时的情景。当时一位要好的同学带她偷偷溜进妙山农场玩，意外看到白花花的年糕从一台硕大的机器中“哗哗哗”流淌出来，两人情不自禁地欢呼：“真好啊，真好啊！”当时只有十几岁的李惠珠自然不会想到，25 年后，自己竟会成为慈城著名年糕厂的老板娘。

经过 7 年的打拼，2008 年，如意年糕厂已经颇具规模；爱吃年糕的慈城人也已习惯了购买各种真空包装产品，传统的家庭手工年糕变得日益遥远。如今他们厂里的机器与当年那台令她耳目一新的机器，无论结构形态，还是生产效率，都已不可同日而语。如意牌年糕已成为宁波年糕四大品牌之一。

▲ 作家周永卫（左）向宁波江北如意粮油食品有限公司总经理吕国华（右）赠送专著《匠心印记》

近年来，随着如意年糕品牌影响力的持续扩大和社会知名度的不断提升，找如意年糕战略合作的人越来越多。一次，宁波一家大型超市的销售经理找到吕国华，想从公司进一批便宜些的年糕，以低价吸引市民，但被吕国华谢绝，他说：“现在超市和菜场上销售的低价年糕大多数是用碎米，甚至是发霉变质的米制作的。我们一直把产品品质和公司信誉看得很重，慈城年糕的品牌不能砸，违反行业道德的事不能做，昧良心的钱一分都不能赚。”

▲ 如意年糕

20多年以来，吕国华始终以人民群众身体健康为中心，坚持“以人为本，质量第一，顾客至上”的经营理念，传承非物质文化遗产，不断开拓创新，一手抓产品质量，一手抓品牌建设，把好从原料进厂到成品出厂的每一个工艺环节的质量关、卫生关，不合格产品坚决不出厂。如今，如意年糕以选料讲究、精工制作、口味独特而深受广大客户赞誉，产品知名度持续提升，企业实现科学发展。

宁波江北如意粮油食品有限公司自成立以来，在每次各级有关部门组织的质量检验、抽验、定期监督检查中均为合格产品，从未发生过产品质量事故。宁波江北如意粮油食品有限公司以优质的产品、优惠的价格、优良的服务，与新老客户真诚合作，共同发展，共享和谐，赢得了广大消费者的普遍赞誉。2012 年 9 月 9 日，中央电视台 4 套《走遍中国》栏目《慈城：以糕为名》专栏中，专题介绍了吕国华和李惠珠夫妻做年糕、创办年糕公司的精彩故事，让全世界人民全面了解慈城的年糕文化和慈孝文化。

宁波江北如意粮油食品有限公司从新中国成立创始至今 70 余年来，在吕国华夫妻的带领下，坚持精益求精、坚定执着的工匠精神，用心、用情、用功做好年糕，在广大顾客中树立了较好的口碑，赢得了社会各界的高度评价。

宁波江北如意粮油食品有限公司及其产品在 2003 年被国家质量监督检验检疫总局授予“中国原产地标记保护产品”称号，2004 年被宁波市慈城金源旅游开发有限公司指定为旅游产品，2004 年荣获“浙江省农博会优质奖”，2005 年荣获“宁波市知名商标”称号，2006 年被宁波市消费者协会认定为“宁波市消费者协会推荐商品”，2008 年荣获“宁波市诚信企业”称号，2009 年荣获“浙江省诚信企业”称号。

（五）宁波市江北慈城庄永大年糕厂

宁波市江北慈城庄永大年糕厂位于浙江省宁波市江北区慈城日新街 88 号。新的庄永大年糕厂经过 17 年的发展，不断壮大，愿与社会各界同人携手合作，谋求共同发展，继续为新老客户提供最优质的产品和服务。宁波慈城庄永大年糕，历代先辈都以做糕饼为生。庄仁标在 1885 年从宁波市镇海区庄市迁家至宁波慈城定居，并在镇上的下横街租房开办糕饼店。其糕饼口感香、糯、软、松、韧，深受当地人的喜爱，生意红火。“民以食为天，食以优为大”是“庄永大”的根本。

直到 1895 年，庄仁标由于善于经营，经济有些宽裕，买下了原慈城镇解放路 245 号两间店面（民国时称“直街 152 号”）。做年糕是体力活，一架水磨石、一个石臼，得有力气推动石磨，还得挥得动几十斤重的打年糕的木柄石槌，15 斤年糕粉请个壮年打，30 下就把他的力气耗尽了。

当时庄仁标因年老有病不能劳作，只得将年糕店交给儿子庄品生单独经营。为了区别于其他同类糕饼店、提高诚信度，庄品生便将店面取名为庄永大糕饼店，主要做咸光饼、和尚饼、年糕、印糕及大饼、油条。店堂设置为前店后场，店堂营业，店后作坊。因庄永大“用料考究、做工独特、童叟无欺、价格公道”，加之经营灵活，各种糕点又适合时令，深受慈城及周边市民的喜欢。

▲ 宁波市江北慈城庄永大年糕厂

由于庄永大糕点品质上乘，仅几年时间就在镇上家喻户晓，哪家有婚丧等大事都请它订做些时令糕点。庄永大最有名气的产品是咸光饼和腊月年糕。咸光饼中间有一个小孔，可用叶草串起十几个饼，是早年出远门或送礼的最佳食品，吃起来咸而爽口，不粘牙、不伤胃，而且像千层饼一样每层用祖传特殊调味品制作，使人回味无穷。腊月年糕是庄永大又一个主打产品，年糕蕴含了“年年高”的美好寓意。按慈城民风民俗，每到过年送年、初五接财神、走亲访友时，大家都会买些庄永大年糕作为礼品送人，有祖传特殊工艺的庄永大年糕生意，正如年年高的寓意，一年比一年红火。

据宁波市档案馆的可查资料，1953 年工商重新登记时，“庄永大”品牌已开办了 56 年。一直经营至 1960 年 10 月，庄品生因实在力不从心，孩子们都不喜欢这一用力的职业，无人接手“庄永大”年糕店，终于关店歇业了。

2003 年，庄品生的孙子庄国平和妻子郑苏北面对慈城年糕文化产业不断发展壮大的情况，经不住亲人的劝导，在日新街 88 号宁波粮机厂里，终于使关闭了 43 年的“庄永大”品牌重新开张，并注册成立了宁波市江北慈城庄永大年糕厂。夫妻二人表示，“以前粮机厂就生产年糕机，我们现在只是把年糕的成套生产线搬进工厂里，这样也能确保食品质量，让消费者吃得放心”。

现在，庄永大年糕已进入上海、重庆、广州、深圳、贵阳、温州、杭州、宁波等超市。从原来年糕生产半年、休息半年的局面变为全年生产。为确保年糕质量和生产进度，庄永大年糕厂不惜投入重金，不断翻新生产设备，原来日产只有 5000 斤，现在能做到日产 65000 斤，旺季时，每天仅供超市的新鲜年糕就达 35000 斤，产量提高了 13 倍，产品质量和企业品牌在宁波老百姓当中已小有名气，得到了消费者的认可。其产品式样从单一的 4 条包装到切片、火锅、年糕团、糯米块等 20 多种规格，现代化的流水线正在源源不断地产出热气腾腾的水磨年糕。

为了在生产中保留传统工艺，庄永大年糕厂早在 2003 年就注册了“庄永大”商标，通过流水线控制生产的温度、压力、湿度、磨粉细度。每到生产旺季，庄永大年糕的订单多得都来不及生产。

庄永大年糕厂在牢牢遵循“庄永大”古训“用料考究、做工独特、童叟无欺、价格公道”的同时，将古训与现代管理相结合，严守现代食品安全规范，生产让老百姓安心放心的食品，不仅做好相关卫生规范检测，更是通过自查自检严把每一道食品安全质量关。

庄永大先后与多家宁波糕点、面包厂黄页零售商和代理商建立了长期稳定的合作关系，在经营过程中始终奉行“诚信求实、致力服务、唯求满意”的企业宗旨，注重共赢发展，严控产品及服务质量关；依靠科技进步、强化管理，坚持走质量兴业之路；以优质有特色的服务和薄利多销的原则，全力跟随客户需求，不断进行产品创新和服务改进，赢得了广大客户的信任。

庄永大年糕厂于 2003 年 8 月加入慈城商会年糕同业公会，着力为慈城地方年糕文化的创立和传承添砖加瓦，参与了慈城镇申报中华人民共和国地理保护产品（原产地标记保护），并多次参加慈城年糕节活动，经常被《宁波晚报》和《东南商报》等多家媒体专题报道。

年糕厂负责人说：“虽然慈城年糕的名气比较响，但随着现代经济的发展和生活节奏的加快，现代人特别是年轻人对年糕的喜爱程度有下降的趋势，过年时用年糕送礼的少了，特别是中华优秀传统文化及年俗文化越来越淡化，经济发展了，人情味淡了，对年糕产业也造成一定的影响，年糕必须向休闲化、产业化发展，更要大力传承中华优秀传统文化，人与人之间要增加感情的沟通和交流，加强精神家园的建设。”

2011 年 10 月，庄永大被浙江省商务厅授予“浙江老字号”荣誉称号，现积极筹备申报“中华老字号”；2012 年 9 月，庄永大品牌在 2012 年“我心中的宁波品牌”评比活动中，荣获“消费者喜爱品牌”称号；2012 年 12 月，宁波电视台专题拍摄新年新报道庄永大年糕；2013 年 2 月 15 日，中央电视台 4 套《走遍中国》栏目《宁波小吃》专辑，把庄永大年糕传遍世界各地；庄永大年糕在 2019 年慈城年糕文化节上荣获“新锐创意奖”。

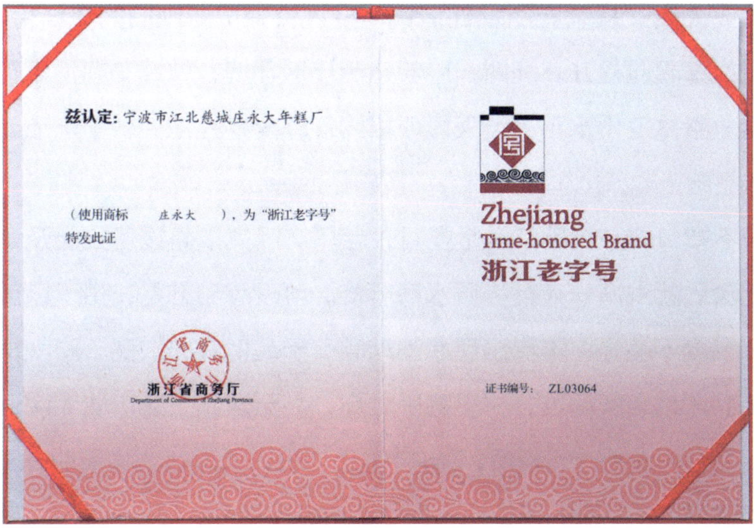

▲ 庄永大荣获“浙江老字号”荣誉称号

庄永大年糕厂将努力把慈城古老的劳动人民智慧和现代先进加工技术融为一体，将老字号的企业文化、社会公德和经营理念继续传承下去，使慈城年糕名扬天下，让这一张宁波特产文化名片更加亮丽。

（六）宁波市江北绿稻食品有限公司

宁波市江北绿稻食品有限公司前身是 2001 年 5 月成立的宁波市江北五谷食品厂，位于慈城东镇桥街 54 号。2016 年 11 月，宁波市江北绿稻食品有限公司创始人范其夫由于对慈城年糕情有独钟，投资 30 多万元买下宁波市江北五谷食品厂。为了方便做年糕，他们一家 3 口从慈城镇龚冯村搬出来，租住在厂房附近的老房子，由于采光不好，年久失修，老房子的墙面比较潮湿，但他们全家克服重重困难，只为专心做出好年糕。

▲ 绿稻年糕 1

针对老厂房破烂不堪的设

备，范其夫夫妻又从亲戚朋友处借钱，投入资金更新陈旧的年糕生产设备，企业生产效率明显提升。同时，重新整治厂区环境，做好车间消毒工作，全面提升企业整体卫生水平，全天候严格管理，全过程把控各个环节，全方位提升年糕品质。

丰碑不如口碑。仅用了两个多月，老厂房就完成新设备安装及调试等相关工作，随后就生产一大批优质水磨年糕。可没想到的是，由于以前的食品厂年糕知名度不够高，年糕出现滞销难题。于是范其夫夫妻干脆就把年糕当成春节礼品送给亲戚朋友、村里的困难户，甚至送到余姚市敬老院免费让老人品尝。吃过的人都纷纷点赞，一传十,十传百，通过村民和新朋好友的口口相传，还没有正式上市的新年糕就赢得了市场的充分认可。

村民纷纷表示，绿稻年糕掌握了“色白如玉，韧而光滑，浸煮不糊，炒食不粘”的精湛工艺，是正宗的慈城年糕。范其夫夫妻心里悬着的一块石头终于落了地，他们信心满满，抢抓商机，积极扩大生产，在做好企业日常生产的同时，认真筹划公司及商标的注册工作。2018 年 10 月宁波市江北五谷食品厂更名为宁波市江北绿稻食品有限公司，并成功注册了“绿稻”商标。在慈城镇年糕协会的关心和帮助下，2019 年 9 月，宁波市江北绿稻食品有限公司搬迁至慈城镇普济路 3 号 1 幢。

因企业跨越式发展的需要，范沣莹担任宁波市江北绿稻食品有限公司总经理，这位“90 后”大学生是全区 16 家年糕企业中最年轻的掌门人。她出生于龚冯村，是地道的慈城人，说起慈城年糕，她记忆犹新：“我小时候特别喜爱年糕蘸红糖、油炸年糕等年糕食品，那是我孩童时期最美好的回忆。”

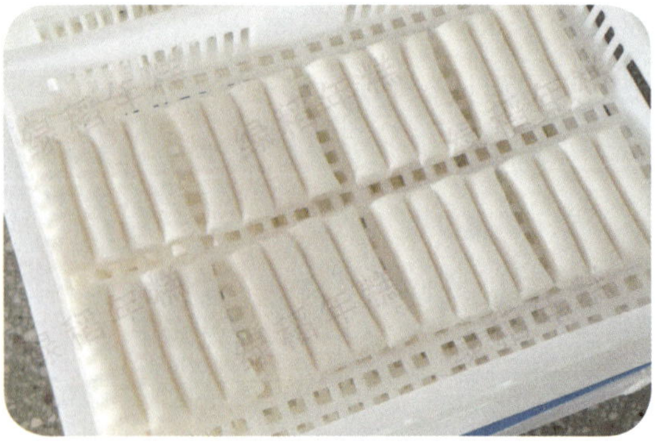

▲ 绿稻年糕 2

在企业发展遇到“瓶颈”时，范沣莹注重传承慈城年糕传统技艺，始终以人民健康和食品安全为核心，秉承匠人匠心制造年糕，坚持用心、用情打造品牌；她坚守产品质量，在监控生产工艺的基础上，严把大米质量关。范沣莹一直认为大米是年糕的灵魂，米不同年糕的品质就不同，特别是目前菜场和超市中的散装低价年糕，大多数是小作坊用碎米，甚至用变质的大米制作的，从年糕的外观上就能看出，这种低价年糕颜色偏暗，达不到“白如玉”的标准，而其价格甚至比普通大米还要低。一位老顾客告诉范沣莹，这种年糕竟然吃出过沙子，差点把牙毁了。

范沣莹说，宁波一家大酒店每年都要购买一大批绿稻年糕，这家酒店负责人说：“因为绿稻年糕品质好，年糕美食已经成为酒店的招牌菜，也是我们吸引顾客的商业秘密。”

凡事预则立，不预则废。范沣莹从小就看父母做生意，对经商有自己的见解，她善思考、敢创新、爱学习、能吃苦，初涉商场深知创业的艰辛，胸怀一颗坚强的心，敢于迎难而上，从危难中寻找发展机遇，在坚持传承创新的基础上，重新调整企业发展思路，在做好传统年糕的同时，开发研制火锅年糕，认真学习互联网新零售业务知识，及时搭建网上销售平台，充分发挥现代网络优势，拓宽年糕销售渠道，销售高峰时一天能售出 1000~2000 斤。

范沣莹说：“我老爸做年糕生意好多年了，2016 年老爸从绿藤公司撤股，买下宁波市江北五谷食品厂，当时在不到 300 平方米的小作坊内生产年糕。经过一年的发展，将宁波市江北五谷食品厂升级为宁波市江北绿稻食品有限公司，他非常崇尚绿色健康无添加的食品，所以起名中依然沿用‘绿’字。老爸是实在人，一路经营过来，对年糕无论是选米还是制作过程，都是秉承着绿色健康无添加的理念，一步一步将企业做大。2019 年是我们公司重要的转折点，在慈城镇政府大力帮助下，我们公司进驻慈城年糕产业园，厂房由原来近 300 平方米扩大到 3000 平方米，让我们公司遇到难得的发展机遇。如今我传承了老爸的事业，和他一样本本分分做事，努力把年糕生意做大做强！”

2020 年春节前，面对经济下行的压力，宁波市江北绿稻食品有限公司用实际行动，携手并肩，共克时艰，展示新时代企业爱国奉献和履行社会责任的精神风貌。范沣莹说："我们公司开工后，线上年糕需求比以前增长了50%，仅2月23日一天就生产了2500千克年糕，第二天销售一空。线下每天也有5000多千克的销售量。"随着慈城年糕生产厂家纷纷恢复生产，宁波人的餐桌上将不会缺少地道的年糕风味。

绿稻年糕，匠心打造。作为慈城年糕新生代创业者的代表，范沣莹说："一家企业要想得到长远发展，不仅要具备核心竞争力，更要履行社会责任。"她接手企业后，就注重树立企业社会形象，打造企业新品牌。2019年12月15日，绿稻年糕举办"冬日送温暖"活动，先后给宁波市海曙区高桥镇圣爱敬老院和海曙区横街镇新阳小学外来务工家庭学生共赠送400箱绿稻牌水磨年糕，使广大老年人和外来务工者子女感受到爱心企业的关怀。

2020年4月23日，2020宁波乡村旅游季暨"寻味梁弄游"活动启动仪式在余姚梁弄镇横坎头村盆景园举行。在活动现场，宁波市江北绿稻食品有限公司作为江北区16家慈城水磨年糕企业的代表，参加"宁波十大农家特色小吃"评比活动。宁波市江北绿稻食品有限公司总经理范沣莹带领职工为现场市民制作年糕饺，吸引众多市民品尝，充分展现了慈城水磨年糕深厚的文化底蕴和民俗魅力。

宁波市江北绿稻食品有限公司复工复产等先进事迹先后被人民网、今日头条、中国网、宁波工会网等主流媒体专题报道，在社会上引起了强烈反响。

（七）宁波慈孝食品科技有限公司

宁波慈孝食品科技有限公司成立于2019年1月17日，位于浙江省宁波市江北区慈城镇普济路3号3幢。宁波慈孝食品科技有限公司总经理许福军于1984年大学毕业，在云南从事钢铸工作；1988年12月，在宁波粮食局下属企业宁波粮食机械厂负责生产、服务外包等工作；1991年负责技术工作；2001年离职，组建宁波新丰粮食机械有限公司，产品涉及味精、调味品、制药、豆制品四大行业设备的前道工序。慈城甚至宁波地区的年糕厂的年糕生产设备大都是宁波新丰粮食机械有限公司生产的。早在1990年许福军就发明了年糕真空包装技术。

许福军和浙江农业大学农机系毕业的冯有康两人当年在宁波粮食机械厂工作时就比较熟悉，为了做最好的年糕机，生产最好吃、最正宗的年糕，2006 年，许福军特意把刚从宁波第一农机厂副厂长退休的冯有康返聘到宁波新丰粮食机械有限公司一段时间。冯有康说："（早年间）每年底做年糕是我们这些小孩子最盼望的事，在晚稻（粳米）收上后的农闲时刻，几户农家一起做年糕，看到大人们做年糕，在一边玩的小孩子们也跃跃欲试，趁大人一不留神，就抓一把年糕团的馅直往嘴里塞，引得大人们的训斥和大笑，其乐融融。"

没想到的是，结婚后的冯有康与年糕结下了大半辈子的缘分。"许福军脑筋好使得很，现在慈城的年糕机大多是他们家生产的，他多次设计改进年糕机，还多次获得国家专利。现在年糕厂的年糕虽然是机械化生产的，但还保留手工年糕那种软糯、滑溜溜的口感，这正是我们慈城年糕的口感。"

当年，许福军和冯有康所在的宁波粮食机械厂生产的年糕机和磨粉机等粮食加工机器都是生铁铸造的，这种老式年糕机有许多缺点，特别是一段时间不用后极易生锈，重新生产时必须先清洗设备，十分麻烦。

许福军说："我们慈城人最讲究年糕的口感，因此，我和我们公司全体技术人员始终坚持在探索中创新，在传承慈城年糕制作技艺和手工年糕口感的基础上，反复研究试验，不断攻克技术难题，理论与实践相结合，用不锈钢材料研究发明新型年糕机。2001 年 6 月，宁波新丰粮食机械有限公司研发的国内第一套不锈钢材料镶套的年糕机问世后，慈城各年糕厂纷纷更新年糕生产设备，大家铆足了劲，生产口感软糯的正宗慈城年糕。"针对现代工业化和当代科技迅速发展，传统手工艺面临全新挑战，特别是人民群众日益增长的个性化美食消费需求。慈城人以特有的聪明才智，不断加速机器替代手工的进程。许福军作为食品机械行业的领军人物，在生产实践的基础上，不断进行科技创新，在保持手工慈城水磨年糕工艺和品质的前提下，不断研制年糕生产设备，率先实现年糕机械化生产，为慈城水磨年糕规模化生产做出了重要贡献。2019 年初成立的宁波慈孝食品科技有限公司，由于科技优势明显，

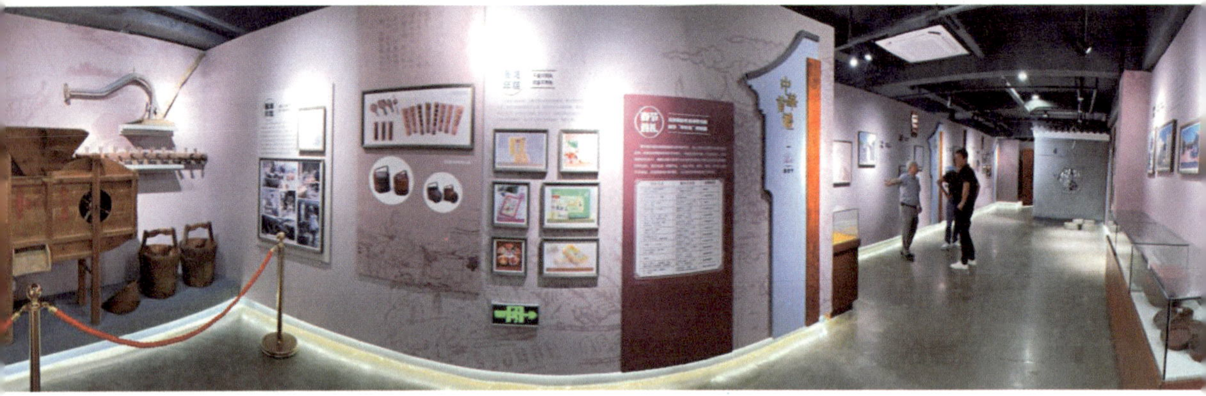

▲ 慈城年糕博物馆展示厅

一经投产，就获得江北区产业化示范企业和江北区信用示范企业等荣誉称号，不仅助推年糕行业的整体发展，还大力提升了慈城年糕的品质和美誉度。

近年来，慈城推出年糕特色旅游风景线，注重把文化与旅游相融合，走全域化旅游之路。与此同时，宁波慈孝食品科技有限公司结合企业发展实际，以省级博物馆为标准，在企业内新建中国第一家年糕博物馆——慈城年糕博物馆。

▲ 慈城年糕博物馆

慈城年糕博物馆总面积为1400平方米，分上下两层，一层面积为700平方米，为年糕生产实体车间，引进一条目前国内最先进的年糕生产线供游客现场观摩，亲身体验年糕制作全过程；二层面积为700平方米，为文创展区，通过文物器具、文献资料、仿真模型等形式，全方位展示慈城年糕的发展历程。为了更好地呈现慈城年糕历史民俗的特色与细节，慈城年糕博物馆收集整理了最能代表慈城年糕文化的老物件和艺术品，以集中展示古镇发展的历史轨迹，成为慈城文化记忆的新标杆。人们可以在这里充分了解地域文化的发展脉络、工匠技艺的民族表达和国家强盛的经历，这些体验也终将化成精神力量，激发强烈的文化自信、民族精神、家国情怀。

▲ 2023年2月17日，江苏省淮安市清江浦区黄码镇党委书记王荣生（右四）率队赴宁波慈孝食品科技有限公司考察慈城年糕博物馆

宁波慈孝食品科技有限公司总经理许福军说："慈城年糕、糕香慈城、丰食累累、香飘万里。慈城年糕作为中华食文化'典范'，是慈城人聪明和智慧的结晶，是天地给予慈城的馈赠。文明因多样而交流，因交流而互鉴，因互鉴而发展。通过我们年糕企业的共同努力，必将开拓更为广阔的市场，让慈城年糕成为全人类的美食。"

（八）宁波市江北慈城绿禾食品有限公司

宁波市江北慈城绿禾食品有限公司成立于2019年6月，是一家专业生产慈城水磨年糕的企业，位于浙江省宁波市江北区私营工业城新横七路 11 号。

宁波市江北慈城绿禾食品有限公司总占地面积达 2000 多平方米，厂区周围环境优美。生产车间面积达到 1000 多平方米，布局合理，干净整洁。整个车间为全透明设计，车间四周有宽敞的参观通道，进入大门沿参观通道绕车间一周，就可以把年糕生产的全过程尽收眼底。

宁波市江北慈城绿禾食品有限公司总经理杨红波说：“我们公司始终把食品安全放在第一位，定期对每位员工进行有关食品安全生产的培训，每天对员工进行个人卫生检查，以保证产品质量和卫生要求。公司还配有化验室和专业化验员，对每批次年糕进行抽检留样；特别是用紫外线对年糕包装袋进行彻底消毒，确保年糕卫生，更使流入市场的年糕质量得到了充分保障。”

宁波市江北慈城绿禾食品有限公司的注册商标为“绿粿”，寓意绿色健康的粮食制品。公司高薪聘请了慈城有名的年糕师傅进行指导制作，保证所生产的年糕是正宗的慈城年糕。公司在生产方面采用传统工艺与现代技术相结合的方式，既保证了传统年糕的口感，也融合了现代生产的技术，达到批量生产的能力。

▲ 宁波市江北慈城绿禾食品有限公司

据杨红波介绍，他和妻子以前从事建筑行业，他们从做生意伊始就坚持把信用放在第一位，特别注重把控产品质量，因此生意一直做得一帆风顺，后来受土地限制企业无法再扩大发展，他们不得不放弃比较熟悉的老本行，改行做慈城当地特产——年糕。尽管对年糕行业比较陌生，但因为他们头脑灵活，思路新，会创新，有以前做生意积累的丰富经验，一上手就迅速打开了市场，产品深受广大客户好评，有 10 多位顾客都是跑到公司来买年糕。由于“绿粿”牌年糕质量好、口感佳，宁波著名饭店都是宁波市江北慈城绿禾食品有限公司定点供货单位，特别是巴邑火锅的年糕是定做的，每年年糕销量都比较高。2019 年底，有一家超市找到宁波市江北慈城绿禾食品有限公司与杨红波夫妻谈合作，让他们降低年糕价格，被杨红波一口拒绝。他说降低价格就是降低年糕质量，就是危害顾客的身体健康，他宁愿掉脑袋也不愿意降低年糕质量，质量就是生命。

▲ 绿粿年糕

宁波市江北慈城绿禾食品有限公司年糕品种丰富多样，有传统的条状原味年糕，润滑细腻、久煮不糊，口感极佳；色彩丰富、品种多样，不仅有南瓜、紫薯、桂花、红糖等各具特色的花色年糕，有火锅年糕、烧烤年糕、切片年糕等各种形状的特色年糕，还有纯手工打造的糯米块和可以批量生产的机器糯米块。每个品种都有各式精美礼盒包装。2020 年 10 月，“绿粿”牌年糕成功入选万达广场网实现全国销售，荣获万达智选品牌第六名的佳绩。目前，还有很多年糕品种正在积极研发中，公司努力为消费者带来更多更新的年糕美食。

2020 年 11 月 2 日，在笔者的介绍下，上海卖鱼郎专卖店总经理虞军专程来到宁波市江北慈城绿禾食品有限公司，与江北区劳动模范、慈城镇农村发展局党支部书记、慈城年糕协会会长徐国钧，宁波市江北慈城绿禾食品有限公司总经理杨红波，围绕“十四五”规划构建“双循环”新发展战略重要机遇，探索创新完善新零售业务，着力拓展上海国际化大都市新市场，共同努力把慈城年糕从长三角出发，辐射全国，传遍全球。

宁波市江北慈城绿禾食品有限公司“绿粿”牌年糕在 2019 年慈城年糕文化节上荣获“杰出创新奖”，得到了镇领导和专家评委的充分肯定，赢得了广大消费者的信任和好评。

第八章　各地年糕

一、中国各地著名年糕

春节吃年糕，“义取年胜年，籍以祈岁稔”寓意万事如意，年年高。前人有诗称年糕：“年糕寓意稍云深，白色如银黄色金。年岁盼高时时利，虔诚默祝望财临。”其实追溯年糕的历史，早在中国的周朝就有记载。《国札札记》中“羞边之食，糗饵粉餈”的“粉餈”就是米粉蒸成的糕食。汉代杨雄的《方言》一书中就已有“糕”的称谓，魏晋南北朝时已流行。贾思勰的《齐民要术》中记载了年糕的制作方法。明清时期，年糕已发展成市面上一种常年供应的小食，并有南北风味之别。

我国地域广阔，各地风俗习惯不同，年糕的种类也多种多样。具有代表性的有北方的白糕、塞北农家的黄米糕、江南水乡的水磨年糕、西南的糯粑粑、台湾的红龟糕。北方年糕有蒸、炸两种，均为甜味；南方年糕除了蒸、炸，还有片炒、汤煮诸法，味道甜咸皆有，亦有以水浸批量者，能保鲜数月之久。

广东年糕一般以糯米粉、粘粉、生油、瓜子仁、竹叶等为原料制成。其色泽金红，软滑甜香，味美可口。海南年糕表面光滑，色黄细软，味道甜香。按当地的风俗，每逢农历腊月，家家户户都为欢度新年而赶制年糕，并作为节日礼品。其主要原料有糯米、砂糖、芝麻、红枣、水。海南年糕吃法多样，既可烘烤或软吃，也可烧糕汤吃，还可以切成薄片炸着吃。

江浙一带在新年时必备年糕，而且种类很多，有桂花糖年糕、猪油年糕、水磨年糕、八宝年糕等。江苏盐城阜宁大糕由优质糯米、纯净白糖、精制油脂及高级蜜饯按比例精心制成，糕片“白如雪、软如绵、柔如云、薄如纸、甜如蜜”。无锡和常州一带逢过年都有做脚踏糕、吃脚踏糕的习俗，香糯丝滑，柔软细腻，晶莹剔透，是江南吴地欢度春节的传统糕类食品。苏州年糕是用糯米做的，其中桂花糖年糕与猪油年糕较为有名。浙江的年糕以宁波慈城为代表，余姚、北仑、鄞州等地较为普遍，主要是以晚粳米制作的水磨年糕。

台湾同胞每年也有吃年糕的习俗，做年糕时，先将糯米、蓬莱米混合洗好，泡 3 小时，磨成米浆压干，加入砂糖、香蕉油揉匀。在蒸笼底部垫一层玻璃纸，把揉好的米粉放在上面，每个角放竹筒透气，蒸 2~3 小时，用筷子插入米粉中，看看有无生粉，做到锅内随时加水，直到蒸熟为止，然后将米糕切块，保存着慢慢食用。

（一）弋阳年糕

弋阳年糕，又名“弋阳大禾米粿”，其制作始于唐代，已有 1200 多年的历史，是江西省上饶市弋阳县的传统特色名产。它以弋阳大禾谷米为原料，春播、夏种、秋养、冬收，吸“四季之水”，得“天地之养”。采用“三蒸两百锤”的独特工艺制作而成，以白洁玉润、柔韧爽滑著称。食用方便，咸甜均可，蒸炒煮烘皆宜。风味独特，属传统珍品。2006 年 12 月 28 日，国家质量监督检验检疫总局批准对弋阳年糕实施地理标志产品保护。2010 年，弋阳年糕列入江西省第三批省级非物质文化遗产名录。

（二）北京年糕

北京年糕为北方年糕的代表，有黄、白两色，象征金、银，并有“年年高”吉祥如意的寓意。北京小吃中的年糕用黄米或江米面加各种辅料蒸制而成，有枣年糕、豆年糕、年糕坨等多个品种。精细的年糕有白果、什锦、水晶、如意等，烹制方法多为蒸，也有用油炸蘸白糖吃的，有香、甜、黏、糯的特点。年糕至少在清代就是满族的小吃了。除年节大量供应，平时亦有供应，但数量和品种都比春节时少。

（三）福州年糕

福州年糕叫作“糖粿”（福州方言的谐音），是将糯米粉和米粉加糖（白糖、红糖均有，还可以根据个人口味加入花生、红枣、红豆等）和成面团，再放在年糕叶上蒸熟。其味道香甜可口，余味无穷。

（四）苏式年糕

苏式年糕以苏州市观前街“稻香村茶食店”制作最好，分为红糖年糕、白糖年糕和猪油年糕。红糖年糕、白糖年糕，糯甜，色泽白亮，蒸透柔韧，水煮不腻，油煎香甜，久藏不霉。猪油年糕有玫瑰、桂花、枣蓉、薄荷 4 种品味，其色泽鲜艳美观，肥润香糯，食而不腻。猪油年糕独特的食用方法是将糕切成薄片，蘸上蛋液（略加面粉调匀），入热油锅内余熟即可食用。

（五）蒙自年糕

蒙自年糕是云南的传统名吃，蒙自一带有种植糯米（江米）的传统，自然也就有了做年糕的习俗，其历史悠久，独具风味。蒙自年糕一般有两种，一种是用红糖和玫瑰糖制成的红年糕，另一种是用白糖加火腿、芝麻、花生仁做成的白年糕。两种年糕口感各不相同，红年糕吃起来甜香软糯，更多体会到的是甜甜的滋味，而白年糕吃起来会觉得咸甜适中，火腿的咸香和年糕的甜润完美融合，再加上不时出现的果仁，非常美妙。包装好的蒙自年糕一般可以存放较长时间，而且方便携带。

（六）陕北黄米糕

陕北黄米糕被誉为“美食奇葩”，在陕北地区，用脱去皮的黍子做成的黄米糕是难得的甜糯酥软的风味小吃。陕北榆林地处毛乌素沙漠边缘，年降水量较少，农作物中有许多是耐旱作物，黍子是其中一种，也是我国传统种植的“五谷”之一。黍子的生长期短，适宜在寒冷的西北地区种植。榆林人最爱吃的米糕大概是枣糕，枣糕谐音“早高”，意为早日高升，生活甜蜜红火。

枣糕也是榆林婚嫁宴席的必备美食。纯手工制作的黄米糕香味很纯正，色如黄蜡，柔酥味甜，糯软可口，充分显示了榆林人民的聪明才智，亦为榆林的饮食苑囿增添了一株美味奇葩。

（七）台湾红龟糕

红龟糕又名“红龟粿”，是传统民间糕粿食物，流行于福建、台湾地区，为节日祭祀之糯米制品，扁平，约巴掌大小，红色外压龟印内包馅，以植物叶为垫。类似的食品有“红片糕”、包卷状，切为小块一般只作甜点用。类似的产品有红片糕、麻糬、冰麻糬、炸麻糬、草仔粿。除闽南人将红色龟糕作为节日祭祀之供品，一些庙宇也会用其祭祀。潮汕人的“红壳桃粿”与此类似，只是其馅料是咸香味十足的炒饭（焖饭）或者淡淡咸味的豆馅。

（八）新昌炒年糕

新昌炒年糕是新昌传统特色食品，历史悠久，家喻户晓。新昌年糕多用粳米（晚米）作原料，具有质地细密、韧性足、汤汁鲜美等特点，煎、炸、炒、烤、汤 5 种做法各具风味，其中炒年糕最为常见。新昌炒年糕最具特色的是“带汤”，先炒后煮，年糕充分吸收汤汁，久煮不烂，有米糕的醇香。

新昌年糕不仅是重要的家常主食，还是一道具有美好寓意的传统小吃，“吃年糕，年年高”，逢年过节，招待亲朋好友、远归的游子，来一碗热腾腾的炒年糕，祝福其在新的一年里“步步高升”“学业有成”。新昌年糕作为一种传统食品，一般每家每户都会准备些晚米打一些储备在家里等待来年食用。打年糕一般在腊月前后，一年打一次，打好后用井水浸上，经常换水可以保持 4~5 个月不变质、不变味。

二、江苏阜宁大糕

阜宁大糕又名“玉带糕”“一品玉带糕”“四镶玉带糕”，是盐城市阜宁县传统糕类名特产品，素有“糕点珍品”的美誉，做工讲究，质量上乘，美味独特。阜宁大糕产于全国百强县、中国散文之乡、长寿之乡——江苏省盐城市阜宁县，阜宁大糕传承至今已有2000多年，是阜宁地区传统糕类佳品。

2009年，阜宁大糕荣获国家地理标志证明商标，“阜宁大糕”注册商标获得国家工商行政管理总局核准，成为全国第一例以县域地名命名的大糕地理标志集体商标。阜宁大糕先后获得国际粮油产品展示会金奖、“江苏十大人气地理标志”品牌产品等多项荣誉。

阜宁大糕在盐城人心中有着特别的情感，它能勾起盐阜人民的乡愁，它能唤醒儿时的美好记忆，它传承着盐阜大地的美食文化、年俗文化、民俗文化。

阜宁大糕由优质糯米、纯净白糖、精制油脂及高级蜜饯按比例精心制成，制作过程极其复杂，用的是传承400余年的传统制作工艺，糕片“白如雪、软如绵、柔如云、薄如纸、甜如蜜”，既有黏性又片片不粘，保持原有风味，不仅香甜可口、滋润细软、营养丰富、老幼皆宜，而且具有滋阴强身、润肠益气、清炎健胃、生津润肺等诸多功效。

▲ 阜宁大糕

正宗阜宁特产“阜阳牌”阜宁大糕，是由原阜宁糖果糕点厂、现阜宁县阜阳食品有限公司生产的，它不仅是盐城老字号，还是江苏老字号，更是当代网红美食。

阜宁大糕还有一段动人的传说。1757年3月，春暖花开，清乾隆皇帝南巡，住宿淮安府，淮安县令以阜宁大糕进贡乾隆皇帝，乾隆皇帝被阜宁大糕的色、香、味吸引，品尝后，赞不绝口，御封为“一品玉带”，常与后宫众爱妃一起品尝，搏得美人颜如桃花、笑口常开。从此，“一品玉带糕”名扬天下。

淮安一带的农村至今仍将阜宁大糕、大京果、红糖（或白砂糖）、白酒4种食品作为春节赠送长辈的传统礼品。春节农村小孩子到全村长辈家里拜年时，长辈都会送晚辈一块阜宁大糕，寓意年年高。从笔者记事起，阜宁大糕就融入了日常生活中，特别是春节、喜事、重大节日，始终有赠送、摆放和品尝阜宁大糕的习俗，充分体现了广大老百姓向往美好生活、营造吉祥喜庆的传统习俗。

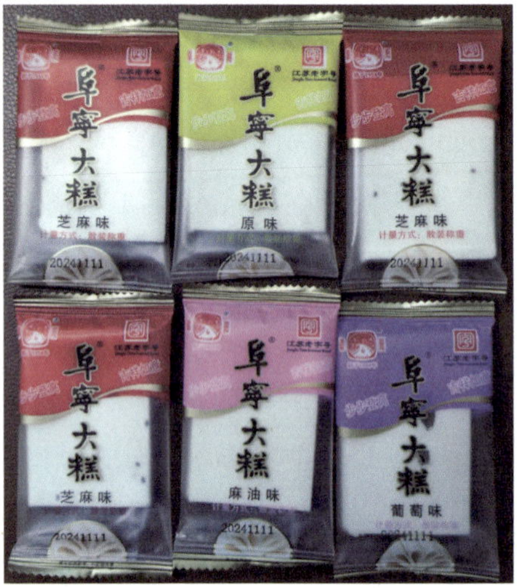

▲ 阜宁大糕

阜宁大糕作为特色佳品，畅销全国各地。糕与高谐音，因此为广大百姓所青睐。长期以来，苏北地区尤其是盐阜一带对阜宁大糕情有独钟，始终是馈赠亲友之佳礼、招待宾客之上品，蕴含大吉大利、步步登高的祝福。在当地家家必备阜宁大糕，亲朋好友串门时，款待客人、供亲朋品尝；新年、佳节以及婚庆等重要时刻都用阜宁大糕祈福；平常遇到谁家的孩子考上大学、结婚、入伍参军、建新房、找到工作，亲朋好友常会赠送一两条糕，以祝贺“步步高升”；游子离开家乡时，也会在行囊里装上阜宁大糕，寄托着亲人美好的祝愿。这些传统文化和习俗流传至今。

阜宁大糕还叫“开口糕”。大年初一的早上，父母会和小孩说：“早上起来先不要着急开口说话，要先吃一口‘开口糕’再说话。”寓意新的一年来到了，父母希望小孩在新的一年里“大吉大利，步步登高”。

阜宁制作大糕的历史可追溯到明朝中叶。阜宁盐业兴旺，商贸繁荣，民间美食师傅总结了地方做大糕的方法，选用优质糯米、纯净白糖、精制油脂及高级蜜饯按比例加工而成。先将上等的整齐糯米在温水中浸泡一天一夜，捞起，在热锅里爆炒后筛净，让它又脆又白，然后粉碎成细粉；再与洗过的青菜或涨饱水的蚕豆放在一起，不断匀拌一昼夜，使米粉均匀窨水，干湿合适。两次过筛后，再与搅拌成浆糊状的白糖液，适量的麻油、花生油等拌匀，中间放进青梅、红绿丝、桂花、青果等蜜饯制成的芯子，做成长方形糕坯，在温水中适当加热炖后，放进笼中蒸煮，并焐一昼夜，然后就可切成薄片包装。其条形完整，棱角清晰，厚薄均匀，大小一致。

大糕刚出炉时是最佳品尝时机，也是最好吃的，真正“白如雪、软如绵、柔如云、薄如纸、甜如蜜”，因此，尽快享用美味才是上策。阜宁大糕久放易丢失水分，不好撕，也影响口感，因此应密封保存。

大糕的食用方法有以下几种。

一是直接品尝，撕成薄片后，一片一片直接食用，细细品尝绵、柔、甜、蜜之感。

二是泡米糊，撕成薄片后用适量开水泡成米糊后食用。如果不撕就泡，则大糕吸水不均匀，容易出现“硬心”。该吃法比较适合婴幼儿和老年人。

三是油炸，撕成薄片后油炸。大糕一放入热油便会变得非常软，只要用竹筷沿中部夹一下，原来的片状就会变成美丽的蝴蝶结，等大糕稍微变黄后夹出来，放在盘中凉一凉就可以吃了。

现在，阜宁大糕有红豆、芝麻、桂花、巧克力等多种口味，种类繁多，包装从传统的红色盒装到现在便携的小塑料袋包装，较好地适应了当代人快节奏生活所追求的休闲生活需求。现代阜宁大糕作为特色佳品，通过严格考核和审查成为航空食品，“飞”上了天，畅销全球，走向世界。

2019 年 1 月 26 日，阜宁县举行阜宁大糕进上海集中展销活动，全县有资质的 70 多家企业，加班加点生产出 1000 吨优质阜宁大糕和 300 多吨京果等绿色农产品，组团进驻上海虹口、长宁、徐汇、杨浦、普陀、静安、闸北和浦东新区等地 50 多家农贸市场，设点销售，极大地满足了上海市民新春佳节的消费需求。上海仙霞西路的杨海霞奶奶一边品尝大糕，一边感叹地说：“我 17 岁就到阜宁县施庄公社插队，现在看到阜宁大糕，就想到年轻时和乡亲们在一起的难忘岁月，如今吃到熟悉的味道，满满的都是回忆。”

目前，阜宁县登记注册的阜宁大糕生产企业有 100 余家，年销售额达 20 多亿元。2019 年，阜宁县政府出台了《阜宁大糕产业发展实施意见》，推动阜宁大米规模化种植，阜宁大糕标准化生产、产业化经营、品牌化营销，延伸大糕产业链，提升价值链，力争通过 5 年努力，打造百亿阜宁大糕产业。目前，阜宁县不断加速对接、全面推进、深度融入上海经济圈步伐，特别是盐城及阜宁高铁的开通，缩短了阜宁与上海、苏南等地的时空距离，打通了阜宁与全国各大城市的交通节点，及时地把阜宁大糕、阜宁大米等优质农产品销往上海、北京等全国各大城市，做大做强阜宁优质品牌，进一步实现乡村振兴，全面助推广大农民增收。

阜宁大糕不仅是当地的特色产品，还蕴含着浓厚的人文内涵。因此，阜宁大糕的地域标签更为明显，产品的传播面更为广泛，行业的发展也更加蓬勃。

三、苏南脚踏糕

在春节前夕，无锡人和常州人每逢过年都有做脚踏糕、吃脚踏糕的习俗。脚踏糕原名“年糕”，又称“脚踩糕”，糯米为主要原料，是江南吴地欢度春节的传统糕类食品，因制作时需要用脚踩，因此得名。脚踏糕不仅是美食，还蕴含着深刻的饮食文化内涵。过年吃年糕被赋予“年年高”“一年高一年”等吉祥之意，表达了人们对新年生活的美好憧憬和良好祝愿。脚踏糕传承至今已有近 700 年，常州市郑陆镇是脚踏糕的主要传承地区。

在寒冬腊月，特别是春节前的三五天内，各家各户都要蒸年糕，祭祀祖先，以示纪念，民间就叫“过年”。无锡常州农村的脚踏糕最为地道，香糯丝滑，柔软细腻，晶莹剔透，每年过年时不论是大人还是小孩子都能大饱口福，非常好吃。

相传，脚踏糕是先祖倪云林［倪瓒（1301—1374）］先生首创的。元至正年间，连年旱涝，民不聊生，元廷横征暴敛，各地农民纷纷起义。云林公预料天下即将大乱，江南将成为战场，对此，他深感不安，到太湖周边各地游历，寻找避免战乱隐藏之地。由于当时起事的农民素质良莠不齐，散兵游勇经常打家劫舍、骚扰百姓。见此情景，云林公忧心如煎，立即召集族长商量应对之策。此时秋收已过，粮食归仓，进入冬季，云林公建议每家每户把粮食磨成粉，蒸成米糕，制作成砖头大小。随后云林公又吩咐各户人家拆除房屋内壁，重新砌上年糕，房屋内生一塘火，人饿了就从墙上掰一块“砖头”，在火塘上烤软即可食用，从外面闯进来的人也找不到食物了，因此，巧妙地避免了骚扰，使族人安全地度过了兵荒马乱的年代。由于此时接近年关，便把蒸米糕称为“年糕”。附近各乡纷纷效仿，蒸年糕的习俗也逐渐流传开来，自此，过年蒸年糕就成了无锡、常州地区的风俗习惯。

年前手工制作年糕，时间紧，数量多，费力又费时，有村民提议干脆就用脚踏，这样速度快、效率高。于是当地人就在地上放一只大木盆，盆内摊一床新床单，然后把蒸熟的粉头倒在木盆内的床单上，再将粉头包住，人换上清洗干净的雨鞋站在粉头上踏，来回走动，踏遍各处，粉头经过践踏滋润，撤掉上面包被，拎紧四角提起来反扣在案板上，用扎鞋底的粗线割成砖头大的块状（用刀是切不好的），就成了年糕。

每次脚踏糕都做得比较多，又比较结实，一时吃不完，浸入水中放几个月都不会变质，甚至可以吃到插秧的时候。脚踩糕主要有蒸、煮、煎等食用方法，有红糖、白糖、麦汁、红豆、黑芝麻等多个品种，老少皆宜，食用方便，5 摄氏度以下宜常温保存，5 摄氏度以上用冰箱冷藏或冷冻储藏。当地村民过年祭祀先人时，都会在供桌上放一块年糕，以表示对云林先生的怀念和敬意，该风俗习惯流传至今。

脚踏糕制作技艺传承人何金兴 70 多岁了，他说：“我 17 岁开始跟着父亲出去做脚踏糕，脚踩会形成挤力，脚来回踩踏，也有的人建议用机械化去压。压出来的工艺是不行的，挤出来的脚踏糕才能拉长，才最好吃。”

脚踏糕是常州人必备的年货，以往只用纯糯米制作，糕的好坏用“韧劲”来区分。现在，人们的口味越来越挑剔，尤其讲究健康、美颜、时尚，于是红糖桂花糕、血糯米糕、核桃糕等新口味层出不穷。

▲ 何金兴脚踏糕

常州市市场监督管理局的陈新华说："脚踏糕是江南的传统美食，由于制作方法特别，必须人工'脚踏'，大多为家庭作坊生产，现在，常州市市场监督管理局科学规范小作坊生产秩序，从加工流程到现场卫生，进行了整体提升，实现小作坊也持证上岗，真正让广大市民吃得更加安全和放心。"

为了吸引广大"吃货"，尤其要满足现代人对养生的需要，脚踏糕制作者开始不断给脚踏糕"加料"。南瓜糕、血糯米糕、青糕、核桃糕等六七种新口味出炉，不仅能满足口感，还能保证健康。以核桃糕为例，在糯米粉里加上红糖、枣子、葡萄干、核桃、瓜子等不同辅料来制作脚踏糕，可以趁热吃口"软糯"，放凉了再品尝也别有风味。经过技术改良和创新，以前的普通白糕只能卖 45 元一箱，现在能卖到（一箱）60 元、70 元、80 元、180 元不等，收入大增。

2017 年，世代做脚踏糕的何金兴一家高兴地领到了常州市颁发的第一批"食品小作坊登记证"（仅 3 张），脚踏糕销售一下子就火了起来，大幅提升了产品的知名度。元旦到春节是脚踏糕销售旺季，郑陆镇的脚踏糕店铺艺人每天只能休息五六个小时。何金兴高兴地说："在春节前每天 3000 斤都不够，相当于 2 吨，每天的回头客特别多，供不应求。我年纪大了，现在女儿接我的班，保证脚踏糕制作技艺一代代传下去。"

以前脚踏糕始终以家庭作坊制作，为了让传统美食更符合现代食品安全管理要求，天宁区市场监督管理局对脚踏糕小作坊进行了改造和升级。

常州市郑陆镇三皇庙村脚踏糕制作工艺传承人何金兴的女儿何燕萍是一名"80 后"独生女，也是当地最年轻的脚踏糕制作工艺的传承人，她从小就跟随父亲，全面系统地掌握了制作脚踏糕的传统技艺，她制作出的脚踏糕特别软糯，远近闻名。每年过年前的这段时间也是全家最忙碌的时候，一家男女老少披挂上阵，制作脚踏糕，踩出浓浓年味。刚出锅的脚踏糕又韧又糯，香飘街头巷尾，令人回味无穷。

“手艺祖传，做工讲究。”一说起脚踏糕的制作，何燕萍就特别开心。她说：“第一步是淘米，必须选择我们常州本地产的香糯米，在做脚踏糕的前一天下午把米放在缸里浸泡 2 个多小时；第二步就是把淘好的米放置在匾中，用布盖好闷上一夜，让米吃足水分；第三步就是第二天凌晨 2 点多早起碾粉，做好准备工作。”

何燕萍还说道：“做好脚踏糕的关键是做好铺粉、撒粉、蒸糕这 3 个核心步骤。做糕前后有 8 道工序，每道工序都大有讲究，只有在每道工序上下足功夫，才能制作出又软又糯、嚼劲十足的脚踏糕。”

先说铺粉，这可有讲究。米粉不能直接倒入蒸桶内，而是先要“打底”，把米粉捏成一小团一小团均匀地铺在桶底。粉团之间要留有空隙，以保证蒸糕时蒸汽能顺利地往上蹿。底打好后，将蒸桶上锅蒸，随着锅底的蒸汽往桶里渗透，下面的粉先蒸熟，颜色由白变深，变深的地方就可以开始洒粉了。“就这样追着粉的颜色变化，直到将桶里撒满粉，正好 100 斤。然后盖上锅盖，蒸 5 分钟左右，一锅热腾腾带着糯米香味的脚踏糕原形就可以出锅了。”

真正的脚踏糕是第 7 道工序，每一蒸屉出锅后，就由两名工人在上面不停地踩，踩上 10 分钟左右，踩的过程中要掌握好速度和力度，这样才能保证糕的韧性；最后一道工序是切糕，用扎底线切糕装袋，经过这“八步走”，香喷喷的脚踏糕就新鲜出炉啦！

从每年农历九月半开始，何燕萍家便进入“脚踏糕时间”，一直要忙到春节前。“每天 20 多个订糕电话，往返常州运送 3 次，每次 600 多斤，算下来，每天起码 2000 斤，多的时候有 3000 斤。”何燕萍的话语间透露着喜悦，仅 2019 年，何燕萍家就用掉了 60 吨糯米制作脚踏糕。

何燕萍一家 5 口人根本制作不了这么多的脚踏糕，她便请来了村里的妇女姐妹来帮忙，并且毫不保留地把脚踏糕的制作技艺传授给她们，不仅传承了非物质文化遗产，还解决了村里留守妇女的就业问题。

▲ 郑陆脚踏糕制作技艺入选天宁区级非物质文化遗产

妇女们一致称赞何燕萍的脚踏糕：“她家的脚踏糕，香糯丝滑，柔软细腻，是最受大家喜爱的。”新房上梁的、搬家的、办百日宴的都会找上门，开口就要几百斤，除苏锡常周边地区，何燕萍家的脚踏糕还销往北京、上海、广州等大城市，甚至远赴东南亚。一些老客户吃惯了何家的脚踏糕，每年都想吃，甚至会让何燕萍打包发快递，快递的费用有时比糕的价格还贵，这不仅是品尝传统美食，更主要的是传承中华传统文化。

民以食为天，何燕萍制作的脚踏糕是传承父亲的名号，2013 年，郑陆脚踏糕制作技艺被列为常州市武进区非物质文化遗产，成为全家人的骄傲。2020 年 6 月，郑陆脚踏糕制作技艺被列为常州市天宁区非物质文化遗产。何金兴、何燕萍父女俩始终坚守品牌和质量，在传承古老生产技艺的同时，充分展示传统美食厚重的文化价值和文化魅力，更体现其社会经济价值和独特的发展动力。当地原汁原味的民俗风情，也是在外游子心中眷恋的乡愁。2019 年 1 月 30 日，央视财经《第一时间》栏目专题报道了何燕萍制作脚踏糕技艺。

四、江浙年糕比较

年糕是农历新年的应时食品，我国很多地区过年时讲究吃年糕，年糕几乎是家家必备的年货。从江苏省常州市入伍的许小军，1998 年 7 月从军校毕业后，被分配到中国人民解放军海军航空兵驻宁波某飞行团从事航空维修工作，2013 年 10 月从某团海军中校副团职质量控制室主任转业至江北区农业农村局工作。

据许小军介绍，按照他家乡江苏常州的风俗，腊月起至春节前这段时间，家家户户都忙碌起来准备年货，忙忙碌碌磨米粉和面粉，米粉用来制作年糕和团子，面粉用来做包子。年糕、团子和包子一部分用来祭祀祖先，以示纪念，民间就叫“过年”；一部分用来馈赠亲友；剩下部分作为春节期间的常备食品，只要在蒸锅里蒸一下即可食用，非常方便。年糕一般做成长方体，蒸熟后质地密实有韧性，晾干后放入水缸泡在水里可防止干裂和霉变，这样可存放至来年清明而不变质。

现在过年没以前那么讲究了，许多地方的年糕基本靠机器生产，但年糕依旧是年货清单上的热卖品。爱吃年糕的人还是会一边品着年糕甜糯的口感，一边想起过年的味道。

江浙一带的新年必备年糕，有桂花糖年糕、猪油年糕、水磨年糕、八宝年糕等。江苏的年糕以苏州的为典型，是糯米做的，主要是桂花糖年糕与猪油年糕；浙江的年糕以宁波的为普遍，主要是晚粳米做的水磨年糕。年糕起初是一种年节食品，现已发展成市面上一种常年供应的小吃，并有南北风味之别。在宁波地区，年糕更是成为人们岁时年节和日常生活不可缺少的主食。

（一）江浙年糕文化的差异

年糕历经 3000 多年传承发展形成了与稻米文化相依存的年糕文化，并且魅力无限。江浙年糕文化一脉相承，源远流长。稻米是制作年糕的主要原料，而江浙地区自古以来就是鱼米之乡，盛产稻米。也可以说，年糕是稻作文化背景下产生的一个精细化的稻米作品，更是农耕文明的一种记忆和符号。

从历史渊源上分析，江浙年糕的出现、发展与两地的望族文化、科举文化和民俗文化密切相关。明朝江南四大才子之一的唐伯虎的《糕粽诗》“题糕射粽说奇才，馈食春朝笑口开。记否堆盘枣梨蓼，年年吉语惯听来”道出了明代士子春节吃年糕和粽子，寓意“高中”的习俗。以宁波慈城为代表的浙江地区年糕兴盛之年代也在明清时期，这个时期也是该地区望族发展的鼎盛时期，这样的背景环境使有着“年糕年高”象征意义的年糕得以发展兴盛起来，吃年糕成了望族和科举人才的时尚，年糕文化也逐渐成为一种民俗文化。年糕作坊的出现更是促进了年糕的发展，年糕从自给的食品演变成一种农副产品，年糕作坊化生产使年糕生产更加专业，形式也更加多样。年糕作坊制作实现了年糕批量化生产，从而促进了年糕的流通，年糕逐渐商品化。

（二）江浙年糕工艺的差异

俗语说，“一方水土养一方人”，说明了民俗事项的地域性很强。从年糕传统制作工艺上分析，江浙两地文化与饮食习惯因地域等有所差异。江浙年糕的形状、大小、原料及制作方法有相同和相通之处，也有各自的独特之处。

江苏的脚踏糕香糯丝滑、柔软细腻、晶莹剔透，口感又韧又糯，令人回味无穷。宁波慈城的水磨年糕洁白如玉、香糯滑爽，口感细腻。江苏常州的脚踏糕和宁波慈城的水磨年糕分别为当地的著名特色产品，也是当地最普遍的传统美食，而且都是非遗传承，远近闻名。现以这两种纯手工技艺制作年糕为例来分析对比一下制作工艺的差别。

脚踏糕以本地产的香糯米为原料，经淘米、浸泡、磨粉、铺粉、撒粉、蒸糕、脚踏、切糕 8 道工序，以纯手工技艺制作。每道工序都大有讲究，只有在每道工序上下足功夫，才能制作出又软又糯又有嚼劲的脚踏糕。脚踏糕要做得好吃，铺粉、撒粉、蒸糕这 3 个步骤是关键，也是做脚踏糕的核心环节。

慈城水磨年糕以优质粳米和水为原料，经淘米、浸泡、磨粉、抽燥、擞粉、蒸粉、搡舂、摘条、印花等工序，以选料讲究、精工制作著称。将优质晚粳米洗净后，用水浸泡把粳米浸透，浸米时间长短会影响水磨年糕的质量，若浸米时间太长，米会发酵，做出的年糕口感发酸；而浸米时间太短，米粒没有发开会略带硬芯，后面手工研磨不透会影响年糕品质。老底子手工制作水磨年糕，晚稻米需要浸泡一周，现在一般浸泡 3 天左右。水磨这道工序最为关键，粉磨得越细，年糕口感就越滑。

浸泡好的粳米带水磨成糊状，再沥干水分至不干不湿时恰到好处，抽燥的米粉呈块状，用手和木刨将块粉搓成粉状后置蒸笼中猛火蒸透，米粉蒸熟后放入石捣臼舂搡，即用带柄的木杵或石杵将蒸熟的米粉搡匀、搡实、搡糯，因此人们也把做年糕叫作“搡年糕”“舂年糕”“打年糕”。舂搡的好坏决定了搡粉的程度，而搡粉的好坏直接影响年糕的口感。最后两道工序是摘条和印花，有的将年糕条搓圆压扁直接做成白条年糕；有的将年糕条搓圆后用年糕模板印制成花色年糕，这也是慈城水磨年糕的特色工序。

对比江苏脚踏糕和宁波慈城水磨年糕的制作工艺可以发现，这两种年糕都是以纯手工技艺制作，制作流程也大致相同，但个别制作工序处理方式有较大差别。

江苏脚踏糕和宁波慈城水磨年糕选料不同，脚踏糕以香糯米为原料，水磨年糕以粳米为原料；浸米时间也有较大差别，做脚踏糕的糯米一般浸泡一天左右就可以了，而做水磨年糕的粳米需要浸泡 3 天到一周左右时间，这可能和磨粉方式不同有关，做水磨年糕的粳米是带水磨成糊状，而做脚踏糕的糯米是浸泡沥干后碾粉；蒸粉方式不同，脚踏糕的比较复杂，有铺粉、撒粉、蒸糕这 3 个关键步骤，而水磨年糕磨粉后要进行抽燥、擞粉然后再蒸粉。粉蒸好后的工序原理一样，只是采用的方式不同，脚踏糕是将蒸熟的米粉用纱布包好后以人工脚踏的方式将米粉踩匀、踩实、踩糯；水磨年糕是米粉蒸熟

▲ 宁波慈城水磨年糕

后放入石捣臼舂搡，即用带柄的木杵或石杵将蒸熟的米粉搡匀、搡实、搡糯。水磨年糕还有一道特色工序就是用年糕模板印制成花色年糕，使年糕形式多样，年糕也具有了观赏价值。

脚踏糕的制作方式类似于慈城干粉年糕，所以脚踏糕与水磨年糕的最大差别还是在磨粉工艺上，年糕的制作原理其实是差不多的。

随着时代的发展变迁，在宁波慈城手工制作水磨年糕的人已经很少了，现在市面上销售的水磨年糕大多是机器生产的。但机器生产的水磨年糕也是在保存原有传统工艺的基础上生产的，相较于手工制作，机器制作不仅效率高，而且品质更好，手工磨粉会有颗粒，机器磨粉更加细腻等。宁波慈城水磨年糕的手工制作技艺随着农业文明的发展逐渐成熟，又随着工业文明的发展逐渐衰退，其手工制作技艺已列入浙江省非物质文化遗产名录。

无论时代怎样变化，过年做年糕、吃年糕的习俗依旧，年糕的文化魅力依旧。年糕作为一种年俗食品，在农耕社会里不但有着祭天敬祖的特色含义，还因为其吉祥口彩成为民俗食品的明星。年糕之所以久盛不衰，是因为它似乎是人们走向精神天地的通道，是人们表达心灵愿望的载体，是人们寄予物质和精神双重希望的可触摸的谚语。不管是脚踏糕、水磨年糕还是其他种类的年糕都是传统美食文化的一部分，在传承古老生产技艺的同时，更体现了美食背后的历史文化价值与社会价值。这些舌尖上的美味，不仅饱含着当地原汁原味的民俗风情，更是在外游子眷顾的丝丝乡愁！

五、慈城年糕产业发展及对策

全国年糕可分为两个主产区：一是以福建糖年糕为主的“金条”年糕，二是以宁波为主的“银条”水磨年糕。其中，水磨年糕以宁波年糕为代表，宁波年糕以慈城年糕最有名。近年来，外地年糕企业呈现快速发展态势。广州、深圳、上海等大卖场的年糕销售份额大部分被上海厂商占有；江西年糕、福建年糕产销量也直线上升；苏州、杭州、绍兴等周边地区也加大了年糕生产投入，浙江省新增年糕生产企业近 30 家。其中，北仑区、余姚三七市的散装年糕，鄞州区的真空年糕也不断在抢争、瓜分宁波年糕市场。

慈城作为中国年糕之乡，拥有 3000 多年的年糕生产历史。相传，春秋战国名将伍子胥在督造城墙时，制作了糯米“城砖”屯粮防饥，慢慢演变成现代年糕。在宁波，流传着许多与年糕有关的动人故事和美好寓意。慈城水磨年糕传统工艺作为江北区非遗的代表之一，已成为慈城独有的年糕文化资源和区域特色经济，成为古城软资源保护开发和对外交往中一张亮丽的名片。慈城年糕以选料讲究、精工制作著称，现已成为享誉海内外的名优特产品。这一独特的地方特产不仅是人们赖以生存的食物，也成为人们寄托乡情、传承民俗、追溯文化的载体。

（一）发展现状

江北区生产年糕专用的稻米具有悠久的历史、独特的优势条件和良好的发展态势。年糕专用稻米与众不同，随着农业生产基本条件的不断改善，以及农业科学技术的普及推广，水稻栽培技术有了很大发展，特别是大力推广优质稻米之后，稻米的质量越来越好，单产水平也越来越高。近年来，江北区农业部门总结了一套年糕稻米的高产栽培配套技术，为年糕专用稻米的质量和产量保证提供了技术支持。

慈城年糕在保持纯正的传统工艺的基础上，加快提升产业化发展水平，采用专业流水线制造，突破了传统年糕在感观、品质、品种上的局限。经过几代慈城人的不懈努力，截至 2024 年 10 月，慈城镇有 15 家年糕企业，资产总额为 8000 余万元，其中固定资产约为 7500 万元。2023 年，慈城镇年糕销售额达 1.12 亿元，出口额约占总销售额的 16%，形成了具有一定规模的年糕加工企业群。先后开发出大头菜年糕、桂花糖年糕、苔菜年糕、油炸小年糕、火锅袖珍年糕、雪菜笋丝年糕、水磨年糕、快速方便年糕、酒酿年糕等 10 余个品种，产品在长三角等国内市场占有一定的销售份额，拥有“冯恒大”“如意”“庄永大”“塔牌”“义茂”等 10 余个年糕知名品牌，还远销欧洲、北美洲、东南亚、中国香港、中国台湾等10多个国家和地区，不仅深受海内外“宁波帮”的喜爱，还赢得了海内外客户的青睐，成为江北享誉全球的一张亮丽名片。

近年来，慈城年糕相继获得国家地理标志保护产品、中国国际农业博览会名牌产品、吉尼斯世界最大年糕之最等多项荣誉称号。在发展产业质量的同时，慈城通过申报年糕原产地标记、申报吉尼斯纪录、举办年糕文化节、做大做强年糕企业等一系列活动，传承并保护了年糕这一重要的非物质文化遗产。

（二）面临挑战

1. 市场竞争日趋激烈

近年来，外地年糕企业呈现快速发展态势，不断抢占市场份额。据了解，上海一些品牌年糕的年产值达到了亿元以上，出口量已达到总产量的70%以上；广州、深圳、上海等大市场的年糕销售份额大部分被上海厂商占有；江西年糕、福建年糕的产销量直线上升；苏州、杭州、绍兴等周边地区也加大了年糕生产的投入，每年都有新增的年糕生产企业投产；余姚三七市的散装年糕，北仑区、鄞州区的宁式年糕也在瓜分宁波的年糕市场。

2. 企业营销策略滞后

慈城年糕具有悠久的历史背景和深厚的文化渊源，其带有鲜明的地方特色，与当地的风土人情、历史典故、名人逸事、历史事件相联系。慈城年糕名气虽大，但想要发展起来困难也不少。上海年糕因研发较早，出口量、销售量、附加值领先于其他省份。当前，我国地方特色食品企业营销观念陈旧，缺少整体的营销理念和促销手段，国内销售网络不广，主要依靠出口及上海市场。

3. 恶性竞争时有发生

浙江年糕主要产地为宁波、绍兴。绍兴包装年糕起步较晚，未形成竞争局面。宁波年糕主要分布在慈城、余姚、鄞州，慈城年糕不管是品质、品牌、产量、附加值、出口量、企业数量，还是技术含量均为全市之首。余姚年糕主要分布在三七市镇、河姆渡镇，主产农贸市场年糕，以低价位参与竞争，销售以宁波大市为主，产量较大，产值较低，税收较少，企业之间恶性竞争时有发生。慈城年糕的竞争对手主要来自上海、鄞州、余姚。

（三）存在的问题

自2000年起，慈城年糕步入快速发展期。随着企业增多，市场开拓速度增快，科研含量逐年提高，慈城年糕走在了全市前列，但也暴露了一些问题。

1. 跨越发展意识不够强

内部竞争多、抱团发展少，尚未出现有影响力的领军企业。除“义茂”“塔牌”“如意”“冯恒大”4家企业规模较大外，其他生产企业受人才、技术、资金、思路等影响，规模较小，抗风险能力较弱，发展较慢。企业的发展离不开建设新厂房，但目前土地资源紧缺，很多企业想发展又无用地指标，于是便采用租赁厂房等形式，生产成本较高，发展受到制约。

2. 企业创新能力不够高

慈城的15家年糕企业大多是由家庭作坊演变过来的，存在总体设备简陋陈旧、生产经营规模小、工艺技术落后、市场竞争能力低等弱点，由于大部分企业缺乏长远发展战略，对年糕的科研投入不足，开发新产品不及时。同时，国内有研发实力的粮食制品研发机构不多，科技含量较高的方便速食年糕、微波年糕的研发滞后，销售旺季时企业流动资金短缺现象比较严重。这在很大程度上制约了年糕产业向规模效应的产业化纵深发展，更不能在全国市场上与大厂商形成抗衡之势。

3. 产业凝聚力不够强

目前，慈城15家年糕企业规模普遍不够大，更没有出现在全国有影响力的大型年糕企业。与江苏省盐城市阜宁县登记注册的100余家阜宁大糕生产企业、20多亿元的年销售额差距较大。有些年糕企业缺乏长远发展战略，仍按传统乡镇企业管理模式进行经营管理。普遍存在企业行为无序、散乱，各自为战，目标不明确，注重短期效益等弊端。这在很大程度上制约了年糕产业的发展，更不能在全国市场和全球市场上把握主动权。

4. 销售宣传力度不够大

尽管慈城有 15 家年糕企业，但仅从长三角地区来看，能够进入超市、菜市场销售的慈城年糕比较少；从国外和国内市场来看，慈城年糕的市场占有率也较低，慈城年糕尚未形成线上和线下比较稳定的销售网络。不论是从包装上还是从宣传途径上看，慈城年糕的宣传方法都比较传统、单一，必须从讲好年糕故事和打造网红产品入手，大胆创新，开展立体式、长远式、多形式的新媒体宣传攻势，全面打响慈城年糕品牌。

（四）发展对策

为了避免慈城年糕一盘散沙、各自为政，防止发生“宁波汤圆”以外地厂商为主导的尴尬，更好地传承慈城年糕深厚的文化底蕴，推动年糕产业快速发展，地方政府、年糕生产企业及社会力量应共同参与，主动作为，探索创新，整合资源，统筹推进慈城年糕产业抱团发展，全面提升年糕产业的创新力、集聚力、辐射力、竞争力，真正把慈城年糕打造成具有全球影响力的文化品牌。

1. 强化政府扶持，激发年糕生命力

针对当前年糕企业发展散乱、单打独斗的现状，江北区政府或慈城镇人民政府牵头组织年糕企业统筹谋划，坚持资源共享、优势互补、形成合力，为慈城年糕产业发展营造良好的环境。一是建好慈城年糕产业园。把年糕企业的发展壮大定位为保护非物质文化遗产的基础工程来抓，进一步加大私营工业城普济路宁波江北慈城年糕产业园的建设力度，在园区落户 4 家年糕企业的基础上，多引进其他年糕企业入园发展，做到统一规划、统一布局、统一排污，建成绿色环保型年糕加工园。通过统一包装、统一标准、统一展销等途径，形成产业集聚、抱团发展的局面。利用政府辐射能量筹划整体销售网络，在条件成熟时，新建慈城年糕市场。二是给予政策配套支持。配套建设慈城年糕文化博物馆，对年糕的起源、发展、制作、产品进行展览，并配以现代化多媒体展厅等形式，全面、翔实地呈现年糕的起源、发展、传承，以直观的方式传递年糕文化涵盖的内容。对有潜力的年糕企业在融资上给予重点支持，以增强企业发展活力；加强与大专院所的联系和科研合作，着力解决制约慈城年糕产业化发展的工艺技术“瓶颈”问题，及时奖励取得重大技术突破的企业及科技人员。三是启动慈城年糕申报国家非物质文化遗产名录工作。选调专业人员，扎实推进江北区非遗保护中心工作，尽快启动慈城年糕国家级非物质文化遗产名录申报工作，拍摄反映千年古镇慈城的技艺专题片，同时撰写上报国家非物质文化遗产名录申报文本——《慈城水磨年糕手工制作技艺》，重点加强与中国民协的协调沟通，计划在 1~2 年实现慈城水磨年糕成功申报国家级非物质文化遗产名录，真正让中华瑰宝——慈城年糕“活”起来、“热”起来，进一步扩大慈城年糕的知名度，在继承中创新，保持旺盛、持久的生命力。

2. 严格行业管理，提升市场竞争力

慈城尚未出现在全国有影响力的年糕龙头企业，有的企业仍是家庭作坊加工。慈城年糕要想发展壮大，离不开行业管理和抢占市场。一是强化年糕行业监管。慈城年糕要在全国食品市场中取得优势，首先依靠的是品质，最终决胜的是品牌。在慈城年糕行业协会的基础上，加快制定由职能部门、年糕企业、稻米生产基地、经销商、商超市场终端共同参与的统一的行业标准，让更多的年糕企业荣获国家地理标志保护产品，在原材料、生产工艺、环保设施、包装运输等环节强化监管，淘汰改造不符合安全卫生要求的企业，升级改造现有年糕企业的软硬件条件，提升慈城年糕整体品质和品牌影响力，增强慈城年糕市场核心竞争力。二是建立综合销售网络。在市场经济时代，销售网络是市场制胜的关键。区、镇两级农业、商务等部门要利用自身资源，不断拓展外围市场展销平台，主动搭建各种平台帮助年糕企业开拓市场。充分利用每年各地的食博会、农博会等商务活动，积极组织当地年糕企业参会布展，发挥北京、上海、广州、杭州等一线城市会展的辐射作用。始终坚持线上销售与线下体验相融合，重点拓展搭建并完善网络销售平台，积极开拓

国际年糕市场，从根本上扭转与上海等厂家在全国市场中的竞争劣势，全面提升慈城年糕在国内市场和国际市场的占有率。三是开办慈城小吃全国连锁店。在慈城，年糕、牛肉面、汤圆等地方小吃分布比较分散，给管理带来很大困难。应根据职能和区域分布统一规划，投入资金新建美食文化街，集中经营管理；也可以协调成立非营利性的小吃协会，把分散、个体的小吃经营者组织起来，借鉴沙县小吃全国连锁的做法，进行地方小吃品种的改革、发掘和创新，以年糕餐厅为龙头，创新完善当地小吃，在全国开办慈城小吃连锁店，打响慈城年糕品牌，充分挖掘各地潜在的消费群体。

3. 坚持文旅结合，增强产业集聚力

为进一步巩固慈城水磨年糕的始祖地位，做大做强年糕这一传统特色产业，要积极采取以下措施。一是实行产业化经营，进一步做好年糕文化的保护和传承，加快年糕产业化的步伐，将年糕产业发展与古县城保护、开发相融合，把年糕文化加入旅游中，形成“年糕 + 文化”“年糕 + 旅游”“年糕 + 休闲”等新业态模式，使其成为慈城独有的区域特色经济，实现年糕产业发展与古县城保护开发互惠共赢，同时让更多的游客品味地道的慈城味道，体验慈城独有的传统文化。二是走产业化发展之路。对慈城独有的年糕历史文化资源进行统一整合包装，加大宣传推广力度。产业化的核心环节是龙头企业的发展。政府应积极鼓励、支持和培育一批技术含量高、带动能力强的主干企业，加大资本投入和设备改造，实现区域内的规模效应和整体优势。建立慈城年糕专用稻米基地。推行“公司 + 基地 + 农户”模式，确保有足够的专用优质稻米供给年糕生产企业，实现企业和农户双赢。三是开创年糕体验式旅游基地。充分挖掘古城内老建筑资源，开发游客自制年糕的项目，以参与性、体验性的旅游产品吸引游客，运用网红、抖音等现代流行的形式，让年糕餐厅成为当代网红打卡点，吸引青少年参与体验年糕制作技艺，使非物质文化遗产在传承中发展。建立年糕传统手工作坊，将年糕非物质文化遗产中蕴含的最原始、最自然、最具有原生状态的基因尽可能完整地演绎和复原，既保护农耕文明的文化符号，又为游客提供了解、学习年糕文化的平台，使

慈城年糕这一具有深厚文化底蕴和独特口味的优秀文旅美食家喻户晓。

4. 拓展宣传途径，提升文化软实力

一是创新年糕新产品。年糕行业协会或企业必须积极开发年糕新产品，将健康、养生、吉祥等元素与年糕产品相融合，开发出适合不同消费群体的新品种、新包装，实现年糕由以食为主向休闲食品转型升级，形成年糕片、年糕条、火锅年糕等系列化、特色化的新产品，结合现代时尚元素，掌握现代人心理特点和审美要求，积极推广轻便、易携的年糕休闲产品，不断提高年轻消费群体对年糕产品的认可度。及时在古县城、南唐老街等旅游街区开设年糕经营店，将即食年糕经营与其他糕点经营相结合，科学选址，合理布局，凝聚推广年糕、宣传年糕的合力。二是创新年糕文化宣传形式。充分利用电视、报纸、网络、新媒体等宣传方式，突出地方特色，加大宣传力度，通过各种渠道宣传慈城年糕历史故事、民俗习惯、慈孝故事，真正讲好中国故事。制作富有趣味的慈城年糕画册，在旅游景区、酒店、高速服务区、高铁站等人流密集场所发放，不断提升慈城年糕的品牌影响力。三是全球化宣传慈城年糕。在常年举办中国慈城年糕文化节等大型节庆活动的基础上，通过文字、图片、视频等形式，不断创新弘扬中华优秀传统文化新平台，通过举办图书首发式、研讨会、慈城年糕新闻发布会等形式，运用传统媒体和新媒体、国内权威媒体和全球主流媒体等相互融合的方式，全方位向全球讲好中国慈孝故事、解读中国年糕文化、宣传中国优秀传统文化，全面扩大慈城年糕在全球的信誉度、知名度、美誉度，提升其国内外市场占有率，使慈城年糕香飘海内外。

参考文献

［1］中国民间文学集成全国编辑委员会、《中国民间文学集成·浙江卷》编辑委员会:《浙江省民间文学集成——宁波市故事卷》，中国民间文艺出版社，1997年出版。

［2］王静:《民间文化的慈风孝行》，宁波出版社，2013年出版。

［3］王静:《慈城年糕的文化记忆》，宁波出版社，2013年出版。

［4］应根法:《慈城民间故事》(1–3册)。

［5］《古镇慈城》。

［6］张兆康:《慈城年糕研究文集》。

［7］张兆康:《慈城年糕》。

［8］汉声编辑室:《慈城宁波年糕》，上海锦绣文章出版社，2009年出版。

部分历史考古资料摘自《宁波日报》、甬派客户端、《宁波晚报》、《新江北》。

后记

中国有5000年的文明史，而且中华文化传承至今，源远流长，博大精深，历久弥新，从未中断，这在世界上是绝无仅有的。从古代的丝绸、瓷器，到近年来的孔子学院、旗袍唐装、中华美食等，可以说，中华文化的输出方式越来越多样，内容越来越丰富。当前，随着中国综合实力的增强，中华文化在世界上的影响力也越来越大。

我与非物质文化遗产结缘要从2005年9月说起，当年从海军航空兵某部转业到江北区宣传部广播电视中心做一名电视记者；2008年5月，撰写《江北区全力推动文化创意产业发展》一文，荣获2008年度宁波市文化创新奖二等奖，并入编《2008文化创新在宁波》一书中；撰写“江北区非物质文化遗产现状及对策”课题报告，荣获2009年度宁波市文化广电新闻出版局的课题评比三等奖，该课题还赢得了时任宁波市委常委、市宣传部部长宋伟同志的批示肯定。

根据江北区委宣传部领导的要求，2009年7月初，在江北区非物质文化遗产传承保护工作中，我重点负责慈城水磨年糕申报国家非物质文化遗产名录工作。慈城水磨年糕是当年宁波市食品行业唯一的国家级非物质文化遗产（国遗）申报项目，9月初，我克服时间紧、任务重、要求高等诸多困难，每天加班加点，在两天半时间内，配合摄制组圆满完成申报国家非物质文化遗产名录录像片的拍摄任务。

与此同时，我经常深入街道（镇）、农村（社区）进行田野调查，在两个月时间内，圆满完成《国家级非物质文化遗产名录》申报文本——《慈城水磨年糕手工制作技艺》的调研、撰写、修改和装订文本等相关工作，赢得了浙江省和全国民俗专家的高度评价。

在做好田野调查工作的同时，我连续加班加点，撰写修改 150 万字的“宁波市非物质文化遗产田野调查——甬上风物”丛书（江北篇，1 套 8 册），撰写的进度和质量得到宁波市文化馆领导和民俗专家的一致好评。该丛书于 2010 年 3 月公开出版发行，也使江北区非物质文化遗产田野调查工作水平得到明显提高。同时，我撰写了《江北区非物质文化遗产现状与传承发展对策》，全面介绍和分析了江北区非物质文化遗产现状以及面临的挑战和机遇，提出了针对性较强的对策和建议。我的扎实细致工作，使江北区非遗工作落后的现状得到了及时改变。

借此机会，我向一直关心我、支持我从事传统文化保护工作的领导、同事、战友、朋友表示最衷心的感谢！

从 2017 年下半年开始，在《国家级非物质文化遗产名录》申报文本——《慈城水磨年糕手工制作技艺》的基础上，我深入慈城古镇及 10 多家年糕生产企业，针对慈孝文化及年糕风俗展开田野调查。历时 10 年的反复调研、创作、总结，并在浙江省民协原副主席、宁波市文联原副主席、宁波市民协名誉主席周静书的指导下，我撰写完成学术专著《慈孝名城与年糕乡愁》。

2021 年 1 月 19 日，周静书说：“周永卫致力于弘扬中华优秀传统文化，在借鉴他人现有学术成果基础上，敢于挑战自我，在慈孝文化和年糕风俗等方面，探索新领域，拓宽新视野，取得新成果，为宁波文化强市建设增添新魅力。”得到周主席的高度赞扬令我十分激动，特别是周主席在百忙之中还给拙作提出针对性较强的意见和建议，让我受益匪浅，更令作品日臻完美。

2023 年 1 月 18 日，甬派新闻客户端发表我撰写的文章《慈城年糕：中国年糕鼻祖》；同年 1 月 20 日，《浙江工人日报》用一个专版刊发《慈城年糕：穿越古今的江南年味》，当天，人民网就转发了该文章。其中，甬派新闻客户端的点击关注量达 13.4 万人次，在社会上引发了强烈反响。

2024 年 2 月 8 日，我在凤凰网发表《田野调查｜ 10 年解秘中国年糕鼻祖——慈城年糕》，阅读人数达 25.1 万人，在彰显中国慈孝文化典范之城、大力弘扬中华慈孝文化的基础上，不仅给慈城年糕申报国家级非物质文化遗产名录工作打下了坚实基础，还进一步扩大了慈城年糕的知名度和影响力。2月27日，《慈孝名城与年糕乡愁》获得贵州省版权局作品登记证书，作品版权及学术研究成果获得国家保护；5月7日，中国网先后发表了《当代作家周永卫：用文化自信助推文旅融合发展》《当代作家周永卫：用心考证“年糕之源”展现文化自信》。5月8日，新华网发表了《当代作家周永卫：用心考证“年糕之源”展现文化自信》；5月15日，《浙江工人日报》刊发《工运作家周永卫用心考证“年糕之源”》，全面提升了慈城年糕的知名度和美誉度。

拙作《慈孝名城与年糕乡愁》能出版，衷心感谢浙江省民协原副主席、宁波市文联原副主席、宁波市民协名誉主席周静书为本书作序；非常感谢宁波市江北区委常委、宣传部长胡文斌担任总顾问；十分感谢著名书法家马华林为本书题写书名。

衷心感谢宁波市政协副主席张明华，宁波电视台原台长、政协宁波诗社副社长、宁波老干部诗词协会会长陈洪勋，宁波市委原常委、宁波军分区原政委朱宝定，宁波市中级人民法院党组原副书记施源林，宁波军分区司令员秦景号，民政部办公厅一级调研员蔡永军，中国民间文艺家协会理论研究处二级调研员张礼敏，宁波市文联主席、党组书记杨劲，江北区委常委、统战部长潘卫锋，江北区委常委、慈城镇党委书记占玮，宁波市文联副主席、宁波市美术馆馆长韩利诚，宁波市江北区总工会党组书记、副主席谢碧波，江北区总工会一级调研员周建强，江北区慈城镇党委副书记、镇长杨志丰，宁波市江北区宣传部部务会成员、区文联主席李慧彬，宁波市文联党组成员、秘书长、协会部主任章惠宁，宁波市残联办公室原主任郭希刚，宁波市江北区总工会党组副书记、副主席任斌，江北区总工会党组成员、副主席乐晶晶，江北区慈城镇原党委委员王逸，浙江省民间文艺家协会副主席、宁波市民间文艺家协会主席施珍，宁波市民间文艺家协会副主席、秘书长陈伟年，以及台州市人民政府驻宁波办事处原主任、宁波台州商会党支部书记许新立等领导对本书出版给予的指导和关爱。

十分感谢国研经济研究院东海分院提供的宝贵资料；非常感谢中国五洲建筑设计集团孙泽宇，知名作家、江北区作协常务副主席胡广伟，江苏易立天下文化发展有限公司董事长马立，上海垄垦信息科技有限公司董事长于艳，宁波图书馆馆员应赛琴，宁波市文化馆副研究馆员张一青，宁波市劳动模范、慈城镇农发公司董事长兼总经理兼党支部书记、慈城镇年糕协会会长徐国钧，浙江省工艺美术大师、宁波市劳动模范、宁波工匠、宁波市技能大师工作室（骨木镶嵌）领办人杨建强，慈城镇综合信息指挥室副主任杨燕，慈城镇党建综合办公室副主任黄利军，慈城镇农发公司副总经理李克文，江北区农业农村局许小军，慈城镇宣传干事杨芝，江北区市场监管局郭玉东，江北区工人文化宫（职工服务中心）主任景小军，江北区全媒体中心记者郭传太、刘平、卓璇、高露，江北区总工会张晟怡、李静波、王际明、顾俊、胡颖、许艳波、江北区全媒体中心记者郭传太、刘平、卓璇、高露等领导、老师、同事给予我的关心、支持和帮助。

谨以此，献给关爱我的部队首长、领导、战友、老师、朋友和亲人们！对此，我深表最诚挚的敬意和谢意！

周永卫

2024 年 10 月于浙江宁波